BASTEI
LÜBBE

Von Moritz Freiherr Knigge und Michael Schellberg sind bei Bastei Lübbe Taschenbücher lieferbar:

60572 Spielregeln. Wie wir miteinander umgehen sollten

Über die Autoren:

Moritz Freiherr Knigge und Michael Schellberg betreiben eine Unternehmensberatung mit dem Schwerpunkt wertschätzende Kommunikation.

Grundlage ihrer Beratungs-, Seminar- und Coaching-Aktivitäten ist der Rückgriff auf die Grundsätze des berühmten Vorfahren Moritz Freiherrn Knigges – Adolph Freiherr Knigge – zum Umgang mit Menschen. Die moderne zeitgemäße Version dieser Grundsätze habem die beiden Autoren in ihrem erfolgreichen und vielbesprochenen Werk SPIELREGELN (Gustav Lübbe Verlag und Bastei Lübbe Taschenbuch) dargestellt.

MORITZ FREIHERR KNIGGE
und
MICHAEL SCHELLBERG

EINE FRAGE, HERR KNIGGE

Welche Umgangsformen
brauchen wir noch?

BASTEI
LÜBBE

BASTEI LÜBBE TASCHENBUCH
Band 66418

1. Auflage: April 2008

Bastei Lübbe Taschenbücher in der Verlagsgruppe Lübbe

Originalausgabe
© 2008 by Verlagsgruppe Lübbe GmbH & Co. KG,
Bergisch Gladbach
Lektorat: Dr. Ulrike Brandt-Schwarze, Bonn
Titelbild: © Guido Klütsch, Köln
Umschlaggestaltung: Gisela Kullowatz
Satz: Textverarbeitung Garbe, Köln
Druck und Verarbeitung: CPI – Ebner & Spiegel GmbH, Ulm
Printed in Germany
ISBN 978-3-404-66418-4

Sie finden uns im Internet unter
www.luebbe.de
Bitte beachten Sie auch: www.lesejury.de

Unseren Eltern in tiefer Dankbarkeit

Express-linie

Inhalt

KANN HÖFLICHKEIT SPASS MACHEN? –
DAS GEGENGIFT ZUR »STEIFEN ETIKETTE«

Umberto Eco sagte einmal, der Impuls für jedes seiner Bücher sei zunächst eine einfache Idee. Bei seinem Buch »Der Name der Rose« sei der Impuls von der fixen Vorstellung ausgegangen, einen Mönch vergiften zu wollen. Nun wäre es für ein Buch, dessen Inhalt sich um das gute Benehmen ranken soll, ein wenig merkwürdig, irgendjemanden vergiften zu wollen.

Ich kann Sie beruhigen – nichts dergleichen habe ich vor. Zu Beginn dieses meines Buches stand zunächst ohnehin weniger eine Idee, die es zu verfolgen galt, sondern das Gefühl, etwas zu vermissen. Das Gefühl, trotz der Vielfalt an Ratgebern rund um das sogenannte gute Benehmen, trotz des öffentlichen Interesses an Etiketteregeln und Verhaltensempfehlungen fehle etwas Wesentliches. Und wenn mir auch die Beschäftigung mit der Frage, wie wir uns und anderen das Erdenleben erleichtern können, aufgrund meines Namens quasi in die Wiege gelegt wurde, hat es eine Weile gedauert, bis ich für mich herausfand, was mir fehlte, welche Lücke es aus meiner Sicht in der modernen Welt des guten Benehmens zu schließen galt. Doch schließlich entdeckte ich diese Lücke.

Aber der Reihe nach: Wenn Umberto Eco recht hat, dann müsste auch Adolph Freiherr Knigge eine einfache Idee gehabt haben, die ihn im Jahre 1788 zum Schreiben seines wohl berühmtesten Buches »Über den Umgang mit Menschen« ermutigt hatte. Um es kurz zu machen, es gab diese Idee. Sie bestand in Knigges Motivation, das erste Buch in deutscher Sprache über die Kunst des Umgangs schreiben zu wollen, das sich bewusst an *alle* Menschen richtet. Eine Idee, die uns aus heutiger demokratischer Sicht trivial erscheinen mag, aber zu Zeiten der Ständegesellschaft, in der jedwede Beschäftigung mit den guten Sitten dem Adel vorbehalten war, ein weniger einfaches als revolutionäres Konzept darstellte!

Und plötzlich wurde mir schlagartig klar, was ich gegenwärtig in »deutschen Etikettelanden« so schmerzlich vermisste: einen alltagstauglichen Ratgeber, der auf vernünftige und gleichermaßen amüsante Weise Vorschläge macht, wie sie denn aussehen könnte, die Kunst des Umgangs – der »esprit de conduite« – im 21. Jahrhundert.

Wie wir uns auf dem Wiener Opernball benehmen sollten, was wir im Fünfsternehotel zu beachten haben, welche Fettnäpfe im Dreisternerestaurant lauern und welche Tisch(un-)-sitten dazu geeignet sind, uns in die soziale Isolation zu treiben, darüber erfahren wir in der Vielzahl von Etikette- und Verhaltensratgebern unserer Tage einiges. Wie wir uns aber in der Kaffeeküche im Büro, gegenüber schreienden Kindern im Café, bei der Betriebsfeier, an der Supermarktkasse, gegenüber unserem Vorgesetzten und Kunden, im Taxi, im Urlaub mit Freunden oder beim Italiener um die Ecke benehmen wollen, darüber erfahren wir wenig.

Sicher, im Hotel Vier Jahreszeiten in Hamburg fühlen wir uns unsicherer als bei unserem Lieblingsitaliener Luigi, unser gutes Benehmen steht aber dort genauso auf dem Prüfstand wie bei unseren Auftritten in der großen weiten Welt. Mit dem Unterschied, dass Sie bei Luigi Ihres eigenen Glückes Schmied sind, während Ihnen im »Vier Jahreszeiten« ohnehin jeder Wunsch von den Augen abgelesen wird!

Und wer ließe sich nicht gern seine Wünsche von den Augen ablesen oder die Arbeit abnehmen? Sei es vom Servicepersonal im First-Class-Hotel oder von Arbeitskreisen für moderne Umgangsformen, die sich bereit erklären, existenzielle zwischenmenschliche Fragen für uns zu beantworten. Und so wissen wir nun, dass man seinen Mitmenschen nicht mehr »Gesundheit!« wünschen sollte, und auf welche Weise wir unsere Adventskränze richtig anzünden!

Auch ich werde im Übrigen häufig von Radio- und Fernsehsendern gebeten, beispielsweise zu erläutern, »wie lange man einander nach Silvester noch ›ein frohes neues Jahr‹ wünschen darf« oder »ob man sein Ei denn nun köpfen darf oder nicht«. Und nicht nur einmal hörte ich Menschen, die ich ansonsten für klug halte, sagen: »Ich habe letztens gelesen, dass man sich keinen ›Guten Appetit‹ mehr wünschen darf.« So als käme jeden Moment die »Benimmpolizei« um die Ecke, um die Delinquenten wegen schwerwiegender Verstöße zu inhaftieren! Wir sollten aufpassen – so meine ich –, dass wir nicht die gesamte Verantwortung für das Gelingen unseres zwischenmenschlichen Miteinanders an andere delegieren. Wir sollten unseren eigenen Verstand und unser eigenes Herz einschalten, bevor wir uns von anderen in unser »Benimmvokabelheft« diktieren lassen, was wir zu tun oder zu lassen haben.

Und unter uns: So manche Etiketteprofis mögen ja ihr Handwerk verstehen, aber Lust, mit ihnen gemeinsam ein Bier trinken zu gehen, hatte ich selten. Als zu geordnet (»300 Fragen, 300 Antworten«), zu bedrohlich (»Vorsicht, Fettnapf!«) oder zu ehrfürchtig (»Wie heißen Sie? Knigge? Da muss ich mich ja jetzt benehmen!«) erscheint mir deren Welt. Der gemeinsame Umgang soll doch Spaß machen und uns nicht zu manierierten Salzsäulen erstarren lassen, die gehorsamst ihre Benimmpflichten erfüllen!

Und so steht auch am Beginn meines Buches eine einfache Idee: Ich möchte ein Gegengift entwickeln! Eines, das aus Augenzwinkern, Eigenverantwortung und Alltagstauglichkeit besteht. Wie wirksam es ist? Das müssen Sie schon selbst ausprobieren …

Teil I
Abenteuer Alltag

Ein großer Teil unseres Lebens spielt sich in der Öffentlichkeit ab. Das Zusammentreffen mit anderen Menschen, die man sich in der Regel nicht aussuchen kann, ist Bestandteil dieses öffentlichen Lebens. Oft genug stellt es eine Herausforderung für unser Selbstverständnis, unsere Gewohnheiten und nicht zuletzt unsere Geduld und unsere Fähigkeit dar, Kompromisse einzugehen und gegenseitige Rücksicht zu üben. Glaubt man einschlägigen Umfragen, dann ist es um diese soziale Intelligenz schlecht bestellt. Immerhin 95 Prozent der Befragten wünschen sich mehr Höflichkeit im Umgang miteinander.

So erschreckend diese Zahl auf den ersten Blick anmutet, so sehr hat sie mich zum Schmunzeln angeregt. Auch ohne weit reichende Kenntnisse der Statistik legt jedes Ergebnis über 50 Prozent die Vermutung nahe, dass einige von denen, die sich selbst mehr höfliche Mitmenschen wünschen, von anderen selbst als unhöflich wahrgenommen werden. Eine Erkenntnis, die sich durchaus mit meinen eigenen Erfahrungen deckt. Schuld sind eigentlich immer die anderen: seien es Schnarchnasen vor uns an der Supermarktkasse, Döner verspeisende Halbstarke in der Straßenbahn, trottelige Kellner, der Typ im Wagen vor uns, der seinen Führerschein im Lotto gewonnen hat, die Nervensägen, die einen in der Fußgängerzone vom gemütlichen Einkaufsbummel abhalten, drängelnde Zugreisende, der Sitznachbar im Flieger, der dauernd seine Ellbogen ausfährt, unverschämte Taxifahrer, Popcorn fressende Kinobesucher oder andere unhöfliche Zeitgenossen. Bei allem gerechtfertigten Ärger über unsere Mitmenschen – beizeiten soll ja ein Griff an die eigene Nase durchaus von Vorteil sein, um sich und anderen das Leben leichter zu machen.

»Gehen Sie ruhig mal vor!« –
Höflich sein beim Einkaufen, warum?

Nun, dann stürzen wir uns doch einfach mal hinein in den Alltag, und schauen, ob wir selbst nicht auch das eine oder andere dazu beitragen könnten, das öffentliche Leben für alle Beteiligten erträglicher zu gestalten. Vielleicht können wir es ja gemeinsam erreichen, dass die verheerenden Umfragewerte zukünftig der Vergangenheit angehören.

»Sie können auch an die Zwei kommen!« –
Im Supermarkt

Es gehört nicht gerade zu den ausgeprägtesten menschlichen Eigenschaften, Geduld zu üben. Die Geduld fällt uns nicht in den Schoß, sie kostet Aufwand und Zeit. Aufwand, den wir nicht brauchen, und Zeit, die wir nicht haben. Wertvolle Sekunden, kostbare Minuten, die gnadenlos verrinnen, wenn wir warten müssen und unsere Geduld (wenn vorhanden) einer harten Bewährungsprobe unterziehen.

Ich erinnere mich an einen Mann, der an der Wursttheke des lokalen Supermarktes die Verkäuferin vermisste. So schmerzlich, dass er diese bei ihrem Erscheinen mit den unwirschen Worten begrüßte: »Schön, dass Sie sich auch einmal bequemen. Meinen Sie eigentlich, wir hätten ewig Zeit?« Um Missverständnissen vorzubeugen, der Mann sprach nicht im Pluralis Majestatis, sondern versuchte mit dem Wörtchen »wir« eine Allianz des Protestes zwischen mir (auch ich wartete) und sich selbst herzustellen. Als ich ihm meine Gefolgschaft verweigerte und ihn mit den Worten »Jetzt regen Sie sich mal ein wenig ab!« um ein wenig mehr Contenance bat, war der Gute scheinbar so erstaunt, dass er seine Bestellung in deutlich ruhigerem Tonfall fortsetzte. Selbst auf die Empörungsstandardfrage »Darf es auch ein wenig mehr sein?«, antwortete er ruhig: »Ist schon o.k.«

Der französische Moralist Marquis de Vauvenargues nannte die Geduld »die Kunst zu hoffen«, und die Hoffnung, das wissen die Fußballinteressierten unter Ihnen, stirbt ja bekanntlich zuletzt. Doch an der örtlichen Supermarktkasse scheint selbst gleichmütigen Menschen diese Hoffnung abhanden zu kommen, weil Entscheidungen sehr rasch und unmittelbar getroffen werden müssen und Fehlentscheidungen umgehend bestraft werden. Wenn uns unser Blick für die schnellere Kasse wieder einmal getrogen hat, weil wir uns wieder einmal von der Anzahl der Wartenden haben täuschen lassen, statt auf den »Füllgrad« der Einkaufswagen zu achten. Weil wir, ganz in Gedanken versunken, die sich von der Gemüseabteilung nähernde Verkäuferin wieder nicht als unsere Hoffnung für die Kasse zwei erkannt und den richtigen Zeitpunkt zum Schlangenwechsel schlichtweg verschlafen haben.

Als schließlich ihre Stimme durch den Supermarkt hallt: »Sie können auch zu mir an die Zwei kommen.«, ist es für eine angemessene Reaktion ohnehin längst zu spät. Wer den richtigen Augenblick verpasst – und hier handelt es sich um Bruchteile von Sekunden –, der kann womöglich Plätze in der Schlange gutmachen, zahlt jedoch einen hohen Preis: Hat doch die Angestrengtheit, mit der manche Menschen ihren Einkaufswagen in Windeseile in Bewegung setzen, ihren Vorderleuten in die Hacken fahren und mit geiferndem Blick auf die Kasse zwei zusteuern, etwas zutiefst Unwürdiges.

Doch auch nach dieser »Niederlage« stirbt die Hoffnung zuletzt. Es gibt immer noch die Hoffnung auf Menschen mit Manieren in der eigenen Schlange an Kasse eins:

– Menschen, die auch in Stresssituationen – die Supermarkt-kasse ist in der Regel dafür prädestiniert – die Kassierer freundlich begrüßen und verabschieden.
– Menschen, die in der Lage sind, ihre Einkäufe so auf dem Band zu platzieren, dass der oder die Nächste ebenfalls damit beginnen kann, die Waren aufzulegen.
– Menschen, die andere mit den Worten »Sie haben doch nur zwei Teile, dann gehen Sie mal vor!« vorbeiwinken.
– Menschen, die sich nicht über die bunt bedruckten sogenannten Warentrenner wundern, sondern sie dazu benutzen, sich selbst und anderen Beteiligten das Leben zu erleichtern. Wer also die Frage »Ist das auch noch von Ihnen?« verhindern möchte oder, noch schlimmer, nicht gedenkt, das versehentlich mitbezahlte Katzenfutter mit dem Hintermann individuell zu verrechnen, der trenne seine Waren mit den dafür vorgesehenen Trennern!
– Menschen, die nicht erst nach Bekanntgabe des Preises ihr Portemonnaie aus der Tasche kramen und zunächst vollmundig ankündigen, den Betrag passend zu haben, um nach akribischem Nachzählen festzustellen, dass doch zwei Cent zu den erforderlichen 67 fehlen.
– Menschen mit gutem Benehmen, die ihr ausgeklügeltes »Einkaufstaschen-Packsystem« dort zur Geltung bringen, wo es keinen der Nachfolgenden stört. Nichts gegen schrullige Packstrategien – auch für mich ist klar: Die Tüte muss stehen! –, aber die Geduld der Nachfolgenden sollte nicht zu sehr auf die Probe gestellt werden.

– Menschen, die wissen, ob sie ihren Bon benötigen oder nicht. Die Müllhalden auf den Einkaufsbändern zeugen von einer beachtenswerten Sprachlosigkeit; mit einem kurzen »Den Bon können Sie ruhig wegschmeißen« ist es doch getan.

Ob mein »Freund von der Wursttheke« gegen eines der zuletzt genannten Gebote verstoßen hatte, kann ich nicht beurteilen, ich verließ vor ihm den Supermarkt. Im Wettrennen um die freien Plätze an Kasse zwei hatte er sich beim Start mit seinem Einkaufswagen im Chipsregal verhakt ...

Gut, dass ich nicht in Rüsselsheim lebe. So ist mir zumindest jene unheilvolle Szene erspart geblieben, die ich kürzlich unter der Überschrift »Massenschlägerei im Supermarkt« in der Zeitung las. Durch Vordrängeln an der Kasse – so las ich dort – hatte eine Supermarktkundin eine Massenschlägerei ausgelöst: »Andere Kundinnen wollten es sich nicht gefallen lassen, dass die Mutter mit ihrem Kind an der Warteschlange vorbeiging, berichtete die Polizei. Zunächst beschimpften sich die Frauen und schlugen dann aufeinander ein. Die Mutter rief per Mobiltelefon ihren Sohn zu Hilfe. Als die Polizei im Supermarkt eintraf, hatte sich die Menge in zwei Gruppen geteilt, die sich gegenseitig bedrohten. Die Kleidung einiger Beteiligter war zerrissen, manche waren verletzt. Die Polizisten konnten erst mit Hilfe weiterer Funkstreifenbesatzungen die etwa 20 Streitenden trennen. Mehrere Beteiligte kündigten Strafanzeige an.«

»IST DAS ENG HIER!« – SCHLANGEN, AUFZÜGE UND ROLLTREPPEN

Schlangen. Schon wieder die Wursttheke. Doch diesmal stehe ich allein davor. Die Verkäuferin ist noch damit beschäftigt, die frischen Wurstwaren in der Auslage zu drapieren. Kein Problem, die eine Minute Wartezeit bringt den eigenen Tagesablauf nun wirklich nicht durcheinander (aber das hatten wir ja bereits). Schließlich ist die Verkäuferin fertig und wendet sich mit der üblichen Frage an ihre potenziellen Kunden: »Wem darf ich weiterhelfen?«

Merkwürdige Frage, denke ich; ist doch der ältere Herr soeben erst an meiner Seite aufgetaucht. Ich setze gerade an, meine Aufschnittwünsche zu formulieren, da beginnt der Nachzügler bereits damit, seine Bestellung aufzugeben! Derselbe feinfühlige Zeitgenosse im Übrigen, der mir fünf Minuten zuvor im Aufzug mit genervtem Augenrollen zu verstehen gegeben hatte, dass er schon längst auf dem Weg in den zweiten Stock sein könnte, wenn ich nicht den Kavalier hätte spielen müssen, um für die herbeieilende vierköpfige Familie die Tür offen zu halten. Wer mir eine halbe Stunde später mit Hilfe seiner breitbeinigen Körperhaltung auf der Rolltreppe zu verstehen gab, dass man in England ja rechts stehen und links gehen mag, wir uns jedoch schließlich in Deutschland befänden, brauche ich Ihnen wohl nicht weiter zu erläutern …

✓ *Sie finden eine Schlange vor? Stellen Sie sich hinten an, und verzichten Sie auf rhetorische Fragen wie: »Entschuldigung, stehen Sie hier auch an?«*

Sie haben Georg und Kati etwas weiter vorn in der Schlange entdeckt? Solange Sie sich auf deutschem Boden befinden, können Sie sich glücklich schätzen! In den wenigsten Fällen müssen Sie sich mit dem Missmut der anderen Wartenden auseinandersetzen, die Sie links überholt haben. Es scheint sich bei uns um eine Art ungeschriebenes Gesetz zu handeln, die rheinische Maxime »Man kennt sich, man hilft sich« zu dulden.

In Abwandlung des bekannten Mottos »Der Ehrliche ist immer der Dumme« lässt sich für das Schlangestehen festhalten: Wer sich hinten anstellt, ist immer der Dumme! Sei es am Taxistand am Flughafen, am Skilift, an der Theke, der Haltestelle, am Büfett oder im Supermarkt. Immer wieder müssen wir uns kopfschüttelnd über »pfiffige« Zeitgenossen ärgern, die einen Weg finden, um sich vorzudrängeln.

✓ *Erhöhen Sie den sozialen Druck, sagen Sie etwas!*

Wenn nämlich die Dreisten immer wieder auf die Passivität der wartenden Menge vertrauen dürfen, dann werden sie sich auch zukünftig wieder in die erste Reihe drängeln! Werden Sie nicht grob oder laut, bleiben Sie höflich und ein wenig süffisant. Nur wer dem Ertappten erlaubt, ohne Gesichtsverlust seinen Platz am Ende der Schlange einzunehmen, wird sein Ziel erreichen.

Können Sie sich vorstellen, dass die Menschen in London nach den dortigen islamistischen Terroranschlägen auf die U-Bahn und einen Linienbus immer noch diszipliniert am Taxistand warteten? Schwierig, nicht wahr? Wenn ich nur daran denke, wie Menschen in unserem Land die Schlangen an Taxiständen (zum Beispiel an Flughäfen) auch in friedlichen Zeiten ignorieren und den ankommenden Taxen Hunderte von Metern entgegenlaufen, um sie auf der Straße abzufangen!

Aufzüge. In Aufzügen existieren zwei Knöpfe, die einander ähneln. In der Mitte eine Vertikale, rechts und links zwei Pfeile. Auf dem einen weisen die Pfeile in Richtung der Vertikalen, auf dem anderen von der Vertikalen weg. Mit dem einen lässt sich die Tür schließen, mit dem anderen öffnen.

> ✓ *Wann haben Sie das letzte Mal den Knopf zum Öffnen der Tür gedrückt, um noch Fahrgäste zusteigen zu lassen?*

Menschen im Aufzug verstummen. Sie schauen an die Decke, kramen in ihren Taschen und Tüten und beobachten die LCD-Anzeige, die das jeweilige Stockwerk angibt. Wenn überhaupt Kommunikation stattfindet, dann nonverbal. Menschen, die sich wortlos durch ihre Mitmenschen durchkämpfen, um auszusteigen, Menschen, die vergessen, den Knopf für die fünfte Etage zu drücken.

> ✓ *Keiner zwingt Sie zu einem Small Talk mit Ihren Reisegefährten, aber ein Minimum an Aufmerksamkeit macht die gemeinsame zehnsekündige Zusammenkunft für alle erträglicher.*

Dafür reichen in der Regel drei Sätze: »Entschuldigen Sie, würden Sie mich bitte rauslassen?«, »Entschuldigen Sie, wären Sie so nett und würden für mich auf die Fünf drücken?«, »Wo darf es denn hingehen?« und die Bereitschaft, seinen Mitmenschen bei Bedarf Platz zu machen.

Rolltreppen. Auf der Rolltreppe könnte alles so einfach sein, hielte man sich lediglich an zwei Spielregeln. Eine erwähnte ich ja bereits: rechts stehen, links gehen. Die zweite ist ein Appell an unsere Geduld. Wer vor sich Menschen mit 23 Plastiktüten sieht, der sollte auf sein Recht zum Überholen verzichten. Wer möchte schon dafür verantwortlich sein, wenn der andere beim Versuch, sich so dünn wie möglich zu machen, über die Brüstung fällt? Und mit einem lag mein »Freund von der Wursttheke« ja durchaus richtig: Wir sind nicht in London, wo die Rolltreppen der »tube« die unseren an Länge um ein Vielfaches übertreffen!

ÜBER CURRY- UND EXTRAWÜRSTE – WAS KANN ICH BEIM ESSEN FALSCH MACHEN?

»AUF DIE FAUST, BITTE!« – IMBISS AUF DER STRASSE

Vorbei die Zeiten, als Vati noch in der Mittagspause nach Hause kam und Mutti nicht nur die Hausschuhe bereitgestellt, sondern auch das warme Essen auf den Tisch gezaubert hatte. Schnell muss es gehen, Fast Food ist längst Bestandteil unseres postmodernen Alltags. Das mag man verwerflich finden, ändern daran wird man wenig. Ich selbst gestehe freimütig, ab und zu schon mal mein Essen auf der Straße einzunehmen und auch wenig dabei zu empfinden, wenn mir in Fußgängerzonen ganze Heerscharen von mobilen Essern begegnen. Ich bin zwar ein wenig amüsiert über die Verrenkungen, die der eine oder andere beim Verzehr von Pitatasche, Döner, Salat oder Falafel an den Tag legt, aber nicht abgestoßen oder in meinem Manieren-Selbstverständnis erschüttert. Und doch ist mir einiges aufgefallen, was durchaus eines manierlichen Finetunings beim öffentlichen Essen bedürfte:

✓ *Wählen Sie für Ihren Slalomlauf an anderen Menschen vorbei unkomplizierte Speisen wie Sandwiches, Bratwürste ohne Senfberge oder kleine beherrschbare Burger. Zu viel Konzentration auf das Niederringen komplexer Essgebilde erhöht die Wahrscheinlichkeit eines konfliktträchtigen Zusammenstoßes.*

✓ *Überlegen Sie, ob die angestrebten fünf Minuten Zeitersparnis tatsächlich notwendig sind oder ob ein kurzes Verweilen an den meist vorhandenen Stehtischen nicht doch die angemessenere Variante darstellt.*

✓ *Bleiben Sie um Himmels willen an der frischen Luft! Der Geruch von Currywürsten, gefüllten Teigtaschen und Pommes Spezial XXL-Tüten in geschlossenen Räumen oder öffentlichen Verkehrsmitteln kann nicht nur heftiges kollektives Kopfschütteln, sondern auch konkrete Anfeindungen zur Folge haben, die Ihnen den Appetit gründlich verderben dürften.*

✓ *Schokoriegel, Eis und der »Kaffee to go« sind unverfängliche, konventionelle und daher abgesegnete mobile Genüsse. Doch auch dann, wenn Ihre Lieblingsboutique nicht über Aufkleber mit Abbildungen von Eishörnchen nach dem Motto »Wir müssen leider draußen bleiben« verfügt, sollten Sie Ihre Zwischenmahlzeit auf der Straße beenden. (Von einem Disput mit dem Ladeninhaber, es handele sich doch um einen Eisbecher und keine Waffel, rate ich dringend ab.)*

»Hat es Ihnen geschmeckt?« – Im Restaurant

Weg von der Straße, hinein in die lukullischen vier Wände des Lieblingsitalieners, der neu eröffneten Tapas-Bar, der besten Pommesbude weit und breit oder des lokalen Chinesen. Unabhängig davon, ob Sie den Besitzer schon seit Jahren kennen und eine Reservierung nicht nötig ist (»Luca schafft es immer, noch irgendwo einen kleinen Tisch rein zu schieben!«), und dass das Warten auf eine Platzzuweisung in Deutschland immer noch weitestgehend unüblich ist (»Ich sehe doch selbst, welche Tische reserviert und welche frei sind!«), bleiben offene Fragen. Und auch, wenn es ja bekanntlich keine dummen Fragen gibt, so hat mich die folgende doch erschreckt. In einem der vielfältigen Knigge- und Benimmforen im Internet stieß ich auf diese: »Muss ich eigentlich auch das Servicepersonal begrüßen, meine Wünsche mit ›bitte‹ abschließen und mich stets bedanken?« Meine Antwort ist ebenso schlicht: Solange Sie Ihre Mitmenschen als Menschen anerkennen, ja!

Nachdem wir das kleine Einmaleins damit hinter uns lassen können, wenden wir uns den etwas komplexeren Sachverhalten zu:

✓ *Unabhängig davon, wie leer Ihnen das Restaurant auch erscheinen mag, setzen Sie sich bitte nie ungefragt auf den Platz Ihrer Wahl. Warten Sie auf den Service, und erkundigen Sie sich höflich, wo Sie sich niederlassen können.*

In vielen Restaurants ist es gang und gäbe, neben der normalen Karte eine Tageskarte anzubieten, die neue Geschmackserlebnisse eröffnen kann und saisongerechte Speisen feilbietet. Ob wir dann dennoch zum siebenundzwanzigsten Mal unsere

geliebte Piccata Milanese bestellen möchten, bleibt uns überlassen, aber irgendwann beschleicht jeden von uns einmal das
Gefühl, etwas »Verrücktes« machen zu wollen ...

Es ist grausam, zu lange auf sein Essen warten zu müssen.
Jede Wartezeit, die eine halben Stunde überschreitet, lässt uns
nervös und gereizt werden, unser Blick wandert ständig Richtung Küche, unsere Finger klopfen nervös auf die Tischplatte,
und wir beginnen uns zu fragen, »ob der Zander wohl noch
gefangen werden muss«.

✓ *Zögern Sie nicht, sich zu erkundigen, wo Ihr Essen bleibt, aber
machen Sie sich vorher ein Bild über die möglichen Ursachen:
Wie voll ist es? Ist die Kellnerin neu und noch ein wenig überfordert? Ist kurzfristig jemand ausgefallen? Oder hatten Sie eine
komplizierte Bestellung mit vielen Extrawürsten?*

✓ *Dem Servicepersonal wiederum empfehle ich: Weisen Sie Ihre
Gäste ruhig darauf hin, dass die Wartezeiten heute etwas länger
sein könnten, weil eine Servicekraft kurzfristig ausgefallen ist.
Es entspannt die Atmosphäre, wenn die Gäste wissen, woran sie
sind.*

Apropos Extrawürste! Die Maxime »Es wird gegessen, was auf
den Tisch kommt« mag für den einen oder anderen zu der
längst vergessenen und pädagogisch umstrittenen »Struwwel-
peter«-Moral gehören, erscheint mir aber für den Umgang mit
der Speisekarte nach wie vor geeignet. Gut, wenn Sie partout
keine Tomaten mögen oder Allergiker sind, sollten Sie sich Ihr
Recht auf eine maßgeschneiderte Bestellung nicht nehmen
lassen. Für alle anderen gilt die Warnung, es nicht zu übertreiben mit der individuellen Speisenkombination. Ansonsten
passiert es Ihnen womöglich, dass Sie ganz auf Ihr Gericht

verzichten müssen, weil der Koch sich beharrlich weigert, das Fleischgericht mit Tofu zuzubereiten oder das Thunfischsteak durchzubraten …

Wie gesagt, allzu lange auf sein Essen warten zu müssen, ist grausam. Noch grausamer ist es jedoch, sein Essen als Letzter am Tisch zu bekommen. Die anderen Gäste klappern bereits mit ihrem Besteck und erwidern auf das Angebot: »Fangt doch schon an!«, mit leicht gequälter Miene, verstohlen den Wärmegrad ihres Essen kontrollierend: »Nein, nein, wir können doch noch warten.«

✓ *Bleiben Sie beharrlich, wiederholen Sie – trotz der höflichen Zurückhaltung Ihrer Tischnachbarn – Ihr Angebot: »Bitte, fangt doch an!« Es genügt, wenn sich einer am Tisch ärgert …*

»Aber das Trinkgeld ist doch in Deutschland bereits im Preis inbegriffen!« Das stimmt. Und doch hat sich die Konvention etabliert, fünf bis zehn Prozent Trinkgeld zu geben. Wer sich über diese Konvention bewusst hinwegsetzt, sollte neben seiner Sparsamkeit weitere gute Gründe ins Feld führen können. Denn das wohl vernünftigste Kriterium für eine Dienstleistung, ist nach wie vor die erbrachte Leistung. War diese gut, darf es ruhig ein bisschen mehr, war diese schlecht, darf es auch ein bisschen weniger materieller Gunstbezeugung sein.

Doch bleiben wir gerecht. Die Überbringer schlechter Nachrichten mussten in der Geschichte schon oft genug als Sündenböcke herhalten: Da haben wir den armen Boten – in unserem Fall den Kellner oder die Kellnerin – schon einen Kopf kürzer gemacht, bevor uns beim Rausgehen einfällt, dass ja jemand anderes das »bescheidene« Essen zubereitet hat.

✓ *Solange wir uns über Künste der Küche, nicht aber den Service beklagen konnten, sollten wir unser Trinkgeld an dessen Künsten ausrichten.*

Ergänzt durchaus um eine zusätzliche »interne Erziehungs-maßnahme«: Denn je schmerzhafter der Service die Minder-leistung im eigenen Portemonnaie spürt, desto eher dürfen wir von seiner Bereitschaft ausgehen, dem wahren Schuldigen den Kopf samt Kochmütze zu waschen.

Das Essen war schlecht oder kalt, der Service lahm oder einsilbig und der Ärger immens. Trotzdem sagen wir oft genug nichts und beschließen stattdessen, nie wieder diese Abzocker aufzusuchen.

✓ *Sagen Sie etwas! Machen Sie Ihrem Ärger ruhig Luft, Sie haben ein Recht darauf, schließlich haben Sie bezahlt.*

Aber flippen Sie nicht aus, trinken Sie einen Averna, beruhi-gen Sie sich, um den richtigen Ton zu treffen. Denn der macht ja bekanntlich die Musik! Und wenn Sie Glück haben, geht dann wenigstens der Digestif aufs Haus …

SCHNELL, SCHNELLER, AM SCHNELLSTEN? – MANIEREN FÜR UNTERWEGS

»GRÜNER WIRD'S NICHT!« – IM AUTO

Glaubt man den archäologischen Erkenntnissen, dann lässt sich die Erfindung des Rades auf ca. 4000 v. Chr. zurückda-

tieren. Es ging also noch einige Zeit ins Land, bis wir Deutschen zu unserem »liebsten Kind« kamen, dem Auto, dieser
zunächst argwöhnisch beäugten Erfindung des 20. Jahrhunderts. So regt der Ausspruch des letzten deutschen Kaisers
Wilhelm II.: »Ich halte das Auto für eine Modeerscheinung
und setze auf das Pferd«, noch immer zum Schmunzeln an,
hatten doch weder das Pferd noch er selbst eine gesellschaftliche Zukunft. Das Auto trat einen überwältigenden Sieges-
zug an, der bis heute anhält und dessen Ende nicht abseh-
bar ist.

Doch so viel Freude uns das Fahren auch bereitet, so viel
Nerven kostet es uns auch. »Frauen, die nicht einparken können«, »Rentner, denen man an Ort und Stelle den Führerschein entziehen müsste«, »Sonntagsfahrer«, »terroristische
Fahrradfahrer«, »Fußgänger, die betont langsam über die Straße gehen«, »Mercedesfahrer mit eingebauter Vorfahrt« oder
sonstige »Verbrecher« machen uns das Leben auf der Straße
zur Hölle (von Politessen oder Bediensteten von Abschlepp-
unternehmen einmal ganz zu schweigen). Kaum ein Bereich,
der konfliktträchtiger wäre als das Leben im und um das Auto-
mobil. Und noch der Zurückhaltendste von Ihnen wird sich
vermutlich an seine persönliche Mutation zum HB-Männchen
erinnern.

Aber wer wird denn gleich in die Luft gehen? Holen wir
gemeinsam tief Luft …

✓ *Bevor Sie das nächste Mal zum verbalen Rundumschlag ausholen, halten Sie kurz inne und wagen den Perspektivenwech-
sel: Wann waren Sie selbst Fußgänger oder Fahrradfahrer? Wie
würden Sie Ihren momentanen Fahrstil aus dieser Perspektive
bewerten?*

✓ *Wenn schon Frust ablassen, dann bitte mit offenem Visier und ein wenig mehr Risikofreude! Der nicht nur vor Blitzeinschlag schützende Faradaysche Käfig verleitet uns oft genug dazu, Ausdrücke zu benutzen und Gesten zu wählen, auf die wir im direkten Duell tunlichst verzichten würden.*

✓ *Können Sie aus dem Stegreif drei mahnende flächendeckende Autobahnschilder benennen, deren inhaltliche Appelle durchaus vernünftig sind? Sie wissen überhaupt nicht, wovon ich spreche? Ich gebe Ihnen einen Tipp: »Fair Play auf der Autobahn« oder »Nicht rasen, sondern reisen!« …*

Außer auf diese unbeweglichen Schilder empfehle ich Ihnen auch, ab und zu auf die durchaus amüsanten Aufdrucke auf Lastern zu achten (»Wenn Sie wirklich keine frische Milch, Joghurt oder Butter mögen, dann sehen wir uns nie wieder! Versprochen!«), wenn sich wieder einmal eines dieser Ungetüme auf der linken Spur vor Sie gesetzt hat.

Der Reißverschluss wurde ab 1851 von mehreren Erfindern entwickelt. Die erste praktikable Idee dazu hatte der US-Amerikaner Whitcomb Judson aus Chicago im Jahr 1890, der sie 1893 zum Patent anmeldete. Im selben Jahr war der Reißverschluss dann eine der Hauptattraktionen auf der Weltausstellung in Chicago. Doch bis heute hat sich das Reißverschlussverfahren noch nicht überall herumgesprochen.

✓ *Meine ganz persönliche Bitte: Fahren Sie im Falle einer Fahrbahnverengung bis zum Ende durch, und ich verspreche Ihnen hoch und heilig, ich lasse Sie rein! Ganz bestimmt!*

✓ *Es gibt ein Gebot auf der Autobahn, rechts zu fahren. Tun Sie mir und anderen einen Gefallen, und halten Sie sich daran. Nur weil Sie gute Augen haben und den nächsten LKW in kilo-*

meterweiter Entfernung erahnen, müssen Sie weder den Mittel-
streifen noch die linke Fahrbahn blockieren! Es soll ungeduldige
Zeitgenossen geben, die aus erzieherischen Gründen rechts über-
holen. Das ist unverantwortlich. Tragen wir unseren Teil dazu
bei, dass es nicht dazu kommt!

Parkplätze sind rar. Kein Wunder in einem Land, in dem rund
46 Millionen Personenkraftwagen zugelassen sind und die ver-
kehrsberuhigten Zonen stetig zunehmen. Ebenfalls kein Wunder, dass wir vor lauter Freude über einen freien Parkplatz oft
die anderen Suchenden vergessen. Wer hätte sich noch nicht
über das rücksicht(s)lose Parkverhalten seiner Zeitgenossen ge-
ärgert? Menschen, die sich vor lauter Freude gleich zwei Parkplätze sichern, sei es im Parkhaus oder auf der Straße, die die
Länge ihres eigenen Autos notorisch um zwei Meter überschätzen.

✓ *Ein wenig mehr Rücksicht täte uns bisweilen gut: ein Blick in*
  den (Rück-)Spiegel, um uns und anderen das Einparken zu er-
  leichtern!

»DÜRFTE ICH SIE KURZ STÖREN?« –
IN DER FUSSGÄNGERZONE

Auch wenn die samstäglichen Warteschlangen vor den Parkhäusern im Innenstadtbereich anderes vermuten lassen – es
gibt Menschen, die sich zu Fuß bewegen, und die, die aus den
Parkhäusern kommen, sind plötzlich ja auch Fußgänger. Und
spätestens jetzt wird das Zusammentreffen mit unseren Mitmenschen unvermeidlich. So sehr man sich auch vornimmt,

sich nicht von seinem Vorhaben eines ungestörten samstäglichen Einkaufsbummels abbringen zu lassen, so utopisch ist
die Vermutung, auf unserem Weg durch die Fußgängerzonen
der Republik auf kommunikative Kernkompetenzen verzichten zu können. Ständig gilt es, Fragen zu beantworten wie:

»Entschuldigen Sie bitte! Können Sie mir sagen, wo hier
die nächste Buchhandlung ist?«

»Darf ich Sie kurz etwas fragen, wir machen eine Umfrage
zur Einführung einer neuen Pflegespülung, hätten Sie vielleicht fünf bis zehn Minuten Zeit?«

»Fifty-fifty, Düsseldorfs Obdachlosenmagazin, haben Sie Interesse?«

»Entschuldigen Sie, sind Sie schon Mitglied bei Amnesty
International?«

»Wir sammeln Unterschriften gegen Tierversuche! Dürfte
ich Sie bitten, auch zu unterschreiben?«

Neben diesen aktiven Aufforderungen, Fragen zu beantworten, Lesestoff zu erwerben und sich für »die gute Sache« zu
engagieren, gibt es aber auch noch eine Vielzahl anderer
Möglichkeiten, mit anderen Menschen in Kontakt zu treten.
Der am Boden kauernde Obdachlose, der mit seinem selbst
geschriebenen Schild auf seine hoffnungslose Lage verweist,
Verteiler von Werbematerialien, Musiker sowie Zauber- und
Lebenskünstler aller Couleur. Wie lange der jeweilige Kontakt dauern sollte und ob man auf die jeweiligen Angebote
eingeht, das muss jeder selbst entscheiden. Wie wir unseren
Mitmenschen auf der Straße begegnen, dafür gibt es allerdings grundlegende Pflichten, die wir einander als Menschen
schuldig sind:

✓ *Wer sich bei uns höflich nach dem Weg erkundigt, der hat ein Recht auf eine ehrliche Antwort. Wissen wir den Weg, dann sollten wir diesen einfach nach bestem Wissen und Gewissen beschreiben.*

Haben Sie hingegen keine Ahnung, teilen Sie dies dem Frage-steller kurz und bündig mit: »Entschuldigen Sie, da kann ich Ihnen leider nicht weiterhelfen!« Verlieren Sie sich nicht in ellenlangen Ausführungen darüber, warum Sie es nicht wis-sen oder dass Sie die Straße oder Buchhandlung natürlich kennen, »aber der Weg, ja der Weg … das ist jetzt kompli-ziert«.

✓ *Wenn Sie kein Interesse an neuen Pflegespülungen, Peelings oder innovativen Schokoriegelkreationen haben, wechseln Sie entweder rechtzeitig die Straßenseite oder blicken der fragenden Person freundlich ins Gesicht und sagen: »Nein, danke. Kein Interesse.«*

Hektisches Vorbeieilen und einsilbige Verweise darauf, kei-ne Zeit zu haben, sind natürlich auch geeignet, der Ge-fahrenzone zu entkommen, erhöhen aber den Anteil der Stresshormone um ein Vielfaches. Und wer will das schon? Schließlich sind Sie beim Einkaufsbummel und nicht auf der Flucht!

Die Erlöse aus dem Verkauf von Obdachlosenzeitungen wie beispielsweise »fifty-fifty« haben allein in meiner Wahlheimat Düsseldorf über 2000 Menschen ein Dach über dem Kopf be-schert, so dass der Betrag von 1,50 Euro für eine darüber hin-aus lesenswerte Zeitung gut angelegt ist.

✓ *Sollten Sie auf die Lektüre verzichten wollen, sparen Sie sich bitte die Standardentschuldigung »Danke, habe ich schon!«, unabhängig davon, ob Sie in diesem Monat bereits drei Exemplare erworben haben. Ein freundliches »Nein, danke!« ist vollkommen ausreichend.*

Da keiner der Verkäufer im Reichtum schwimmt, ist jedoch eine zeitungsunabhängige Spende jederzeit willkommen. Mit der Frage »Darf ich Ihnen auch so etwas zustecken?« habe ich gute Erfahrungen gemacht.

Lassen wir unserem Gegenüber jederzeit die Würde, bleiben wir höflich, reden wir in ganzen Sätzen. Halten wir uns einfach an die Basisregeln der Höflichkeit und vermeiden eine Unart unserer Tage: jeden Obdachlosen konsequent zu duzen!

✓ *Setzen Sie sich aber auch mit klaren Worten gegenüber möglicher Aggressivität zur Wehr, und vermeiden Sie, aus einzelnen negativen Erfahrungen Pauschalurteile abzuleiten, frei nach dem Motto: »Ich gebe jetzt gar nichts mehr!«*

Appelle an unser Gewissen und unsere Fähigkeit, mit anderen Menschen mitzuleiden, machen es oft nicht leicht, sich solchen Ansprachen zu entziehen. Und schon manchem ist die reflexartig herausposaunte Standardentschuldigung »Nein, danke, das interessiert mich nicht« noch während des Sprechens als ungeeignet erschienen. Spätestens dann, wenn man sich mit der prompten Antwort »Gut, wenn Sie sich nicht für Menschenrechte interessieren, dann kann man natürlich nichts machen!« konfrontiert sieht, wird die Situation endgültig unangenehm.

✓ *Letztendlich bleiben nur zwei praktikable Möglichkeiten: Werden Sie Mitglied, oder wechseln Sie die Straßenseite! Vermeiden Sie jedoch jede Art der moralischen Rechtfertigung! Ihren eigenen moralischen Standpunkt sollten Sie im Vorfeld klären. Verzichten Sie auch auf Hinweise darauf, wo und für wen Sie sich ohnehin bereits engagieren; das interessiert Ihre engagierten Gesprächspartner in der Regel wenig!*

»MÖCHTEN SIE SICH SETZEN?« – IM NAHVERKEHR

Wer nicht hören will, muss fühlen. Getreu diesem Motto hat Michael Bloomberg, der Bürgermeister von New York, die guten Manieren im öffentlichen Nahverkehr nun gesetzlich geregelt. Wer in »Big Apple« die Subway nutzt, dem ist es mittlerweile per Gesetz untersagt, mehr als einen Platz zu belegen, die Füße hochzustellen oder Kaugummi auszuspucken! Das mag in den USA, wo das Recht auf das Recht, nach Glück zu streben – »the pursuit of happiness« – Verfassungsstatus genießt, funktionieren. Doch in hiesigen Gefilden, wo derartige Manieren nicht einklagbar sind, steht unser Recht auf Glück häufig genug auf dem Spiel. Ob in der Bahn, sei es ober- oder unterirdisch, oder im Bus.

Doch wie glücklich können wir ohne kodifizierte Rechtsgrundlage sein? Wie sicher, dass wir von der lautstarken Kakofonie unzähliger iPods und ausgespuckten Kaugummis verschont bleiben? Wer keinen Michael Bloomberg hat, der muss sein Glück notgedrungen selbst in die Hand nehmen, der muss sich zum Anwalt der guten Manieren machen, wo diese auf dem Spiel stehen, und selbst mit gutem Beispiel vorangehen.

Wie schwierig die Suche nach dem eigenen Glück mitunter gerät, das demonstrierten zwei Herren im pensionsfähigen Alter neulich im Bus. Beide glücklich, einen Platz gefunden zu haben, beide unglücklich darüber, dass es sich um ein und denselben Platz handelte, einen, der Menschen mit Behindertenausweis vorbehalten ist. Er hatte kaum Platz genommen, da wurde der Gewinner der »Reise nach Jerusalem« vom Unterlegenen dazu aufgefordert, sich umgehend zu legitimieren und seinen Berechtigungsausweis vorzuzeigen. Bei den Worten »Ich muss Ihnen gar nichts zeigen« eskalierte die Situation dahin gehend, dass beide wie wild mit ihren Gehstöcken aufeinander einschlugen. Es soll nicht unerwähnt bleiben, dass der Bus über ausreichend freie Sitzplätze verfügte …

Glücklicherweise endet die Suche nach dem eigenen Glück nicht immer in der handfesten Auseinandersetzung, zu unglücklichen Mienen führt sie jedoch ein ums andere Mal. Machen wir uns also auf die Suche nach den Voraussetzungen eines ungetrübten Glücks im öffentlichen Nahverkehr.

Früher war das irgendwie leichter mit dem Anbieten von Sitzplätzen. Alte Menschen sahen alt aus, und damit erübrigte sich die Frage, ob man sich nun zu erheben hatte oder nicht. Aber heute? So mancher Mensch im rentenfähigen Alter wirkt so jung, sportlich und rüstig, dass es einem als Affront ausgelegt werden könnte, ihm den eigenen Sitzplatz anzubieten.

✓ *Anbieten kostet ja nichts! Mehr als ein »Ach, bleiben Sie ruhig sitzen« kann nun wirklich nicht passieren!*

Überhaupt sollte nicht nur das Alter über einen Sitzplatz bestimmen. Menschen mit Unmengen an Tüten, Schwangere oder andere schwer Bepackte freuen sich auch über unser

Angebot! Natürlich gebietet es die Vorsicht, Schwangere nicht direkt auf ihre »Umstände« anzusprechen, denn schließlich wäre nichts unangenehmer als zu erfahren, dass es sich bei der vermeintlichen freudigen Erwartung lediglich um die Konsequenzen eines genussreichen Lebensstils handelt. Ihren Platz dürfen Sie freilich dennoch anbieten, auch wenn die entsprechende Frau die Frage nach dem »Warum« möglicherweise noch länger beschäftigt. (»Sollte es ihn tatsächlich noch geben, den Gentleman alter Schule?«)

Ist die Bahn oder der Bus voll, muss man oft mit den unliebsamen Stehplätzen unmittelbar vor den Türen vorlieb nehmen. Das bringt erhebliche Nachteile mit sich, lässt sich aber leider nicht immer vermeiden. Insbesondere diejenigen, die Ausstieg begehren, verfallen oft in Hektik, so dass man an jeder Haltestelle mit neuen panischen Gesichtern konfrontiert ist, die darum bangen, auch wirklich die Sardinenbüchse verlassen zu können.

✓ *Steigen Sie einfach mit aus und dann umgehend wieder ein, wenn Sie nicht länger der Ihnen zugedachten Rolle als »menschlicher Punchingball« gerecht werden wollen!*

✓ *Es soll noch immer vorkommen, dass Mütter mit Kinderwagen aktiv um Unterstützung beim Hinein- oder Hinaustragen des Kinderwagens bitten müssen. Wenn Sie an Bord sind, sollte es nicht dazu kommen, dass Hilfe eingefordert werden muss.*

Vorher sollten Sie sich jedoch davon überzeugen, dass Sie in der Brusttasche Ihrer Jeansjacke keine geöffnete Bierflasche transportieren, wie jener junge Mann, der sich neulich aus der Straßenbahn herunterbeugte, um einen Kinderwagen in die Bahn zu hieven …

Gleicht die Beförderung mit Bus und Bahn wieder einmal einer Achterbahnfahrt, die uns aus dem Gleichgewicht wirft und wir uns gerade noch an den Halteschlaufen festklammern können, ist ein abrupter Körperkontakt mit unseren Mitreisenden nicht immer zu vermeiden.

✓ *Eine kurze Entschuldigung reicht in der Regel aus, unabhängig davon, ob Sie sich als Opfer oder Täter begreifen. (Der eigentlich Schuldige sitzt ohnehin vorn am Lenkrad …) Vermeiden Sie es also, Ihre Gegenüber mit stechenden und vorwurfsvollen Blicken zu malträtieren!*

Volle Busse auf dem Weg ins Fußballstadion – heute spricht man ja von Arena – sind wenig geeignet, für unsere Suche nach dem Glück im Nahverkehr Erquickendes beizutragen. Insbesondere Nicht-Interessierte sollten sich gut überlegen, wann sie sich dem öffentlichen Nahverkehr anvertrauen.

✓ *Als kleiner Tipp: Das Gros der Bundesligaspiele findet samstags um 15.30 Uhr, das der Zweitligaspiele sonntags um 14.00 Uhr statt! (Über die Anstoßzeiten von unteren Ligen, Eishockey-, Handball- oder Basketballspielen informieren Sie sich bitte in Ihrer lokalen Tageszeitung.)*

»… und alle haben geguckt!« Auf diese Weise wurde in früheren Zeiten auf Aufklebern in der Straßenbahn vor den Folgen des Schwarzfahrens gewarnt. Flankiert von einem zweiten Motiv, auf dem die Rede davon war, dass man sich von der Geldstrafe »ein paar heiße Scheiben« hätte kaufen können. (Wer jetzt nicht weiß was »heiße Scheiben« sind, dem sei gesagt, dass es sich hierbei um Schallplatten handelte, den Vorläufern von CDs.)

✓ *Sollten Sie es versäumt haben, ein gültiges Ticket zu lösen, tun*
Sie sich einen Gefallen: Fangen Sie nicht an, sich zu rechtfer-
tigen, und versuchen Sie um Himmels Willen nicht zu fliehen!
Das wäre im höchsten Maße unsouverän. Geguckt haben ohne-
hin alle …

Mit zwei gewaltbereiten Rentnern hat das Kapitel begonnen,
auf der anderen Seite der biologischen Entwicklung möchte
ich es abschließen. Man kann sicherlich eine Menge über das
Verhalten von Kindern in Bus und Bahn schreiben, und tatsächlich werde ich mich an anderer Stelle ja auch noch zum
Thema Kinder auslassen. Hier möchte ich jedoch nur auf
eines hinweisen: Das freundliche und unvermittelte Grinsen
im Gesicht eines Kindes hat schon so manchen miesepetrigen
Blick in Bus und Bahn aufgeheitert.

✓ *Lassen wir uns zuweilen ruhig einmal direkt ins Gesicht grinsen!*

In einem Umfeld, in dem wir es gewohnt sind, alle Register zu
ziehen, um den Blicken der anderen auszuweichen, ein geeig-
neter Wink mit dem Zaunpfahl, uns das Leben gegenseitig ein
wenig leichter zu machen. Und da hat ein nettes Lächeln selten geschadet! Womöglich ist dann ja auch unserem Streben
nach Glück Erfolg beschieden.

»Bitte Vorsicht an der Bahnsteigkante!« –
Im Fernverkehr

Während sich der Schriftsteller Walter Benjamin »für ein paar
Stunden in das vorüberfliegende Land wie in einen wehenden

Schal gekuschelt« fühlte, schießen einigen Menschen ganz andere Gedanken durch den Kopf, wenn sie an das Zugfahren denken. Volle Abteile, Verspätungen, technische Defekte und nicht zuletzt das ungehobelte Verhalten ihrer Mitmenschen. Als ich während der Recherche zu meinem Buch meine Freunde und Bekannten bat, mir doch einfach eine kurze Mail zu schreiben, was sie ganz spontan mit dem Thema meines Buches assoziieren würden, erreichte mich nicht einmal 30 Minuten nach dem Absenden meiner Bitte die erste Antwort. Diese möchte ich Ihnen an dieser Stelle ungefiltert vorstellen:

»Mir ist aufgefallen, dass bereits am Bahnsteig, wenn der Zug einrollt, ein komisches Verhalten der Reisenden eintritt. Alle versuchen, sich vor den Eingangstüren so zu positionieren, dass sie die Ersten sind. Ist der Zug erst einmal eingefahren, werden die, die aussteigen wollen, total blockiert bzw. teilweise wieder mit in den Zug gedrängt, weil die ganz Ungeduldigen bereits reinstürmen. Und schon kommt es zu den ersten ›Nettigkeiten‹. Wie auch immer: eine unnötige Stresssituation für alle.

Es folgt die Sitzplatzsuche: Die, die eine Sitzplatzreservierung haben, sind etwas gelassener, aber diejenigen ohne dieses Privileg laufen jetzt ohne Rücksicht auf Verluste los, blockieren, drängeln und transportieren rücksichtslos ihr Gepäck durch die Gänge.

Doch mit der Gelassenheit der ›Reservierten‹ ist es spätestens vorbei, wenn ein ›Eindringling‹ es sich bereits auf dem eigenen reservierten Sitzplatz gemütlich gemacht hat. Dann schlägt die Gelassenheit der ›Reservierten‹ schnell in Reserviertheit um! Insbesondere dann, wenn der ›Platzdieb‹ auch noch schläft oder sich schlafend stellt. Was mache ich da? Wie wecke ich dann den Burschen? Stupse ich ihn leicht an? Erhebe ich meine Stimme, oder wende ich mich sofort an den Schaffner? (Der ja mittlerweile Zugbegleiter heißt.) Der Konflikt ist jedenfalls vorprogrammiert!

Wenn man dann endlich sitzt, sein Gepäck verstaut hat und es sich etwas bequemer gemacht hat, wird man erst mal vom Nebenmann mit einem Killerblick angeschaut – nach dem Motto: ›Ist jetzt endlich Ruhe?‹ Wenn sich alles dann wieder ein wenig beruhigt hat, kommt der nächste Bahnhof, und das Spiel geht von Neuem los. Na ja, das sind so ein paar Eindrücke hier aus der Bahn, keine Ahnung, ob da eine kleine Anregung für dich dabei ist. Könnte mir aber gut vorstellen, dass das Thema Bahnhof/Bahnfahrt die Leser interessieren könnte. Das ist eine alltägliche Sache, die jeder schon mal erlebt hat. Also bis dann mal, ich muss mich jetzt aus dem Zug pressen!?«

Auch aus meiner Sicht bietet das Fahren im Zug ein Panoptikum des zwischenmenschlichen Umgangs, das einer tiefer gehenden Analyse bedarf. Und die beginne ich nach all den Beispielen gelebter Rüpelhaftigkeit mit einer Statistik, die einen Silberstreif am Horizont des manierlichen Umgangs aufblitzen lässt: Nach einer Umfrage geben mittlerweile über 80 Prozent der Reisenden ihren professionellen Begleitern (früher Schaffner genannt) Bestnoten. Damit sind wir immer noch um einiges von der Kuscheligkeit eines Walter Benjamin entfernt, denn selbst bei einem hundertprozentigen Ergebnis dürften wir kein »Paradies auf Schienen« vermuten. Zumindest so lange nicht, bis es verlässliche Ergebnisse darüber gibt, dass sich die Reisenden gegenseitig ebenfalls ein gutes Zeugnis ausstellen.

Aber warum sollte uns Reisenden nicht ebenfalls gelingen, was den Schaffnern bei ihrem Transformationsprozess zum

Zugbegleiter immer besser zu glücken scheint? Waren diese doch vor einigen Jahren auch noch weit davon entfernt, Bestnoten zu erzielen. Ihre Wandlung von der hässlichen Raupe zum schönen Schmetterling beschreibt Thomas Ramge im Wirtschaftsmagazin »brand eins« auf amüsante Weise so: »Als Schaffner noch Schaffner hießen, hielten sie ihre Knipszangen fast immer wie Schreckschusspistolen und hatten mindestens genauso oft schlechte Laune. Die Zange tragen sie nun oft im Holster, dafür Tabletts mit Kaffee zu den Fahrgästen. Ihre Laune hat sich in fast beängstigendem Ausmaß verbessert.«

Nehmen wir uns doch einfach die neue und einsichtige Maxime der Zugbegleiter zum Vorbild: »Eigentlich ist es ganz einfach: Wer nett ist, hilft dem Fahrgast und sich selbst!« Überlegen wir uns, wo wir selbst netter sein könnten, um uns und den anderen Fahrgästen zu helfen. Vielleicht muss sich ja dann auch mein Bekannter zukünftig nicht aus Zügen »herauspressen«!

Wer sich Stress ersparen will, der sollte bereits im Vorfeld seiner Reise die eine oder andere Stress reduzierende Strategie ergreifen! Das Internet macht es möglich.

✓ *Drucken Sie sich Ihr Ticket und die dazugehörige Reservierung zu Hause am Drucker aus. So vermeiden Sie Terminhatz und lange Schlangen am Reisetag!*
✓ *Platzieren Sie sich auf dem Bahnsteig so, dass Sie nicht durch den gesamten Zug laufen müssen, um Ihren Platz einzunehmen.*

Da Sie ja ohnehin (siehe oben) reserviert haben, hilft der Blick auf die auf jedem Bahnsteig existierenden Wagenstandsanzeiger, die Ihnen angeben, in welchem Abschnitt der Wagen hält. Für sportliche Aktivitäten gibt es andere, besser geeignete Orte!

Ich rege mich ja ungern auf. Aber Gepäck in den Gängen der Abteile lässt selbst mich ärgerlich werden.

  ✓ *Gepäck hat auf den Gängen nichts zu suchen, sondern gehört ins Gepäckfach!*

Falls Ihnen der Koffer zu schwer ist und niemand von selbst auf den nahe liegenden Gedanken kommt, Ihnen Hilfe anzubieten, fordern Sie diese einfach ein. Ich helfe gerne …

  ✓ *Ohne Reservierung bieten oft die Raucherabteile eine Alternative zu den überfüllten Nichtraucherabteilen.*

Das hat natürlich seinen Preis: Die Konfrontation mit ebenso überfüllten Aschenbechern und einer Luft, die für nicht rauchende Menschen gelinde gesagt eine Bewährungsprobe darstellt. Vermeiden Sie es jedoch, sich über diese erschwerten Rahmenbedingungen zu echauffieren oder ständig ungefragt die Fenster zu öffnen. Raucher führen zunehmend ein Rückzugsgefecht, immer mehr öffentliche Räume werden dem blauen Dunst entzogen, und die Frustrationstoleranz sinkt. Dort, wo Raucher in der Mehrheit sind, sollten Sie vorsichtig sein oder den Rest der Fahrt stehen … Sie haben die Wahl.

  ✓ *Die teurere, aber unwidersprochen gesündere Variante ist das Bistro.*

Insbesondere, wenn man nicht allein unterwegs ist oder die mitgebrachten Zeitschriften und Bücher bereits ausgelesen hat, ist es eine wirkliche Alternative zu den überfüllten Abteilen. Die Bestellung eines Getränks ist natürlich die Voraussetzung. Als Faustregel gilt: Halten Sie sich nicht über eine Stunde an Ihrem Getränk fest. Selbst bei geduldigem Servicepersonal sollte man es tunlichst vermeiden, auf seiner Fahrt von Hamburg nach München mit seiner kurz nach Harburg bestellten, inzwischen schalen und warmen Cola bis zum Münchner Hauptbahnhof durchzuhalten.

✓ *Unterrichten Sie sowohl Ihre Mitreisenden als auch die verantwortlichen Zugbegleiter umgehend von unappetitlichen Zuständen oder Defekten zum Beispiel auf der Zugtoilette.*

Auf eine defekte Spülung sollte man die Nachfolgenden sofort hinweisen und dann das Problem der Zugbegleitung mitteilen. (Und zwar in dieser Reihenfolge!)

✓ *Fragen Sie stets, ob der Platz, den Sie einnehmen wollen, noch frei ist.*

Sie bereiten damit das Feld für eine wertschätzende Kommunikation, auch wenn sich diese in der Begrüßung und der späteren Verabschiedung erschöpft, weil Sie oder Ihr gegenüber sich lieber in die mitgebrachte Lektüre vertiefen wollen, als sich zu unterhalten. Achten Sie auf entsprechende Signale. Wer immer wieder in Gesprächspausen zu seinem Buch greift oder die Augen schließt, scheint kein wirkliches Interesse an einer Unterhaltung zu haben.

✓ *Breiten Sie sich nicht über Gebühr aus!*

Das schwere Gepäck gehört in die Ablage, der Rucksack dient nicht als Platzhalter und die Füße nicht auf den Sitz gegenüber. Lassen Sie sich als Platzsuchender nicht durch solche Revierabgrenzungen davon abhalten, Ihren Sitzplatz einzunehmen. Bleiben Sie höflich, und fragen Sie, ob Sie sich eventuell auf dem Platz, der von Koffern, Rucksäcken oder Füßen belegt ist, niederlassen dürften.

> ✓ *Einen reservierten Platz einzufordern ist Ihr gutes Recht. Doch auch hier macht der Ton die Musik. Mit einem »Entschuldigen Sie bitte, aber ich glaube, Sie sitzen auf meinem Platz« kann man in der Regel wenig falsch machen.*

Bei schlafenden oder sich schlafend stellenden Mitreisenden wird die Sache tatsächlich ein wenig heikler. Um Konflikte zu vermeiden, sollten wir uns – falls möglich – anderswo in der Nähe niederlassen und den Platzbesetzer erst nach dessen Erwachen darum bitten, den reservierten Platz einnehmen zu dürfen.

»Wo darf es denn hingehen?« – Im Taxi

»Guten Abend, hatten Sie einen guten Flug?« – »Danke, sieht man einmal von dem netten Herrn ab, der uns die Verspätung beschert hat und mir später durch das rücksichtslose Zurückklappen seines Sitzes mein ganzes Essen über der Hose verteilt hat!«

Das bis dato höflich verlaufende imaginäre Gespräch geht jetzt in die entscheidende nächste Runde. Diese beginnt üblicherweise mit der Frage des Taxifahrers, wo es denn hingehen solle. In Städten, in denen der Flughafen gut und gern 50 Kilometer von der Innenstadt entfernt liegt, ist das eine

zugegebenermaßen unverfängliche Frage, die nichts weiter
als eine klare Antwort erfordert, sofern man in die Innenstadt
möchte. Bei citynahen Flughäfen jedoch stellt selbige Frage
möglicherweise die Eröffnung für einen handfesten Konflikt
dar. Nirgends wird das ökonomische Nutzenkalkül, das jeder
Dienstleistung innewohnt, so deutlich wie hier. Jede Entfernung unter zehn Kilometern treibt dem Fahrer die Zornesröte
ins Gesicht: »Da warte ich hier über eine Stunde und dann
eine Zehn-Euro-Tour, na prima!«

Nachdem ich es in meiner Wahlheimat Düsseldorf anfangs
mit defensiven Strategien versucht hatte, indem ich darauf
hinwies, dass es »zu meinem Ziel leider nicht so weit« sei,
ärgerte ich mich verstärkt über die Konsequenzen. Diese bestanden entweder in einer trotzigen Einsilbigkeit des Fahrers,
gepaart mit einem Fahrstil, der Michael Schumacher zur Ehre
gereicht hätte. Nach einigen negativen Erfahrungen änderte
ich meine Strategie. Dort, wo es möglich ist, greife ich mittlerweile auf eine Dienstleistung mit dem Namen »Das freundliche Rheintaxi« zurück – ein Unternehmen, das mittlerweile
über hundert Fahrzeuge auf Düsseldorfs Straßen sein Eigen
nennt. Die Geschäftsidee erscheint auf den ersten Blick ebenso simpel wie unglaublich. Besteht sie doch einzig darin, der
eigentlichen Dienstleistung, der Fahrt von A nach B, einige
selbstverständliche Regeln des freundlichen Umgangs hinzuzufügen. Als da wären: Türe aufhalten, Koffer in den Koffer-
raum befördern, Frauen abends bis zur Haustür begleiten und
die Schaffung einer freundlichen Atmosphäre, die einen nicht
gleich zu blumigen Entschuldigungen nötigt, warum man nur
in die Innenstadt und nicht nach Dortmund will! Verspätung
hin, anstrengender Flug her. Die zehn Minuten Wartezeit auf
das bestellte »freundliche Taxi« lohnt sich allemal!

Doch auch nach Wiederherstellung der grundlegenden Bedingungen des zwischenmenschlichen respektvollen Umgangs gibt es natürlich noch das eine oder andere zu beachten, wenn man sich in deutschen Landen von A nach B fahren lässt:

✓ *Sollten Sie bargeldlos Ihre Fahrtkosten begleichen wollen, kündigen Sie dies bereits bei der Bestellung beziehungsweise beim Einsteigen an.*

Nicht alle Taxen können, manche wollen keine Kreditkarten annehmen. Wenn der Fahrer im Vorfeld Ihren Wunsch kennt, reduziert dies das Konfliktpotenzial erheblich.

✓ *Auch bei Kreditkartenfahrten sollten Sie das Trinkgeld nicht vergessen, wenn möglich sogar in bar extra überreichen.*

Als Faustregel gelten auch für Taxifahrten die »konventionellen« fünf bis zehn Prozent, zuzüglich oder gegebenenfalls abzüglich des in Geld ausgedrückten persönlichen Zufriedenheitsgrades. Die zornigen »Schumis« mussten meist ohne Trinkgeld ihre Rückreise zum Flughafen antreten, was ihre Chancen auf eine polizeiseitig erfolgreiche Geschwindigkeitskontrolle durchaus erhöht haben dürfte …

✓ *Keine Transportform bietet in der Regel eine so hervorragende Möglichkeit zur Kommunikation wie die Taxifahrt – ob wir das wollen oder nicht. Meist sind die Fahrten jedoch nicht so lang, dass wir einem Schwätzchen grundsätzlich aus dem Weg gehen sollten.*

Im Gegensatz zu sonstigen Small-Talk-Tipps ist das Wetter als Einstand eher ungeeignet, da wir bei einer nachmittäglichen

Fahrt davon ausgehen können, dass der Fahrer dieses Sujet bereits ausgiebig mit seinen zwanzig vorherigen Fahrgästen geklärt hat. Als geeignete Themen erscheinen mir vielmehr »Menschen, die ihren Führerschein im Lotto gewonnen haben« (aus Sicht der Taxifahrer in der Regel alle anderen Autofahrer), das aktuell laufende Radioprogramm (hier sollte man auch vor Politik nicht zurückschrecken) sowie lokale Events wie Sportveranstaltungen, Messen, eine Kirmes oder Ähnliches.

✓ *Wer intensiven Unterhaltungen aus dem Weg gehen und »professionell« wirken will, der sollte auf der Rückbank Platz nehmen.*

Wenn Sie nicht gerade den Typus Labertasche erwischt haben, der sich ständig herumdreht, womit er die Fahrt ein Stück weit gefährlicher gestaltet, und Sie sich nicht direkt als Tourist entlarven wollen (in Berlin kann das Platznehmen auf dem Beifahrersitz recht leicht zu ungewollten und gleichermaßen unbemerkten kostspieligen Stadtrundfahrten führen!), bietet die »zweite Reihe« durchaus Vorteile.

✓ *Eine grundlegende Ortskenntnis und das damit verbundene Wissen über Länge und Preis der Fahrt ist ohnehin stets von Vorteil.*

Nicht, dass ich den Taxifahrern im Allgemeinen sowie im Besonderen kriminelle Energie unterstelle, aber so manches Mal ist es mir schon passiert, dass ich bei einem relativ unkundigen Fahrer zustieg, der für jeden geografischen Tipp dankbar war. In diesem Fall sollten Sie auch den Vorschlag »die Uhr abzuschalten« annehmen, schließlich ist es Ihr Geld, das soeben verfahren wird …

Inwieweit Sie auf illegale Vorschläge bezüglich eines ausge-
schalteten Taxameters eingehen wollen, diese moralische Entscheidung kann und will ich Ihnen nicht abnehmen. Sollten
Sie sich jedoch – aus welchen Gründen auch immer – doch
einmal zu einer solchen »Schwarzarbeitsmaßnahme« hinreißen lassen, schadet das Wissen über den offiziellen Preis sicher
nicht.

✓ *Geben Sie dem Fahrer ruhig die gewünschte Route vor, aber ver-*
  meiden Sie pedantische Ratschläge wie »Hätten wir hier nicht
  links gemusst?« oder »Verstehe ich jetzt nicht, wieso Sie hier lang
  fahren!«, solange Sie sich nicht hundertprozentig sicher sind.

So manchem Fahrgast hat der Hinweis darauf, dass die Dom-
gasse aufgrund des Altstadtfestes gesperrt oder die Friedrich-
Ebert-Straße mittlerweile eine Einbahnstraße ist, schon die
Schamesröte ins Gesicht gezaubert …

»Boarding completed!« – Im Flugzeug

Der ehemalige holländische Fußballnationalspieler Dennis
Bergkamp wurde seit den Fußballweltmeisterschaften in den
USA von solch großer Flugangst geplagt, dass er bei allen internationalen Spielen für seinen Arbeitgeber Arsenal London
immer auf andere Reisemöglichkeiten zurückgreifen musste.
Für die meisten von uns ist die Reise mit dem Flugzeug hingegen längst zu einer Selbstverständlichkeit geworden, was natürlicherweise auch daran liegt, dass Flüge mitunter günstiger
sind als die Fahrt mit dem Taxi vom Flughafen ins Hotel. Und
wenn sie nicht durch gelegentliche Turbulenzen daran erinnert

würden, dass sie sich tatsächlich in der Luft befinden, zählen Flugerfahrene die Angst vor dem eigentlichen Flug nicht mehr zu ihrem Standardrepertoire.

Das bedeutet im Umkehrschluss mitnichten, dass wir auf unserem Weg zum Flughafen keinerlei Ängste oder Sorgen mit uns herumtrügen. Im Gegenteil! Nur haben diese Befürchtungen mehr mit unseren Mitmenschen und den speziellen Begebenheiten auf dem Flughafen oder im Flugzeug zu tun als mit der Tatsache, dass wir uns in Schwindel erregenden Höhen mit atemberaubender Geschwindigkeit durch die Luft bewegen lassen. (In Privatjets mag das anders sein, aber so weit ist die Demokratisierung des Luftraums noch nicht fortgeschritten, dass jeder Flugreisende auf diese Art der Individualreise zurückgreifen könnte …) Also: Willkommen in der Abflughalle eines großen internationalen Flughafens Ihrer Wahl:

Zu Beginn jeder Reise steht – nein, nicht das Packen, das ist jetzt nicht unser Thema – das Einchecken.

✓ *Das Einchecken verläuft in der Regel reibungslos, wenn man sich an das kleine Einmaleins hält: hinten anstellen, den freien Schalter schnell erfassen, Buchungsdaten, Personalausweis und gegebenenfalls Miles&More-Karte oder Vergleichbares zur Hand. Wer lediglich mit Handgepäck reist und den bequemen Quick-Check-In nutzt, schont seine Nerven ohnehin!*

✓ *Je nach Sicherheitslage ist die sich anschließende Gepäck- und Personenkontrolle eine mehr oder weniger große Geduldsprobe. Einmal an der Reihe, sollten Sie nicht drei Anläufe durch die Sicherheitsschleuse benötigen, um festzustellen, dass Sie immer noch Ihren Schlüssel, Ihr Feuerzeug oder Ihren Kleingeldbestand in der Hosentasche tragen.*

So manches Mal lässt sich aber das Alarmsignal auch dann nicht zur Ruhe bringen, wenn wir uns bereits halb nackt zu unserem zehnten Gang durch die Schleuse aufmachen. Hier hilft nur eines: Ruhe bewahren! Schließlich kommt die professionelle Gründlichkeit des Sicherheitspersonals sowohl Ihrem Bedürfnis nach Sicherheit zugute als auch dem der nachfolgenden Fluggäste, die sich mal wieder in der »falschen Schlange« wähnen!

Nach einem kleinen Bummel durch die Einkaufsmeile des Abflugbereiches kommen wir, meist viel zu früh, an unserem Gate an und warten darauf, dass das Boarding beginnt. Die Zeit bis zum Aufruf unserer Fluggesellschaft, bei dem diese uns nun ganz herzlich auf unserem Flug von X nach Y willkommen heißt, verläuft in der Regel nach der immer gleichen Dramaturgie. Wenn nicht gerade durch lautstarkes Telefonieren, Junggesellenabschiede auf dem Weg nach Palma oder andere anschwellende Geräuschpegel gestört, liegt auf den meisten Wartebereichen zunächst ein Mehltau aus stiller Lektüre, gedämpften Gesprächen, sanftem Dösen oder konzentriertem Blick in den Laptop.

Dies ändert sich jedoch, sobald an unserem Schalter die erste Betriebsamkeit ausbricht und die Vorbereitungen für das Boarding beginnen. Die ersten Köpfe recken sich nach oben, doch der erfahrene Flugprofi weiß natürlich, dass es noch mindestens zehn Minuten dauert, bis der eigentliche Aufruf erfolgt. Wenn es dann endlich losgeht, heißt die eigentliche Tugend, gelassen seinen Platz in der sich langsam bildenden Schlange einzunehmen. Nichts ist verpönter als hektische Betriebsamkeit:

✓ *Überprüfen Sie Ihr Gespür dafür, einen der ersten Plätze entspannt zu ergattern. Sollten Sie feststellen, dass Sie immer wie-*

der im Mittelfeld landen, bleiben Sie in Zukunft einfach eine
Weile länger sitzen. Denn als Faustregel gilt: lieber als Letzter
ins Flugzeug schlendern, als sich hektisch durchs Mittelfeld zu
bewegen.

✓ *Wessen Name allerdings in Verbindung mit der Formulierung*
  »Letzter Aufruf für ...« durch den gesamten Flughafen schallt,
  der verstößt ohnehin gegen die grundlegenden Höflichkeitsregeln
  in der Luftfahrt!

Nachdem wir das Flugzeug betreten haben, steigt die Notwendigkeit zur gegenseitigen Rücksichtnahme exponentiell an. Unsere Bewegungsfreiheit ist ab jetzt so stark eingeschränkt, dass es besonderer Fähigkeiten bedarf, uns gegenseitig noch Raum zum Atmen zu lassen. Ein guter Gradmesser für unsere Frustrationstoleranz! Da Disziplin jedoch im Flugzeug groß geschrieben wird, unterscheiden sich die hörbaren Dialoge erheblich von unseren inneren Monologen. Eine mögliche Übersetzung:

»Kein Problem!« (»Na prima! Schon wieder einer, der fünf Minuten braucht, um sein sogenanntes Handgepäck zu verstauen, wo ich dann wieder keinen Platz für meine Sachen finde.«)

»Entschuldigung! Darf ich Ihre Sachen ein Stück zur Seite schieben?« (»Frechheit, manche denken auch, sie sind allein auf der Welt!«)

»Entschuldigung, würden Sie mich bitte durchlassen?« (»Warum nehme ich eigentlich jedes Mal einen Fensterplatz ...«)

»Ja, selbstverständlich!« (»Warum kommen die, die am Fenster sitzen eigentlich immer als Letzte?«)

In seinem Versuch, das Wesen der Höflichkeit zu ergründen, kam der französische Philosoph La Bruyère zu folgender Ein-

sicht: »Höflichkeit überzeugt nicht immer von Güte, Gerechtigkeit, Gefälligkeit und Dankbarkeit; sie gibt aber wenigstens
den Schein dieser Dinge und lässt den Menschen nach außen
so sein, wie er innerlich sein müsste.« Wüssten wir nicht, dass
im 17. Jahrhundert noch keine Flugzeuge existierten, könnte
man den guten Mann glatt für einen erfahrenen Flugpassagier
halten ...

Der Platz ist eingenommen. Wie der Gurt funktioniert, wo
sich die Notausgänge befinden, wie die Sauerstoffmasken zu
handhaben sind und dass wir unsere elektronischen Geräte
auszuschalten haben, das könnten wir ja mittlerweile auswendig aufsagen, wenn wir mitten in der Nacht geweckt würden.
Ich frage mich manchmal, ob es überhaupt einer der Fluggäste
merken würden, wenn diese Einführung nicht stattfände. Ich
habe sogar schon leichte Irritationen in den Gesichtern der
Flugbegleiter festgestellt, wenn man wirklich einmal interessiert
zuschaut ...

Wie sich trotz der gegebenen Enge im Flugzeug noch etwas
fürs Leben lernen lässt, erfuhr ich in einem Online-Knigge-
Quiz. Zu der Frage »Ist es überhaupt möglich, in der Econo-
myclass stilgerecht zu essen?«, fand ich dort Folgendes: »Ja,
Sie können sogar die Gelegenheit nutzen, Ihren Essstil zu ver-
bessern. Beim Essen halten Sie die Arme möglichst eng am
Körper, wenn Sie Ihre Speisen schneiden oder die Gabel zum
Mund führen.« Ein Hinweis, der im Übrigen nur so lange gilt,
wie Ihr Vordermann mitspielt. Sollte der nämlich sein Essen
bereits verspeist haben, gerade den Entschluss fassen, sein
Schlafdefizit zu korrigieren und zu diesem Zweck seinen Sitz
ruckartig nach hinten zu klappen, während Sie noch dabei sind,
Ihren Essensstil zu optimieren, ist es mit der selbst erteilten
Etikettestunde schnell vorbei ...

Nachdem Sie den Rest des Fluges manierlich über die Bühne gebracht haben und keine größeren Dissonanzen mit Ihren Nachbarn über die Leselampen oder die Klimaanlagen bestanden, können Sie sich so langsam seelisch auf den Anflug und den damit verbundenen Ausstieg vorbereiten – die letzte Hürde gegenseitiger Rücksichtnahme! Viel passieren kann jetzt nicht mehr, es sei denn, Ihr Kapitän meldet sich über Lautsprecher: »Hier Kapitän Kruse. Ich bitte um Ihre Aufmerksamkeit. Ich habe eine gute und eine schlechte Nachricht für Sie. Zuerst die schlechte: Wir müssen eine halbe Stunde über München kreisen – der Flughafen muss von Schnee geräumt werden. Und nun die gute Nachricht: Sie brauchen die längere Flugzeit nicht zu bezahlen.«

Da kann die Musik noch so beruhigend aus den Lautsprechern dudeln. Kaum gelandet, schon bricht Hektik aus. Menschen in den Gängen, Menschen in gebückter Haltung, die jeder Rückenschule trotzen, und einige stoische »Sitzenbleiber« prägen nun das Bild. Jetzt gibt es nur ein Ziel: Raus aus der klaustrophobischen Röhre! Doch wenn man Pech hat, sieht man sich ja ohnehin im Bus wieder. Nach kurzem Warten abseits der Landebahn treffen endlich die Nachzügler von ihren Fensterplätzen ein, und gemeinsam geht es zur Gepäckausgabe. Hier haben Sie ein letztes Mal die Gelegenheit, Ihre Manieren unter Beweis zu stellen!

✓ *Es soll Menschen mit mehreren Gepäckstücken geben, die sich über eine helfende Hand freuen, wenn diese unmittelbar nacheinander auf dem Laufband erscheinen.*

✓ *Und es soll Menschen geben, die am liebsten in die Röhre, aus der die Koffer aufs Laufband fallen, kriechen würden, um an ihr Gepäck zu kommen. Gehören Sie nicht zu Letzteren!*

»Hallo Schatz! Hattest Du einen guten Flug?« – »Ja, alles bestens!« (»... mal abgesehen von dem Typen, der beim Einchecken feststellte, dass sein Koffer Übergewicht hat und sich auch noch lautstark über die Extrakosten mokierte, und von der Frau in der Sicherheitskontrolle, die mich dazu genötigt hat, mich halb auszuziehen, als sei ich ein Schwerverbrecher. Nicht zu vergessen der Witzbold, der sich einfach auf meinen Platz gesetzt hat, obwohl er eine Reihe hinter mir sitzen sollte. Von den bösen Blicken mal ganz abgesehen, als ich fünf Minuten zu spät in den Flieger kam!«)

ANDERE LÄNDER, ANDERE SITTEN? – GUTES BENEHMEN IM »GLOBALEN DORF«

Man kann der Globalisierung gegenüberstehen, wie man will: Man kann sie als historische Chance oder als existenzielle Bedrohung empfinden. Man kann sich auf die Seite smarter Unternehmer und Manager stellen, die überall die Chance wittern, gewinnbringende Möglichkeiten zu ergreifen, oder an der Seite engagierter Attac-Aktivisten auf die vielfältigen Bedrohungspotenziale hinweisen, die aus einem weltumspannenden Kapitalismus erwachsen. Welches Denkmodell wir auch wählen, unsere interkulturellen Fähigkeiten werden wir erst dann unter Beweis stellen, wenn wir in einer konkreten Situation einem leibhaftigen Menschen aus einem anderen Kulturkreis gegenüberstehen und diese Begegnung zur Zufriedenheit beider Seiten gestalten müssen.

Die Wahrscheinlichkeit, mit dem nötigen Respekt auf andere Menschen zuzugehen und gleichzeitig von diesen mit gebührendem Respekt behandelt zu werden, hängt von unserer Bereitschaft ab, uns sowohl mit der eigenen Kultur und ihren Wirkungen auf unser Verhalten auseinanderzusetzen, als uns auch den spezifischen Eigenarten der fremden Kultur zu öffnen. Wer im »globalen Dorf« lebt, darf nicht den Fehler begehen, eine standardisierbare Welt vorauszusetzen und traditionell gewachsene Strukturen auszublenden. Bereits in der nächsten Hütte im globalen Dorf ticken die Uhren ganz anders!

✓ *Wer sich gezielt vorbereiten will, muss zuhören, genau hinsehen, verhandlungsbereit, geduldig und gelassen sein.*
✓ *Wer sich überall auf der Welt zu Hause fühlen möchte, der sollte wissen, wann er sich anpassen muss, welchen Grad an Anpassung er von seinem Gegenüber erwarten darf und wo er die Grenzen zwischen Anpassung und unzulässiger Selbstaufgabe zu ziehen gedenkt!*

In letzter Zeit hat Samuel Huntingtons Befürchtung des »Kampf der Kulturen (Clash of Civilizations)« immer neue Nahrung erhalten. Die Diskussionen um die Mohammed-Karikaturen in dänischen Zeitungen hat gezeigt, wie schwer es mitunter ist, sich seiner eigenen kulturellen Wurzeln und den damit verbundenen Wertvorstellungen bewusst zu werden. So wurde auch aus gebildeten Kreisen darauf hingewiesen, man möge sich doch um »Gottes willen« in der islamischen Welt für die Beleidigungen entschuldigen.

Dass eine solche staatliche Entschuldigung jedoch nicht mit dem demokratischen Verständnis unserer europäischen Kultur vereinbar sei, darauf wies der dänische Ministerpräsident Anders Fogh Rasmussen eindringlich hin, als er deutlich machte, dass sich ein Staat, in dem das Recht auf freie Meinungsäußerung und Pressefreiheit gelte, nicht für das Handeln seiner Bürger entschuldigen könne und wolle! So sehr er selbst auch die Karikaturen und die darin transportierten Inhalte verurteilen möge, so sehr sehe er sich in seiner Funktion als demokratischer Vertreter in der Pflicht, allen Rufen nach staatlicher Zensur und/oder Entschuldigung vehement entgegenzutreten. Rasmussen formuliert bei diesen Aussagen zwischen den Zeilen zwei Empfehlungen, die uns auch abseits staatstragender Herausforderungen helfen können, die Welt und die Menschen aller Herren Länder mit offenem und gelassenem Blick zu betrachten:

✓ *Machen wir uns zum einen unsere eigenen kulturellen Vorstellungen bewusst! Vergessen wir nicht, dass wir die Welt durch unsere kulturelle Brille betrachten, und verschließen wir nicht die Augen davor, dass andere Menschen dies genauso tun.*
✓ *Zum anderen sollten wir unseren Anpassungswillen überprüfen! Auf welche kulturellen Werte und Errungenschaften sind wir bereit zu verzichten, für welche bereit zu streiten?*

»FREMDE KULTUREN ERFORSCHEN« – MIT DEN AUGEN EINES KINDES

»Zwei Dinge sollen Kinder von ihren Eltern bekommen: Wurzeln und Flügel«, gab uns Johann Wolfgang von Goethe mit auf den Weg. Nicht Wurzeln schlagen sollen wir, sondern mit gesundem Selbstbewusstsein die Welt entdecken! Mit unerschütterlichem Urvertrauen und unerschöpflicher Neugier ausgestattet, sollen wir uns und unsere Mitmenschen erkunden, ganz ohne Scheuklappen. Wen es in die weite Welt zieht, wem das eigene Unternehmen das Tor zu fremden Welten öffnet, der sollte sich auf seine Wurzeln und Flügel besinnen, bevor er auf dem harten Boden der interkulturellen Missverständnisse landet. Wer auf dem Marktplatz des globalen Dorfes einkaufen möchte, wem sich die Hütten seiner andersfarbigen, anderssprechenden und andersdenkenden Mitmenschen öffnen sollen, der muss die Welt mit den Augen eines Kindes sehen und sich von der lieb gewonnenen Annahme verabschieden, es gäbe sie, die gleichermaßen standardisierte und standardisierbare Welt, von der wir bisweilen als Erwachsene träumen.

✓ *Setzen Sie sich mit Ihren eigenen Wertvorstellungen und deren kulturellen Hintergründen auseinander.*

Was ist das eigentlich, der »westliche Weg«? Aus welchen Quellen speist sich Ihr Denken? Woran glauben Sie? An Gott? Die Vernunft? Beides? Oder keins von Beidem? An den technischen Fortschritt und die Marktwirtschaft? Was sind für Sie Errungenschaften der Demokratie? Menschenwürde, Gleichheit, Freiheit, Brüderlichkeit? Sind Sie davon überzeugt, dass diese Werte überall gelten sollten? Sie lehnen es ab, anderen Kulturen unsere Wertvorstellungen überzustülpen? So wie Sie Kinderarbeit und Raubbau an der Natur ablehnen?

✓ *Machen Sie sich eine Liste, welche kulturellen Errungenschaften Ihnen besonders am Herzen liegen und welche Konsequenzen dies für Ihre Empfindungen und Ihr Verhalten hat, bevor Sie in unbekannte Sphären aufbrechen!*
✓ *Sammeln Sie Erfahrungen. Nutzen Sie jeden Aufenthalt außerhalb Ihres gewohnten Umfeldes dazu, sich mit anderen kulturellen Eigenheiten auseinanderzusetzen.*

So kann für einen Norddeutschen ja bereits die Konfrontation mit dem Rheinländer zur interkulturellen Begegnung werden. Nutzen Sie jeden Urlaub, um sich einen Eindruck über Land und Leute zu verschaffen! Wer den ganzen Tag die Annehmlichkeiten seines Urlaubsressorts genießt, ohne auch nur einen Fuß in die reale Welt zu setzen, der wird am Ende bestenfalls erholt sein – was ja durchaus ein legitimes Urlaubsziel ist –, etwas über sich und eine andere Kultur zu lernen, hat er jedoch versäumt.

✓ *Seien Sie neugierig! Probieren Sie Dinge aus. Seien Sie mutig!*

Karneval sei ohnehin etwas für Menschen, die »auf Knopfdruck« lustig sein wollen? Habe ich früher auch gedacht. Gönnen Sie sich doch mal einen Tag in Köln, um sich eines Besseren belehren zu lassen oder Ihre Vorurteile bestätigt zu finden. Gehen Sie in Spanien, Italien, Griechenland oder sonst wo auf der Welt in ein Restaurant, bestellen Sie, ohne der Sprache mächtig zu sein, wahllos ein Gericht und lassen sich überraschen! Das Feilschen ist Ihnen fremd? Mir auch, doch Probieren geht über Studieren. Sie sind ohnehin nächsten Monat in Istanbul? Dann stürzen Sie sich doch einfach mal in das bunte Treiben der dortigen Basare.

Auch Menschen mit interkultureller Kompetenz haben Ängste und Vorurteile, sie sind aber mutig genug, einmal auszuprobieren, wie schlimm es denn wirklich um diese bestellt ist!

✓ *Es gibt kein Land der Erde, in dem seine Bewohner nicht eine bestimmte Vorstellung davon hätten, was als höflich oder unhöflich gilt.*

Aber die Bandbreite ist riesig! Das, was uns als übertrieben höflich gilt, erscheint unserem asiatischen Gegenüber als extrem unhöflich. Wo wir bereits ungeduldig werden, beginnt für unseren französischen Geschäftspartner erst das gegenseitige Kennenlernen. Was wir als zu nah empfinden, schätzt unsere mexikanische Auslandsvertreterin als übertrieben distanziert ein. Schauen Sie überall genau hin, gehen Sie auf Abstand zu Ihrem eigenen Empfinden, nehmen Sie sich den Raum und die Zeit, Gemeinsamkeiten und Unterschiede festzustellen!

Wussten Sie, dass die Engländer als das berührungsfeindlichste und höflichste Volk Europas zugleich gelten? Wundern Sie sich also nicht, wenn sich englische Menschen mit einem deutlichen »Excuse me!« bei Ihnen entschuldigen, bevor Sie selbiges tun konnten, weil der rüde Rempler von Ihnen ausging.

✓ *Sie sind unsicher, trauen sich nicht und trachten nach etwas Handfestem? Sie brauchen einen Regelleitfaden für den zukünftigen einjährigen Aufenthalt in Shanghai? Besorgen Sie sich einen!*

Setzen Sie Ihr eigenes Mosaik zusammen: Kaufen Sie sich einen Reiseführer, schauen Sie Dokumentationen im Fernsehen, besuchen Sie Seminare für interkulturelle Verständigung, bitten Sie Kollegen, die bereits vor Ort waren, Ihnen ihre Eindrücke mitzuteilen.

✓ *Versuchen Sie nicht, einheimischer zu sein als die Einheimischen!*

Was sollen denn Ihre chinesischen Kolleginnen und Kollegen denken, wenn Sie plötzlich schmatzend und schlürfend vor

Ihnen sitzen, wo diese selbst gerade im Benimmkurs eines deutschen Experten gelernt haben, dass der Löffel zum Mund geführt wird? Wie sehr einem der Hang zur Überassimilation zum Verhängnis werden kann, zeigt die Geschichte eines arabischen Studenten, auf dessen Verwicklung in die Anschläge des 11. September die deutsche Polizei nur deshalb aufmerksam wurde, weil er regelmäßig seine GEZ-Gebühren bezahlt hatte ...

Und noch eines: Wie sicher wir uns auch fühlen mögen, wer könnte am Ende des Tages von sich behaupten, sämtlichen interkulturellen Fallstricken elegant ausgewichen zu sein? Vergessen wir nicht, dass wir unsere »Untadeligkeit« zu einem großen Teil unseren höflichen ausländischen Gastgebern zu verdanken haben, weil diese großzügig über unsere kleinen und großen Fehler hinweggesehen haben!

✓ *Gehen Sie einfach davon aus, dass es genug höfliche Menschen gibt, die Ihnen helfen, Ihr Gesicht zu wahren. Seien Sie dankbar, und tun Sie das Gleiche!*

»Was ist das denn?« –
Ein Blick in den globalen Kochtopf

Chinesen essen Hunde und Katzen. In Afrika werden geröstete Heuschrecken serviert. In England ernähren sich die Menschen ausschließlich von Fish 'n' Chips. In Schottland werden sogar Schokoriegel frittiert. Belgien wäre ohne Pommes nicht denkbar. Die Schweden stopfen kiloweise Kötbullar in sich hinein. In Frankreich dauert ein Abendessen mindestens vier Stunden. Der Schweizer liebt sein Käsefondue, der Norweger sein

Schneehuhn zu Weihnachten, und was wäre Ägypten ohne seine Falafel?

An Wissenswertem und Halbwissenswertem mangelt es nicht, wenn man einen Blick in die Kochtöpfe unseres Erdballs riskiert. Ist die obige Aufzählung eher eine Melange aus längst Bekanntem und Halbwahrheiten, so gibt es doch einige wissenswerte Wahrheiten rund um unser leibliches Wohl. Dass diese Sammlung im höchsten Maße unvollständig ist, bedarf wohl keiner besonderen Erwähnung. Aber vielleicht kann die kleine Auswahl ja doch einen ebenso kleinen Beitrag leisten, sich an der unerschöpflichen Vielfalt weltweiter kulinarischer Sitten und Gebräuche zu erfreuen und auf eigene Faust weiterzuforschen.

»Spezialitäten-Restaurants haben zurzeit eine gute Konjunktur. Sie servieren Entenleber mit Seidenwürmern und Huhn mit Heuschrecken, Bärenspeck vom Grizzlybär, Dachs, Kaiman, Tranche Pythonschlange oder Elefantenrüssel. Ein Menü mit diesen ausgefallenen Fleischgerichten kostet zwischen 30 und 200 Mark. In fast jeder Großstadt gibt es mittlerweile ein Spezialitäten-Restaurant, das Gerichte dieser Art präsentiert.« So weit Peter Lauster in seinem 1986 erschienenen Buch »Statussymbole«. Gut zwanzig Jahre später mutet die Aufzählung Lausters skurril an. Wie ein Zeitzeugnis aus einer anderen Welt, in der in deutschen Landen nicht nur mit D-Mark bezahlt, sondern auch Entenleber mit Seidenwürmern gereicht wurde.

Die kleine Anekdote zeigt uns, wie sehr unsere eigenen Essgewohnheiten dem Zeitgeist unterworfen sind, und dass unsere festen Vorstellungen darüber, was essenswert ist, auf tönernen Füßen stehen. Ich erinnere mich noch gut an die Oma eines guten Freundes, die einmal den servierten Rucolasalat

mit den Worten zurückgehen ließ, sie sei doch kein Kanin-
chen, das sich von Rauke ernährt! Seien wir also vorsichtig mit
allzu leichtfertiger Einschätzung, was in den Kochtopf gehört
und was draußen zu bleiben habe!

Im Zweifelsfall gilt immer noch die alte Erziehungsmaxime:
»Wenn es Dir nicht schmeckt, in Ordnung, aber wenn Du es
gar nicht probierst, woher willst Du wissen, wie es schmeckt?«
Doch so einfach ist es ja nicht. Wer im »Ernstfall« sein Essen vor
lauter falsch verstandener Höflichkeit herunterwürgt, ganz
grün im Gesicht wird, um sich anschließend nach den Ört-
lichkeiten zu erkundigen, der sollte sich beim nächsten Mal
anderer Höflichkeitsstrategien bedienen. Sie müssen ja nicht
gleich bei jeder gereichten Speise die Nase rümpfen, voller
Widerwillen den Kopf schütteln und offenherzig bekunden:
»Das mag ich nicht!«

✓ *Ziehen Sie sich elegant aus der Situation, verweisen Sie auf
Ihren schwachen Magen, die momentane Appetitlosigkeit oder
Ihre grundsätzliche Bevorzugung von Fleisch gegenüber Fisch.*

Eine weitere Möglichkeit wäre, mit höflichem Witz auf Ihr Unbehagen hinzuweisen. So wie jener deutsche Geschäftsmann, der
das nachträgliche Muskelzucken des garantiert fangfrischen
Fisches auf seinem Teller zum Anlass nahm, den japanischen
Koch in Tokyo zu bitten, doch beim nächsten Prachtexemplar
ein wenig fester zuzuschlagen.

Englisch ist Weltsprache. Doch nicht immer gelingt die interkulturelle Verständigung so gut wie zwischen deutschem Gast
und japanischem Sushikoch. Selbst in englischsprachigen Ländern wie den USA wird die Kommunikation oftmals auf eine harte Probe gestellt. So zeigte sich schon in eher einfachen Steak-

restaurants manch einer von der Sprachgewalt der freundlichen Bedienung derart überfordert, dass ihm selbst kein Wort
mehr über die Lippen kommen wollte.

Dabei ist alles ganz einfach. Die ersten Worte (»Hi, my name
is Cindy. I'm your waitress for tonight.«) betreffen die persönliche Vorstellung. Was dann folgt, sind die verschiedenen Gar-
grade der Steaks (»medium, medium rare, medium done, well
done«), die möglichen Beilagen (»french fries, baked potatoe,
mashed potatoe, country fries, onion rings, corn etc.«), die
Dressings für den Salat (»cocktail, french, house, italian, blue
cheese etc.«) und ein kurzer Ausflug in die Angebote des Tages. Da die gesamte Vorstellung nach ungefähr 1,5 Sekunden
vorbei ist, sind nun Sie an der Reihe!

✓ *Überlegen Sie sich einfach vorher, was Sie wollen, denn die nun*
folgende Gesprächspause wird Ihnen ansonsten wie eineinhalb
Minuten erscheinen …

Nicht in allen Ländern scheint am nächsten Tag die Sonne,
wenn Sie alles aufessen! So war es in Japan früher geradezu
unhöflich, seinen Teller komplett zu leeren. Für Menschen
mit geringem Appetit und/oder Vorbehalten gegenüber den
lokalen Spezialitäten geradezu das Paradies. Musste man sich
in unseren Gefilden um seine gesellschaftliche Reputation sorgen, galt man im Land der aufgehenden Sonne als formvollendeter Genießer! Heute werden diese Regeln im Allgemeinen
weniger streng gesehen.

Sie sehen, nicht jeder Ausflug in fremde kulinarische Welten
ist automatisch mit dem Zwang zur Anpassung verbunden – im
Gegenteil, manchmal spielt sie den sogenannten schwierigen
Essern sogar in die Hände. Und bisweilen nicht nur denen.

Auch für »Pfennigfuchser« bietet das Land der Samurai kleinere Erfolgserlebnisse. Wer früher in Japan Trinkgeld gab, galt als unhöflich. Durch den Einfluss westlicher Touristen wird Trinkgeld geben und nehmen in Japan allmählich üblicher, wenn es auch noch keineswegs überall gängig ist.

Ein weiteres ungeliebtes Erziehungsmotto darf bei unserem Streifzug durch die globalen Köstlichkeiten nicht unerwähnt bleiben: »Erst nachdenken, dann reden«. Eine Maxime, die mir stets geholfen hat, an fremden Tischen eine halbwegs akzeptable Figur abzugeben. Hüten Sie sich, einen Äthiopier darauf hinzuweisen, dass er leider gerade Zucker und Salz verwechselt hat, wenn er Ihnen eine Tasse Kaffee reicht, und fordern Sie in Marokko keinen Eistee, weil Ihnen der servierte heiße Tee als inadäquates Mittel erscheint, um Ihren Durst zu löschen.

✓ *Vertrauen Sie einfach auf den Erfahrungsvorsprung der einheimischen Bevölkerung, und Sie werden sehen, es zahlt sich aus!*

Sie waren schon einmal in einem guten Restaurant in China essen und haben sich gewundert, dass auch nach dem dritten Gang noch kein Reis gereicht wurde? Sie waren kurz davor, an Ihrem Verstand zu zweifeln, bis nach dem fünften Gang endlich die nationale Sättigungsbeilage auf den Tisch kam? Gut, dass Sie nicht gefragt haben! Wird doch Reis in guten Restaurants immer erst vor dem letzten Gang serviert, um den Gästen eine letzte Chance zu geben, auch wirklich satt zu werden.

Wie hilfreich ein gerüttelt Maß an Zurückhaltung sein kann, um unserem Streben nach gegenseitigem Respekt nachzukommen, zeigt die amüsante Anekdote von vier Studenten, die den mittleren Westen der USA bereisten. In einem kleinen Dorf betraten sie das »diner«, das örtliche Esslokal. Mit ausreichend

Hunger ausgestattet, bestellte einer der vier ein »Trucker Break-fast« und fügte hinzu: »With two extra eggs, please!« Die Kau-gummi kauende, beleibte Chefin hinter dem Tresen beugte sich mit süffisanter Miene zu ihrem hungrigen Gast hinüber und fragte zurück: »You want seven eggs, honey?«

Der höfliche Mensch hat Zeit, sagt man in Europa. Doch nicht immer ist man mit diesem Grundsatz gut beraten. Mit der Maxime »Der höfliche Mensch achtet auf die Zeit« weist man sich hingegen als Global Player aus. Wer schon einmal zum Fest des heiligen Jakobs in Santiago de Compostela war oder Hape Kerkelings Bestseller »Ich bin dann mal weg« ge-lesen hat, der weiß, wie voll die Stadt und ihre Restaurants an diesem Festtag sind. Viele Restaurants haben daher ein klei-nes Dreigangmenü im Angebot, äußerst wohlschmeckend und schnell auf den Tisch gezaubert. Tempo ist hier ohnehin die Devise, aufessen, zahlen und den Tisch freimachen für die an-deren hungrigen Gäste. Von mediterraner Betulichkeit keine Spur, in 30 Minuten steht man wieder auf der Straße. Leicht zu erkennen für jeden, der nicht blind ist für seine Umwelt, wie jene schwäbische Familie, die laut feixend die dritte Flasche Rotwein bestellte und sich an der landestypischen Küche und den unschlagbaren Preisen erfreut, ohne zu bemerken, dass die Gästebelegschaft bereits das zweite Mal komplett gewechselt hatte …

Es macht auch keinen Sinn, noch nach 23.00 Uhr in einem japanischen Restaurant verweilen zu wollen, wie hoch die Rech-nung auch immer war. Kommen Sie der »versteckten« Auf-forderung (»Auf Wiedersehen!«) nach, wenn Sie nicht daran interessiert sind zu erfahren, mit welch ausgesuchter Höflich-keit Ihre Gastgeber für eine extrem ungemütliche Atmosphäre sorgen können.

Bei einer Einladung in Frankreich dagegen sollten Sie mindestens doppelt so viel Zeit einplanen, wie Sie im japanischen
Restaurant zu sitzen gedachten! So mancher war bereits ange-
heitert, als er sich an den Tisch setzte – der Pastis hatte ganze
Arbeit geleistet!

✓ *Tun Sie sich und Ihren Mitmenschen einen Gefallen: Beachten
Sie die kulturellen Eigenarten im Umgang mit Essen und Zeit,
bevor es zu spät ist!*

DER MIT DEM POPCORN KNISTERT – WIE VERHALTE ICH MICH BEI KUNST & KULTUR?

»RANG ODER PARKETT?« – IM KINO

In seinem »Buch der Etikette«, 1956 in der Erstauflage erschienen, nannte Karlheinz Graudenz das Kino – das damals
noch Lichtspielhaus hieß – eine »Stätte der Unterhaltung«.
Im Gegensatz zu Oper oder Theater, die Graudenz als »Stätten der Kunst« bezeichnete, war das Kino für ihn der Hort
der Rücksichtslosigkeit: »Lichtspielhäuser werden gewissermaßen im Vorbeigehen besucht und gestatten auch sportliche
Straßenkleidung. Aber darum geht es nicht. Es geht vielmehr
um die Tatsache, daß ein großer Teil der Kinobesucher, insbesondere der jüngeren, glaubt, mit der Eintrittskarte auch das
Recht zur Missachtung jeder Höflichkeit und Rücksichtnahme
erworben zu haben.«

Abstrahieren wir doch einmal von der Sprache der Fünfzigerjahre des 20. Jahrhunderts, die ja nach landläufiger Meinung nicht gerade zu den progressivsten der alten Bundesrepublik gehörten, und fragen uns, an welcher Stelle wir denn auch heute noch bereit wären, den Anstandsregeln von Karlheinz Graudenz und seiner Mitstreiterin Erica Pappritz Folge zu leisten. Zu diesem Zweck sollten wir die Verhaltensempfehlungen der beiden ein wenig entstauben, um ihnen zu neuem Glanz zu verhelfen. Hier das Ergebnis meines »Frühjahrsputzes«. Im Lichtspielhaus (Kino oder Multiplex) könnten ...

– ... »Zuspätkommende sich bei den bereits Sitzenden entschuldigen und sich mit der Vorder-, nicht mit der Rückfront an ihnen vorbeischlängeln«. – Auch wenn die Bewegungsfreiheit in vielen »Lichtspielhäusern« mittlerweile stark erweitert wurde, ein wenig Platz schaffen müssen die bereits Sitzenden nach wie vor, so dass auch heute noch eine kurze Entschuldigung durchaus angebracht ist. Die Vorderfront böte sich dann ohnehin an, möchte man eine Nackensteife aufgrund des dauernden Drehen des Kopfes vermeiden.

– ... »seitlich Sitzende auf mehrfache Bitten der Platzanweiserinnen zur Mitte aufrücken und so die Füllung der Reihen vereinfachen«. – Diese Anstandsregel hat sich ihren Ehrenplatz in den Vitrinen der »Museen für Anstand und Etikette« redlich verdient. Der Beruf der Platzanweiserin ist nicht mehr Bestandteil der verfügbaren Stellenangebote, da ihre helfenden Hände mittlerweile durch fest nummerierte Sitzplätze ersetzt wurden und die Füllung der Reihen inzwischen am PC von der Kasse aus gesteuert werden kann. Sollte es dennoch zu Missverständnissen bei der Platzbelegung

kommen, müssen Sie die Aufgaben der ehemaligen An-
weiserin wohl notgedrungen selbst übernehmen.

– ...»Liebespaare auf ein zärtliches Tête-à-tête verzichten und
damit den hinter ihnen Sitzenden einen ungestörten Blick
auf die Leinwand ermöglichen (die Kinosit ze stehen nämlich ›auf Lücke‹)«. – Dieser Hinweis scheint sich im Laufe
der letzten Jahre weitestgehend durchgesetzt zu haben.
Nicht etwa, dass die Anzahl der Liebespaare abgenommen
hätte. Diese lassen sich aber vornehmlich in den letzten
Reihen des Kinosaals nieder, wo sich mittlerweile das un-
geschriebene Gesetz manifestiert hat: »Knutschen erlaubt,
sitzt ja keiner hinter uns!«

– ...»männliche und vor allem weibliche Besucher ihre Kon-
fekt-, Schokolade-, Bonbon- und Kaugummipackungen vor
Beginn des Hauptfilmes öffnen, anstatt während der ganzen Vorstellung mindestens die umsitzenden 50 Besucher
durch ununterbrochenes Geknister zu stören«. – *Die* Kino-
regel schlechthin! Die Erweiterung der Speisekarte um Eis,
Popcorn sowie Cheese-Nachos hat die Geräuschs- und Ge-
ruchsskalen sogar erweitert. Dass es sich bei den Störenfrie-
den vor allem um weibliche Besucher handelte, lässt sich
aus heutiger Sicht nicht empirisch bestätigen. Die Störung
von 50 Umsitzenden entspricht ebenfalls nicht mehr den
Realitäten des 21. Jahrhunderts, da die Schallwellen des
mächtigen Dolby-Surround-Sounds die Geräuschentfaltung
von Geknister und Geschlecke erheblich einschränkt.

– ...»die Besucher beiderlei Geschlechts darauf verzichten,
ihrer Umgebung das Verständnis des Films durch geistreiche Kommentare wie ›Jetzt küsst er sie!‹, ›Du, guck mal, wie
der schießt!‹ oder ›Mensch, Errol, pass auf, hinter dir!‹ zu
erleichtern«. – Eine Regel, die ebenso einsichtig wie zeit-

los ist und auf die man nicht oft genug hinweisen kann. Sieht man einmal davon ab, dass weit und breit kein Superstar mit dem Vornamen Errol mehr in Sicht ist, der sich als »Herr der sieben Meere« vor Piraten oder als »König der Vagabunden« vor dem Sheriff von Nottingham in Sicherheit bringen müsste.

– ... »die Besucher schweigen (eine nicht geringe Anzahl von Leuten ist nämlich – erstaunlicherweise! – in die Vorstellung gegangen, um dem Geschehen auf der Leinwand zu folgen, und nicht, um sich eine halbe Stunde lang die Beschreibung des Krachs anzuhören, den der Nebenmann im Büro hatte und unbedingt während der Vorstellung seiner Begleiterin erzählen muss)«. – Was gäbe es da noch hinzuzufügen? Eines vielleicht: Durch die Ablösung des Vorfilms durch Werbung besteht mittlerweile die stillschweigende Vereinbarung unter den Besuchern, sich während der Ausstrahlung von »Verbraucherinformationen« dem gegenseitigen Austausch von Alltagsfreuden und -sorgen zu widmen.

– ... »alle Anwesenden berücksichtigen, dass sich die Mehrzahl der Besucher den Genuss eines bescheidenen und verhältnismäßig billigen, vielleicht sogar des einzigen Vergnügens leisten, nicht aber sich über die Rücksichtslosigkeit anderer ärgern möchte«. – Ob wir das Kino tatsächlich als bescheidene Kunstform betrachten wollen, möchte ich bezweifeln – dass es jedoch im Gegensatz zu den »Stätten der Kunst« noch immer als verhältnismäßig preiswert gelten darf, ist unbestritten. Sieht man einmal von besagtem Nebensatz ab, dann kann diese »Graudenzsche Regel« als geeignete Überleitung für die »Stätten der Kunst« gelten.

»DER VORHANG ZU UND KEINE FRAGEN OFFEN« –
IM THEATER

Im Gegensatz zum Kinobesuch haben wir es bei unserem
Besuch nicht mit Leinwandhelden zu tun, sondern mit ech-
ten Menschen aus Fleisch und Blut, die für uns in Rollen
schlüpfen, die erste Geige spielen oder uns mit ihren Arien
beglücken. Und immer dann, wenn uns etwas besonders gut
gefällt, schlagen wir die Innenseiten unserer Handflächen zusammen und spenden denjenigen, die sich für unser Hochge-
fühl verantwortlich zeigen, Beifall! Im Gegensatz zu früheren
Zeiten haben wir hinsichtlich unserer Beifallsbekundungen
»freie Hand«. Dass »eine Dame im Theater weder zischen
noch zu laut Beifall klatschen solle«, wie es Emma Kallmann
1891 in ihrem Buch »Der gute Ton« forderte, gehört aus
heutiger Sicht zu den eher amüsanten Stilblüten der Etiketteliteratur. (Warum sollte eine Frau überhaupt im Theater
zischen?)

In unseren Zeiten lassen es sich auch Damen nicht nehmen, aufzustehen, stürmisch Beifall zu spenden und laut »Bravo!« zu rufen und folgen somit einer ebenfalls recht betagten
Empfehlung des berühmten »Etikettepaares« Wolf Graf und
Eva Gräfin von Baudissin, die in ihrer Erstauflage »Spemanns
goldenes Buch der Sitte« von 1901 die immer noch gültige
Empfehlung aussprachen: »Ohne Beifall und ohne Anerkennung kann kein Virtuose, überhaupt kein schaffender Künstler leben, sie sind für ihn beinahe so notwendig, wie das tägliche Brot, und sie heben ihn über all die Sorgen und Miseren
hinweg, von denen selbst die glänzendste Künstlerlaufbahn
nicht ganz frei ist.«

Also denn:

✓ *Lassen wir uns ruhig zu überschwänglichem, tosendem oder gar stürmischem Applaus hinreißen. Rufen wir laut »Bravo!« und klatschen im Rhythmus, weil wir nicht genug bekommen können von den Interpreten, Musikern oder Schauspielern, die uns diesen unvergesslichen Abend beschert haben!*

Doch was tun, wenn wir die Darbietung als Zumutung empfinden? Wenn uns weniger nach Beifall als nach schrillen Pfiffen und lautstarken Buhrufen zumute ist? Ich erinnere mich nur zu gut an eine Aufführung von Shakespeares »König Lear«, die gleich in dreifacher Weise eine Herausforderung an die Sehgewohnheiten des Premierenpublikums darstellte. Selten war es dem Publikum »vergönnt«, solche Mengen an Kunstblut, stetiger Nacktheit und menschlicher Exkremente (es handelte sich im Übrigen um Mousse au Chocolat ...) auf deutschen Bühnen zu sehen.

Der Saal teilte sich schnell in zwei Lager: die einen, die der empfundenen Provokation selbige entgegensetzten und die Schauspieler lautstark zum Aufhören aufforderten, und diejenigen, die die von Ihnen als Störenfriede empfundenen Zuschauer aufforderten, den Saal zu verlassen. Die Schauspieler schienen von den heftigen Reaktionen weitestgehend unberührt. Auf meine Frage, die ich einem der Schauspieler nach Ende des Stückes stellte, ob er das Verhalten derjenigen, die lautstark buhten und »Aufhören!« schrien, als respektlos empfunden habe, antwortete dieser in aller Gelassenheit: »Ein wenig überrascht haben mich die empörten Zwischenrufe schon, aber als respektlos habe ich sie nicht empfunden. Theater soll doch berühren und unsere Leidenschaften und innersten Gefühle ansprechen; und das ist ja immerhin gelungen!«

Ich selbst blieb im Übrigen bis zum Ende. Nicht nur, weil mich die Aufführung begeisterte, sondern auch, weil es nach dem Ende des Stücks und dem damit verbundenen tosenden Beifall der Verbliebenen die Möglichkeit zu einem Gespräch mit den Schauspielern gab.

Diese Möglichkeit zur Interaktion kann ich nur jedem ans Herz legen, eröffnet doch der anschließende Dialog einen höchst interessanten Blick hinter die Kulissen des respektvollen und wertschätzenden Umgangs. Der im besten Sinne kritische Dialog war für mich ein schlagender Beweis für gelebte Höflichkeit und der wechselseitigen Fähigkeit, dem anderen – trotz aller Unterschiede in der Bewertung des Erlebten – mit Respekt zu begegnen. Das galt einerseits für die Zuschauer, die bereit waren, sich mit der Aufführung auseinanderzusetzen, obwohl sie ihnen nicht gefallen hatte, statt alles in Bausch und Bogen als unzumutbar zu verdammen, und die die schauspielerischen Leistungen unabhängig davon zu würdigen wussten. Andererseits beeindruckten mich die Schauspieler, die der Empörung der flüchtenden Premierenzuschauer mit Verständnis begegneten.

✓ *Überlegen Sie bei der nächsten unzumutbaren Aufführung, wann Sie pfeifen, wem Ihre Pfiffe gelten und ob Sie nicht nach einer kurzen Abkühlung an der Theaterbar nicht doch – wenn angeboten – die Möglichkeit zum Dialog mit Schauspielern und Regisseur nutzen sollten, um die gegenseitigen Vorstellungen über Zumutbarkeit und Unzumutbares auszutauschen sowie die Grenzen und Möglichkeiten des gegenseitigen Respekts zwischen Darstellenden und Betrachtenden auszuloten.*

Apropos Respekt: Theater-, Oper-, Konzert- oder Ballettbesuche halten noch weitere ungeklärte Fragen des respektvollen Umgangs für uns bereit. So berichtete mir ein Bekannter einmal von den kleinen Scharmützeln, die er im Vorfeld eines Konzertbesuches mit seinen Kindern (beide im sogenannten Teeniealter) darüber ausgetragen hatte, wie man sich kleiden solle: »Warum soll ich mich eigentlich rausputzen und Dinge anziehen, in denen ich das Gefühl habe, verkleidet zu sein? Das verstehe ich nicht!«

Mein Bekannter geriet in Erklärungsnot. Warum unterliegt der Besuch von Konzerten eigentlich bestimmten Konventionen hinsichtlich der Kleidungsfrage? Nach kurzem Überlegen antwortete er seiner Tochter: »Du hast recht, es gibt keinen Grund, sich zu verkleiden! Aber die Art, wie wir uns kleiden ist eine Respektbezeugung gegenüber den Musikern. Sie bringt zum Ausdruck, dass wir den Abend als etwas Besonderes erleben. Und dieses Empfinden sollten wir zum Ausdruck bringen. Also, es ist egal, was Ihr anzieht (Tanja, Deine Reithose, Lukas, Deine Shorts ausgenommen), aber es sollte das sein, was der Besonderheit des gemeinsamen Abends entspricht!«

Als sie zum Konzert fuhren hatten alle ihre Lieblingssachen an. Von dem einen oder anderen Stück mussten sie sich allerdings kurz nach ihrer Ankunft wieder trennen. An der Garderobe wurden Jacken und Mäntel gegen kleine nummerierte Metallschildchen getauscht.

Das hat nicht nur den Vorteil, dass man sich wesentlich freier bewegen kann, es erübrigt sich dadurch nicht nur die lästige Frage: »Wohin jetzt mit dem Mantel?« (meist liegt er einem ohnehin zu Füßen), nein:

✓ *Das Abgeben von Mänteln und Jacken an der Garderobe bringt*
auch gegenüber den Künstlern auf der Bühne zum Ausdruck,
dass man »nicht auf dem Sprung« ist, dass man bereit ist, dem
Dargebotenen dieselbe Konzentration und Aufmerksamkeit zu
widmen, wie es das Orchester selbst tut.

»Papa, es hat schon zweimal geklingelt!« Auf geht's. Dreimal,
in der Regel in fünfminütigen Abständen, weist uns der schrille Ton der Klingel darauf hin, dass wir uns zu unseren Plätzen
zu bewegen haben.

✓ *Neben den bereits wirkenden selbstbindenden Kräften der frei-*
willigen Wertschätzung gegenüber den Protagonisten auf der
Bühne weist uns die Schrille – spätestens des dritten Klingelns –
darauf hin, dass wir mit einer besonders schweren sozialen Ächt-
ung zu rechnen haben, wenn wir tatsächlich unseren Einlass
verpassen sollten.

Schon so mancher verspätete Zuschauer kann sich an die ver-
ständnislosen Blicke der anderen erinnern, wenn ihm in einer
kurzen Pause zwanzig Minuten nach Beginn doch noch Einlass gewährt wurde oder er gar gezwungen war, den ersten Akt
der »Zauberflöte« im separaten Fernsehraum »genießen« zu
dürfen …

»UND DAS SOLL KUNST SEIN?« – IM MUSEUM

Geschichte wiederholt sich. Reinliche Menschen vorausgesetzt.
Nachdem im Jahr 1986 bereits die berühmte »Fettecke« des
Düsseldorfer Künstlers Joseph Beuys »ihr Fett wegbekam« und

schlicht weggeputzt wurde, widerfuhr im Jahre 2004 abermals einem deutschen Künstler, dem Dekonstruktivisten Gustav Metzger, Ähnliches. Eine Plastiktüte mit Zeitungen und Pappe, die vor einem abstrakten Gemälde lag, wurde durch eine »gewissenhafte« Reinigungskraft in der Londoner Nationalgalerie Tate Britain entsorgt.

Die moderne Kunst macht es den Menschen in ihrer unmittelbaren Umgebung – ob Betrachter oder Ordnungsliebhaber – nicht immer leicht, und das will sie ja im Zweifelsfall auch gar nicht. Der Besuch im Museum und die damit einhergehenden Anforderungen an unser Benehmen halten zwar auch das ein oder andere Fettnäpfchen für uns bereit, aber die lassen sich in der Regel etwas leichter und günstiger aus dem Weg schaffen als besagte »Fettecke« – immerhin musste das Land Nordrhein-Westfalen einen fünfstelligen Betrag an Joseph Beuys zahlen.

Und doch kann es ja nicht schaden, sich im Vorfeld des Museumsbesuches einige Umgangsregeln zu vergegenwärtigen:

✓ *Ballspielen, Essen, Petting und Anfassen von Kunstobjekten sind in der Regel verboten!*

Sie wundern sich über die merkwürdige Zusammenstellung? Fragen Sie doch mal nach bei den netten Damen und Herren, die in den Museen arbeiten, so wie ich es getan habe, dann ließe sich die kleine Zusammenstellung der Verbote sicher noch um die eine oder andere Skurrilität anreichern.

✓ *Eintrittspreise sind nicht verhandelbar! Wenn es keine Ermäßigung für Rentner gibt, dann gibt es sie nicht.*

Wenn Sie einen Künstlerausweis oder sonstige Ausweise besitzen, die Ihnen einen ermäßigten oder gar freien Eintritt bescheren, nehmen Sie sie mit und zeigen sie vor, statt sie zu Hause zu vergessen. Nicht jede Kassiererin erkennt in Sekundenbruchteilen, welchen angehenden oder berühmten Meister sie gerade vor sich hat.

> ✓ *Wenn Karten nach dem Erwerb am Eingang abgerissen werden, sparen Sie sich bitte jeden Kommentar.*

Es ist sehr wahrscheinlich, dass witzig gemeinte Sprüche (»Oh, jetzt haben Sie meine Karte kaputt gemacht!«) vom Gegenüber allein an diesem Sonntag bereits zum fünfzigsten Mal mit einem gequälten Schmunzeln erwidert werden mussten.

> ✓ *Es kann nicht schaden, die Bediensteten in den Ausstellungsräumen freundlich zu begrüßen, und wenn es nur ein kurzes Kopfnicken ist.*
> ✓ *Befolgen Sie bitte die Anweisungen der Museumsangestellten. Wenn in der betreffenden Ausstellung Fotografierverbot besteht, dann halten Sie sich bitte daran.*

Mit einem betont unbeteiligten »Ja, ja« auf die Bitte der betreffenden Person zu reagieren, ist bereits unhöflich, darauf hinzuweisen, dass Sie das letzte Mal aber fotografieren durften, ist nicht zielführend und hinter der nächsten Ecke dennoch den Fotoapparat zu zücken, schlicht unverschämt.

Sollten Sie sich eines »Vergehens« schuldig gemacht haben, weil Sie einmal in Ihrem Leben die Kleider von Vivienne Westwood berühren, den »Schwung« von van Gogh mit Ihrer Nasenspitze erspüren oder die Belichtung des Fotografen Andreas

Gursky mit Ihren Händen nachvollziehen wollten, fangen Sie bloß nicht an, sich zu rechtfertigen oder gar patzig zu werden. Sätze wie »Ach, kommen Sie, das ist doch nicht so schlimm« oder »Also, ich habe kein Schild gesehen, das mich darauf hingewiesen hätte, nichts anzufassen!« tragen nicht wirklich zur Deeskalation bei. Mit einem kurzen »Entschuldigen Sie bitte!« ist die Sache meist aus der Welt geräumt. Aber vielleicht haben Sie ja auch Lust, die übrige Zeit Ihres Besuches von einem nicht von Ihrer Seite weichenden »Anstandsschatten« verfolgt zu werden …

✓ *Kinder sind im Museum willkommen – solange sie nicht mit zehn Metern Anlauf und ausgestreckten Patschhändchen auf die Werke der alten und jungen Meister zustürmen.*

Als Erziehungsberechtigte sollten Sie im Ernstfall genau überlegen, wen Sie schelten. Die Museumsbedienstete, die sich um die ihr anvertrauten Bilder sorgt, ist sicherlich die falsche Adressatin für Anwürfe wie »herzlos« oder »kein bisschen kinderfreundlich«.

✓ *Absperrungen sind nicht immer gleich als solche zu erkennen. Schalten Sie daher nicht umgehend auf Abwehr, wenn Sie eine der Bediensteten freundlich darauf hinweist, dass Sie sich einer Absperrung nähern (»Also hören Sie mal, ich bin doch nicht das erste Mal im Museum!«).*

Schon so manchem stand später die Schamesröte im Gesicht, als er über die nächste Absperrung stolperte oder sich hinter einer Absperrung die Nase am Plexiglas eines Großformats platt drückte. Einige Museumsbesucher sind sich jedoch nicht zu schade, auch in diesem Fall jedwede Schuld von sich zu weisen (»Die Dinger sieht man ja überhaupt nicht!«).

✓ *Ihnen hat die Ausstellung nicht gefallen? Das ist Ihr gutes Recht. Es hat auch niemand was dagegen, wenn Sie Ihren Ärger kundtun.*

Bedenken Sie nur, dass die Beschäftigten des Museums in der Regel wenig dafür können, dass Ihr Geschmack nicht getroffen wurde und es Ihnen absolut schleierhaft ist, »wieso die Stadt für so etwas auch noch Geld zum Fenster rauswirft. Und das soll Kunst sein?«

Teil II
Business und Benehmen

Der Weg in eine Dienstleistungsgesellschaft ist beschwerlich. So wie jeder andere Strukturwandel, so ist auch diese gesellschaftliche Veränderung nicht ohne Schmerzen zu bewerkstelligen. Der Begriff »Servicewüste« ist geradezu zum geflügelten Wort geworden, meist in Begleitung von unserem Land, »Deutschland«. Doch bevor wir uns mit der »Servicewüste Deutschland« beschäftigen, möchte ich den Blick auf jene Umgangsstrategien richten, die weitestgehend unabhängig vom Erfolg oder Misserfolg eines Unternehmens sind. Denn wenn Verkäuferinnen und Verkäufer ihre Kunden links liegen lassen und sich lieber ihren Privatunterhaltungen widmen, wenn wir auch auf höfliches Nachfragen keine Antwort erhalten, wo wir denn den von uns gewünschten Artikel finden, oder wenn so manche Luxusadresse meint, ihre potenziellen Kunden eher abschrecken zu müssen als ihnen einladend zu begegnen, dann ist das schlicht und einfach schlecht fürs Geschäft!

Mir geht es jedoch zunächst um die alltäglichen Kleinigkeiten, die das Leben an unserem Arbeitsplatz ein Stück weit angenehmer machen. Es geht um die Frage, auf welche Weise es uns gelingen kann, den gemeinsamen beruflichen Alltag so angenehm wie möglich zu gestalten. Erst danach kümmern wir uns ums große Ganze, um das, was gut und das, was schlecht fürs Geschäft ist.

Jeden Tag dieselben »Nasen« — Was hält die Betriebsklimaanlage in Schwung?

Nicht das Paradies auf Erden zu errichten kann unser realistisches Ziel sein, aber uns das Leben auf der Erde wenigstens nicht zur Hölle zu machen, das wäre doch schon mal was! Denn nirgendwo steht das gute Benehmen so sehr auf dem Spiel wie im Unternehmen. Dort, wo wir gezwungen sind, mit einer Vielzahl unterschiedlicher Menschen auszukommen, die wir uns in der Regel nicht ausgesucht haben, dort, wo nicht selten das Recht des Stärkeren zu gelten scheint und gute Manieren keinen Platz für sich beanspruchen dürfen.

Im Gegensatz zu unseren temporären Begegnungen in öffentlichen Räumen können wir nicht darauf vertrauen, dass die eine oder andere »Nase« schnellstmöglich wieder aus unserem Blickfeld verschwindet oder der eine oder andere Rüpel mir nichts, dir nichts die Bildfläche verlässt, weil der Einkauf beendet oder das Flugzeug endlich gelandet ist, der Zug fast pünktlich seinen Zielort erreicht hat oder der Film glücklich zu Ende gegangen ist. Natürlich hat nicht jeder von Ihnen ein »Büroekel« wie Bernd Stromberg, Hauptfigur der gleichnamigen Fernsehserie, zum Chef und notwendigerweise einen ganzen Haufen von Kollegen oder Mitarbeitern, denen er am liebsten nie wieder begegnen würde. Und doch – so möchte ich behaupten –, gibt es einige Grundregeln, die geeignet sind, aus einem guten Betriebsklima ein noch besseres zu machen.

»Guten Tag!« – Das Grüssen

Während im gesellschaftlichen Leben die Frage im Mittelpunkt steht, *wie* man sich zu begrüßen habe, kann man sich in manchen Unternehmen bereits darüber freuen, *dass* man überhaupt begrüßt wird. Für viele scheint das Grüßen mittlerweile zur lästigen Zeitverschwendung zu verkommen, frei nach dem Motto: »Seht her, ich bin zu wichtig, zu beschäftigt, um mich mit profanen Höflichkeitsgesten zu beschäftigen.« Menschen, bei denen wir froh sein dürfen auf unser freundliches »Guten Morgen!« überhaupt eine Antwort zu erhalten. (Geschweige denn, dass sich die ach so Beschäftigten einmal selbst dazu durchringen würden, von sich aus zu grüßen!) Die hierarchische Position ist im Übrigen die denkbar schlechteste Entschuldigung, sich um diese primitivste aller Höflichkeitsregeln herumzudrücken. Denn ein Recht auf eine freundliche Begrüßung gebührt jedem menschlichen Wesen, ob es über die Vorstandsflure schreitet oder diese auf Hochglanz wienert! Damit wäre wohl alles gesagt, möchte man meinen, und doch lässt sich dieser Grundregel des höflichen Umgangs noch einiges mehr abgewinnen:

Nichts erschrickt empfindliche Gemüter so sehr wie ein zünftiges »Mahlzeit!« zur Begrüßung – so sehr, dass es bereits Unternehmen gibt, die in ihren Umgangsleitlinien darauf verweisen, dass die Mitarbeiter von dieser Begrüßungsformel Abstand nehmen sollten. Ich selbst halte das für übertrieben. Nicht zurückzugrüßen, weil Ihnen diese Art als unzivilisierte Bodenständigkeit erscheint, kann keine Entschuldigung sein – Leitlinie hin, Leitlinie her. Ob Sie zur Mittagszeit jedoch darauf »Guten Tag« erwidern, das sollten Sie selbst entscheiden. Wenn Sie bereits in der Morgenstunde mit »Mahlzeit!« begrüßt werden, dann sollten Sie überprüfen, ob Sie Ihren Wecker nicht ein wenig früher stellen sollten …

Wenn die Begrüßung nicht nur verbalisiert wird, sondern durch entsprechenden Körperkontakt mittels Händeschütteln Unterstützung findet, wird es plötzlich kompliziert! Drei Grundregeln legen uns die Etikette-Experten ans Herz. Ausgangspunkt ist der Grad an »Wichtigkeit«, der dem jeweiligen Personenkreis zugestanden wird:

✓ *1. Der Vorgesetzte reicht seinem Mitarbeiter die Hand,*
   2. der Ältere dem Jüngeren und
   3. die Dame dem Herrn.

Wenn Sie wissen wollen, was passiert, wenn der fünfunddreißigjährige Abteilungsleiter auf die sechsundfünfzigjährige Chefsekretärin des Vorstandes trifft, dann empfehle ich Ihnen eine Recherchereise durch die Benimmliteratur …

✓ *Versäumen Sie es nicht aus Ängstlichkeit vor einem Regelverstoß, Menschen überhaupt zu grüßen oder ihnen die Hand entgegenzustrecken. Im Zweifelsfall ist es besser, einen »Fehler« in Kauf zu nehmen, als mit schamrotem Gesicht und gesenktem Haupt ohne Gruß aus der Situation zu fliehen!*

Zeit ist Geld, und der Marketingabteilung müsste ohnehin mal jemand erklären, was professionelle Arbeit bedeutet? Mag sein, aber das sollte Sie nicht davon entbinden, Ihren Ansprechpartner trotz aller Hektik und allen Termindrucks freundlich zu begrüßen, bevor Sie wutentbrannt Ihr Anliegen vorbringen …

»ABWÄRTS!« – IM AUFZUG

»Im Aufzug sollte man darauf Rücksicht nehmen, dass manche Kollegen oder Mitbenutzer des Aufzuges rauchempfindlich sind und unbedingt das Rauchen einstellen. Wenn es sehr eng wird oder wenn der Aufzug gar einmal stecken bleibt, kann man der Situation oft mit einer witzigen Bemerkung eine angenehme Seite abgewinnen. Gerade in den kleinen Dingen des täglichen Umgangs beweist sich der Meister, werden die Weichen gestellt dafür, wie sich unser Ansehen unter den Kollegen entwickelt.« Dieser Auffassung war jedenfalls Heinz Commer, als er 1984 sein Buch mit dem Titel »Protokoll und Etikette für Wirtschaft und Verwaltung« veröffentlichte. In Zeiten, in denen Raucher mehr und mehr als das personifizierte Böse erscheinen, im ersten Satzteil ein hübsches Zeitdokument.

Der zweite Teil ist zeitlos und anspruchsvoll zugleich. Mal im Ernst, wenn es uns ohnehin kaum gelingt, unsere Augen von der digitalen Anzeige zu lösen, die uns Aufschluss darüber gibt, in welchem Stockwerk wir uns befinden, wie sollen wir da im »worst case« – wenn der Aufzug seinen Geist aufgibt – den lustigen Unterhalter mimen?

Überhaupt vermag kein Raum so viele Ansprüche an unsere kommunikative Kompetenz zu stellen wie der Aufzug. Immer dann, wenn in unseren Seminaren das Thema Small Talk auf dem Programm steht, wird die »Lift-Karte« gezogen: »Ich finde das einfach unangenehm. Da steigt der Vorstandsvorsitzende ein, und ich weiß nicht, was ich sagen soll!« (Vielleicht haben sich ja genau aus diesem Grund einige Vorstandsvorsitzende ihren eigenen Aufzug bauen lassen, um ohne Umschweife und weitere Mitreisende ihre Büros in den Chefetagen zu erreichen. Weil sie einfach keine Lust mehr haben, auf peinlich berührte Mitarbeiter zu treffen, die zwischen Stockwerk 2 und 22 danach trachten, einen bleibenden Eindruck zu hinterlassen, um dann doch wieder kein vernünftiges Wort herauszubekommen …)

Nach meiner Auffassung würde es uns und den anderen Aufzuginsassen guttun, wenn wir unsere Ansprüche ein wenig herunterschraubten, um uns auf der kurzen Fahrt etwas unverkrampfter zu fühlen. Vielleicht klappt es ja dann irgendwann auch mal mit dem bleibenden Eindruck …

- ✓ *Versuchen Sie nicht, der klaustrophobischen Atmosphäre zu entfliehen, indem Sie etwas besonders Gescheites sagen wollen!*
- ✓ *Nehmen Sie als Vorgesetzter Ihren Mitarbeitern das Gefühl, Eindruck schinden zu müssen, indem Sie selbst das Thema bestimmen, und verzichten Sie um Himmels willen auf einen eigenen Aufzug!*
- ✓ *Denken Sie daran, dass andere jedes Wort Ihres Gespräches hören können, auch wenn Sie sich noch so sehr darum bemühen, den Eindruck zu erwecken, allein im Aufzug zu fahren.*
- ✓ *Nirgends wird unser Nähe-Distanz-Empfinden so sehr auf die Probe gestellt wie in einem vollen Aufzug. Achten Sie daher besonders darauf, Ihren Mitmenschen nicht zu sehr auf die Pelle zu rücken.*
- ✓ *Sollten Sie wirklich einmal stecken bleiben, überlegen Sie genau, ob witzige Bemerkungen tatsächlich angebracht sind.*

Falls Sie nämlich den einen oder anderen Klaustrophobiker an Bord haben, dann sind vielmehr psychologisches Einfühlungsvermögen und seelsorgerische Kompetenzen vonnöten, um die Situation zu entspannen. (Haben Sie bereits Erfahrungen in dieser Hinsicht gemacht, verzichten Sie bitte auf Horrorstorys, dass es das letzte Mal geschlagene drei Stunden bis zur Befreiung gedauert hätte, oder auf schlaue Kommentare wie die Information, dass bei dieser Fülle die Sauerstoffzufuhr nach rund vier Stunden knapp werden dürfte!)

»ICH VERSCHWINDE MAL KURZ!« – AUF DER HERRENTOILETTE

Ich bin mir nicht sicher, woran es liegt, aber das Unternehmensklo existiert in der Benimmliteratur de facto nicht. Als zu unappetitlich erscheint dieser Ort menschlicher Bedürfnisse, als dass sich jemand an dieses allzu heikle Thema wagen würde. Ich überwinde mich an dieser Stelle und begebe mich heiteren Mutes in einen Raum, den man nicht aussparen sollte, wenn es sich um die Fragen des gelungenen Miteinanders im beruflichen Alltag dreht: die Herrentoilette! (Zu Äußerungen über das weibliche Pendant fühle ich mich aus nachvollziehbaren Gründen nicht berufen.)

✓ *Es gibt eine einfache Faustregel am Urinal: Pinkeln und Mund halten.*

Dies ist weder der Ort, um geschäftliche Gespräche weiterzuführen, noch gar Intimes zu besprechen. Die abrupte Unterbrechung des Gesprächs durch Spülgeräusche und das Öffnen der Türen der Kloparzellen im Rücken der Gesprächspartner hat schon manchem die Schamesröte ins Gesicht gezaubert, als urplötzlich die sonore Stimme des Vorgesetzten ertönte:

»Morgen, meine Herren, vielleicht sollten wir Ihr Gespräch gleich in Ruhe in meinem Büro fortführen!«

- ✓ *Wie auch immer man zur zünftigen Begrüßung »Mahlzeit« stehen mag, auf dem stillen Örtchen sollte selbst deren Verfechtern eine andere Formulierung einfallen …*
- ✓ *Steht der Vorgesetzte direkt neben einem, verbieten sich sowohl verstohlene Blicke in seine Richtung als auch der Einsatz karrierefördernder Selbstmarketingstrategien!*
- ✓ *Spülungen sind dazu da, um sie zu betätigen, Klobürsten, um sie zu benutzen, Fenster, um zu lüften, und Wasserhähne, um sie aufzudrehen und sich die Hände zu waschen.*

Wer meint, auf Letzteres verzichten zu können, dem sei ein Satz Adolph Freiherr Kniggess ans Herz gelegt, der gerade auf dem Herrenklo seine zeitlose und allgemeine Gültigkeit beanspruchen darf: »Tue nichts im Verborgenen, dessen Du Dich schämen müsstest, wenn es ein Fremder sähe.«

Für das Abtrocknen der Hände scheinen sich in Unternehmen vier Möglichkeiten herauskristallisiert zu haben: Stoffhandtücher, Heißlüfter, Stoffrollen oder abreißbare Papierhandtücher. Aus meiner Sicht sind nur die letzten beiden Varianten mit angemessenen Manieren vereinbar! Nichts ist unangenehmer als ein feucht-klammes Stoffhandtuch, nichts nervtötender und zeitaufwendiger als ein Heißluftgerät.

- ✓ *Nehmen Sie bitte Ihre Rechte wahr, und machen Sie sich für ordentliche Handtücher stark.*

Zum Abschluss der Albtraum eines Jeden: kein Klopapier mehr da! Hier hilft nur eines: Ruhe bewahren, sich bemerkbar

machen, ohne in Hysterie zu verfallen. Der Preis für die amü-
santeste Geschichte des Jahres dürfte Ihnen auf der nächsten
Betriebsfeier – vom hämischen Gespött der Kollegen einmal
abgesehen – ohnehin sicher sein!

✓ *Um sich und anderen in Zukunft Ähnliches zu ersparen, sollten
Sie sich nicht nur um den jeweiligen Bestand im Vorfeld bemühen,
sondern auch an Ihren Nachfolger denken!*

»SO VIEL ZEIT MUSS SEIN!« –
ÜBER OFFENE UND GESCHLOSSENE TÜREN

Die Tür ist ein fester Bestandteil der Benimmliteratur. Und so
steht und fällt auch ein gutes Betriebsklima mit dem angemessen Umgang mit den Türen. Das hört sich zunächst ein wenig
merkwürdig an, entbehrt jedoch nicht eines tieferen Sinnes.
In Abwandlung einer geläufigen Weisheit könnte man auch
sagen: »Zeig mir, wie Du mit Türen umgehst, und ich sage Dir,
wer Du bist!« Wer nicht mit Türen umzugehen versteht, dem
bleiben viele Türen verschlossen.

Bei dieser kurzen und knappen Diagnose berufe ich mich
auf niemand anderen als »Tante Lisbeth«. Diese ist keineswegs meine leibliche Tante, sondern die Autorin des 1908
erschienenen Benimmklassikers »Anstandsbüchlein für junge Mädchen«. Darin setzt sie sich jedoch nicht nur mit dem
Anstand junger Mädchen auf profunde Weise auseinander,
sondern richtet ihre Verhaltensempfehlungen ebenso an junge Männer und beschreibt die Folgen unschicklichen Benehmens: »Der Mangel an Lebensart verschließt ihnen viele
wertvolle Türen, hindert sie auch vielfach in ihrer Berufs-

laufbahn.« Aber was müssen »junge Mädchen und Knaben« denn beachten, wenn sie sich den Türen ihres Unternehmens nähern?

> ✓ *Junge Frauen und Männer könnten an offenen Türen ablesen, dass ihr Unternehmen tatsächlich eine »Politik der offenen Tür« pflegt und die Türen der Vorgesetzten tatsächlich immer offen stehen. Manchmal sind sie jedoch geschlossen, dann hilft nur anklopfen!*

Und oftmals ist die »offene Tür« nur ein Bild, das mit der Realität leider wenig zu tun hat. Entpuppten sich doch so manche »offene Unternehmenspolitik« und gleichermaßen offene Vorgesetzte nach offenherziger Annahme des »offenen Angebotes« als weit weniger offen, als es ihre Türen vermuten ließen …

> ✓ *Türen lassen sich knallen. Das sollten wir vermeiden. Auch dann, wenn die Enttäuschung groß ist, hinter verschlossenen Türen auch nach höflichem Anklopfen auf weniger »offene Köpfe« zu treffen, als versprochen! Wir wollen doch nicht, dass unser eigener rollt …*

Wenn wir an die Grundregeln der Höflichkeit denken, dann fällt uns meist noch etwas anderes ein: das Aufhalten von Türen. Ich bin immer wieder aufs Neue überrascht, wie groß die Freude darüber ist, wenn ich Menschen die Türe aufhalte. Natürlich, ein paar Sekunden kostet es schon, dem anderen eine Höflichkeit zu erweisen. Doch das gehört dazu – wer keine Zeit hat, dessen Manieren geraten zunehmend unter Druck!

✓ *Nehmen wir uns diese Bruchteile von Sekunden, halten wir Türen auf und bedanken uns, wenn sie uns aufgehalten werden.*

Doch was tun, wenn der nicht enden wollende Flur eine Reihe von geschlossenen Türen für uns bereit hält? Nun, Höflichkeit kennt keine Grenzen.

✓ *Alle Türen werden aufgehalten, nur das ausdrückliche Dankeschön können Sie ab der zweiten Tür durch ein freundliches Lächeln und ein kurzes Nicken ersetzen.*

✓ *Höflichkeit kennt keine unausgeglichenen »Beziehungskonten«! Sie müssen nicht bei jeder Höflichkeitsbezeugung das Gefühl haben, sich revanchieren zu müssen, und sich etwa im Aufhalten der Türen abwechseln. Es bietet sich aber an, da Sie ohnehin als Erster die nächste Tür erreichen dürften.*

✓ *Wem aufgehalten wird, der sollte sich spöttische Kommentare nach dem Motto »Ich wusste gar nicht, dass Sie jetzt als Page angestellt sind, Herr Pasulke!«, verkneifen, sonst haben Sie spätestens die dritte Tür näher vor Ihrer Nase als Ihnen lieb ist!*

»Das pfeifen ja schon die Raucher von den Dächern!« – Der »Flurfunk«

Wer aufhört zu rauchen, der tut etwas für seine Gesundheit. Doch was gut für die Gesundheit ist, bringt in anderen Lebensbereichen erhebliche Probleme mit sich: Niemand ist im Unternehmen so gut informiert wie die Raucher, niemand hat die Möglichkeit, täglich an so zahlreichen informellen Meetings teilzunehmen wie die Freunde des Tabaks (rauchfreie Büros vorausgesetzt). Wenn Nichtraucher und ehemalige Raucher darüber schimpfen, dass Raucher tagtäglich wesentlich weniger arbeiten als sie selbst, dann schwingt hier vermutlich der Ärger darüber mit, wichtige Informationen vorenthalten zu bekommen. Insofern könnte man meine ehemalige Mitarbeiterin durchaus verstehen, wenn sie sich die Frage stellt: »Ob dieses Intranet tatsächlich für mich interessant ist, solange ich rauche?«

Da sich die Raucher jedoch auf dem Rückzug befinden und es ja auch von jeher – unabhängig von persönlichen Süchten – einen Flurfunk gegeben hat, könnte Sie auch als Nichtraucher die eine oder andere Empfehlung hinsichtlich eines »manierlichen Flurfunks« interessieren:

✓ *Natürlich sollten wir lieber mit- statt übereinander reden. Doch erstens bleibt es meist beim frommen Wunsch, und zweitens macht das Reden übereinander doch auch ein wenig Spaß.*

(Der werfe den ersten Stein, der sich noch nicht beim leidenschaftlichen Lästern über die neue Frisur von Frau Schmitz, die unglaubliche Tölpelhaftigkeit von Herrn Kramer oder die notorische Unpünktlichkeit des eigenen Vorgesetzten beschwert hätte …) Außerdem ist es bisweilen wesentlich klüger, seinem Ärger oder Spott im Vorfeld Luft zu machen, bevor man diesen ungefiltert an die betreffende Person weitergibt.

✓ *Als Vorgesetzte sollten Sie den Flurfunk bewusst fördern!*

Sie müssen Ihre Mitarbeiter ja nicht gleich zum Rauchen zwingen, eine nett eingerichtete Stehecke mit der Möglichkeit zu betrieblichen Kaffeekränzchen bringt die Mitarbeiter ins Gespräch. Untersuchungen zeigen, dass die besprochenen

Themen weit über das oben beschriebene Lästerszenario hinausgehen und so manche kreative Idee oder konstruktive Problemlösung – sei es im Beruflichen, sei es im Zwischenmenschlichen – zwischen Tür und Angel bei einer heißen Tasse Kaffee entstanden sind.

✓ *Suchen Sie das Gespräch mit Ihren Mitarbeitern oder Kollegen. Starren Sie nicht den ganzen Tag in Ihren PC. Oft lernt man die Menschen, mit denen man zusammenarbeiten muss, viel besser kennen, wenn man sich bisweilen eine Plauderei mit ihnen auf den Fluren gönnt.*

Da erscheint die Kollegin aus der verhassten Personalabteilung plötzlich weniger kratzbürstig als gedacht, der Kollege aus dem Controlling sammelt gar keine Briefmarken, sondern frönt derselben Fußballleidenschaft wie Sie, und der Leiter der Produktion ist weniger einsilbig, als Sie es für möglich gehalten hätten.

✓ *Vorsicht mit Gerüchten! So sehr wir auf Vorurteile angewiesen sind, um unsere Wirklichkeit zu ordnen, so sehr sollten wir darauf achten, dass sie unseren Blick nicht trüben.*

Hüten Sie sich, die Parolen des Flurfunks allzu schnell für bare Münze zu nehmen, und halten Sie sich selbst zurück, auf jede »unglaubliche Geschichte« noch einen draufzusetzen. Irgendwann schlägt das Pendel zurück!

Dass der Flurfunk keine Erfindung der modernen Unternehmung ist, sondern bereits das gesellschaftliche Spielfeld im 18. Jahrhundert prägte, darauf deutet der 18. Aphorismus Adolph Freiherr Knigges hin: »Erzähle nicht Anekdoten, besonders nie solche, die irgend jemand in ein nachteiliges Licht setzen, auf bloßes Hörensagen nach! Sehr oft sind sie gar nicht auf der Wahrheit gegründet oder schon durch so viele Hände gegangen, dass sie wenigstens vergrößert, verstümmelt wurden und dadurch eine wesentlich andre Gestalt bekommen haben. Vielfältig kann man dadurch unschuldigen Leuten ernstlich schaden und noch öfter sich selber großen Verdruss zuziehen!«

Passen Sie daher auf, dass Ihnen Ihre eigenen Späße nicht irgendwann im Halse stecken bleiben. Denken Sie lieber einen Augenblick nach und nehmen noch einen Zug von Ihrer Zigarette. (Ach, Sie hatten ja aufgehört ...)

»Wir sammeln für Eugens Geburtstag« – Weltliche Klingelbeutel

Eugen gibt es wirklich. Der Nachname tut hier allerdings nichts zur Sache, weniger im Sinne von Eugen als vielmehr seiner Kollegen und Mitarbeiter. Denn nichts liegt mir ferner, als mich einerseits dieser realen Geschichte zu bedienen und andererseits den Hauptdarstellern Schwierigkeiten zu bereiten.

Was war passiert? Ein Lieferant hatte an Eugens Geburtstag über dessen Sekretärin einen Termin mit selbigem vereinbart und suchte an jenem Tag die Räumlichkeiten seines Kunden auf. Doch etwas war anders, die Räume und Flure lagen verwaist da. Kein Mensch in Sichtweite. Verwunderlich, denn die Uhr zeigte 10.30 Uhr – für die Mittagspause zu früh, für den Arbeitsbeginn zu spät. Doch der Lieferant hatte Glück: Einige Flure und Büros weiter traf er die gesamte Mannschaft an. Im Gemeinschaftsraum, fröhlich feiernd, mit Sektflöten und

Schnittchen bewaffnet. Nur einer fehlte: Eugen. Doch auf Nachfragen des Lieferanten löste sich das Rätsel schnell auf.

»Eugen? Der ist doch heute gar nicht im Büro.«

»Warum das denn?«

»Der hat heute Geburtstag!«

»Ach so, dann muss das wohl ein Missverständnis sein«, erwiderte der Lieferant.

Ein Missverständnis, das gleich zwei Menschen im Raum eine leicht rötliche Gesichtsfarbe verlieh: dem Lieferanten selbst und der Sekretärin, hatten doch beide den Geburtstag von Eugen vergessen. Doch der Lieferant blieb souverän, auch wenn er sich darüber ärgerte, den Geburtstag seines langjährigen Geschäftspartners vergessen zu haben. Schon wieder auf dem Rückzug, erkundigte er sich noch höflich nach dem Anlass der teaminternen Feier und erhielt als ebenso überraschende wie entwaffnende Antwort:

»Ähem, wir feiern den Geburtstag vom Eugen!«

Nun sollte man sich davor hüten, diese amüsante Geschichte bezüglich der in ihr enthaltenden Überinterpretation des Sprichwortes »Man soll die Feste feiern wie sie fallen!« als repräsentativ für die Feierlaune in deutschen Unternehmen zu betrachten. Und doch steckt in ihr ein Körnchen Wahrheit: an Anlässen, Geld zu geben, Karten zu unterschreiben und Geschenke zu machen, mangelt es nicht.

Die Anzahl der Kirchenbesuche mag zurückgehen, doch der Klingelbeutel hat auch in der säkularen Gesellschaft seinen Platz. Doch nicht wenigen geht es mittlerweile so wie jenem Mitarbeiter, dessen Feierlaune nicht im Mindesten mit der unserer illustren Geburtstagsgesellschaft zu vergleichen ist. Dieser brachte seinen Unmut über die »weltlichen Klingelbeutel« seines Unternehmens so auf den Punkt:

»Dauernd kommt jemand mit einer dieser bunt bedruckten Karten in unser Büro – ich würde sagen, im Schnitt zweimal die Woche –, und bittet um eine Unterschrift und einen kleinen Geldbetrag. Natürlich gab es das früher auch. Aber neben Geburtstagen, Jubiläen und Pensionierung von Menschen, die man kannte, hat sich das Spektrum um Hochzeiten, Umzüge, Geburten, kranke Haustiere und mir gänzlich unbekannte Personen beträchtlich erweitert. Ein wenig übertrieben, wie ich finde, aber schließlich möchte man ja auch nicht als Miesepeter aus dem fünften Stock gelten!«

Und wer möchte schon gerne als »Miesepeter« gelten? Aus diesem Grund schadet eine positive Grundeinstellung gegenüber dem jeweiligen Anliegen sicher nicht. Wenn anderen eine Freude bereitet werden soll, steht man mit allzu vielen und allzu grundsätzlichen Bedenken meist allein auf weiter Flur. Natürlich können Sie auf Kino- und CD-Gutscheine ebenso gut verzichten wie auf kreative Geschenkideen, die nicht einmal den Geschmack Ihrer verwitweten Großtante treffen würden, doch sollten Sie bedenken, dass dem Miesepeter aus dem fünften Stock Liebesentzug mit weitreichenden Folgen drohen könnte …

✓ *Prüfen Sie jeden Einzelfall wohlwollend.*

Im Falle kranker Haustiere und anderer skurriler Ansinnen können Sie ja auch mal getrost die Verweigerungskarte ziehen. Ob Ihnen hingegen die betreffende Person unbekannt ist, die nun nach 30 Dienstjahren ausscheidet, könnte als Argument in die Irre führen. Womöglich handelt es sich ja um den Pförtner, der Ihre Gäste stets freundlich empfangen hat, oder die Putzfrau, die jahrzehntelang Ihren Arbeitsplatz

sauber gehalten hat. Jetzt kommt die Zeit, sich dafür zu bedanken, auch wenn Ihnen dies im direkten Kontakt noch nicht
gelungen sein sollte …

Was glauben Sie, wie viele peinliche Situationen Ihnen dadurch erspart blieben, dass andere sich durch das Einsammeln
eines kleinen Obolus auf wichtige Anlässe hingewiesen haben,
die Sie sonst vergessen hätten? Allein schon deshalb sind die
drei Euro und die Zehntelsekunde, die Sie für die Unterschrift
auf der Dankeskarte aufbringen müssen, eine gute Investition
in Ihre unternehmensinterne Reputation.

✓ *Wann haben Sie eigentlich das letzte Mal im Kollegenkreis Geld
und Unterschriften eingesammelt oder ein Geschenk besorgt?
Oder sind Sie selbst eine der »guten Seelen«, die für die Aufmerksamkeiten innerhalb des Unternehmens zuständig ist? Dann
sollten Sie darauf achten, dass es nicht zu inflationären Ten-
denzen kommt.*

Dazu gehört neben der Beschränkung auf bestimmte Anlässe –
kranke Haustiere oder zweitägige Abwesenheiten aufgrund
eines grippalen Infekts bedürfen nicht unbedingt einer förm-
lichen Anteilnahme – die Fähigkeit, nicht unnötigen Druck
auf die Miesepeter aus dem fünften Stock auszuüben (»Da
kann man doch gar nicht nein sagen!«) und darauf zu achten,
dass die jeweiligen Aufmerksamkeiten gleichberechtigt verteilt
werden. (Nichts wäre unwürdiger, als persönliche Sympathien
und Antipathien mit Hilfe von Geschenken zum Ausdruck zu
bringen!)

»Gut gemeint ist das Gegenteil von gut gemacht!« Das
stimmt. Doch selbst wer keine wirkliche Freude über die »gut
gemeinten« Karten für den »Starlight Express«, die CD »Best

of Phil Collins« oder die DVD der neuesten »Desperate-House-wives-Staffel« empfinden kann, der sollte das Sprichwort auch auf seine eigenen Reaktionen anwenden können.

✓ *Nichts wäre unhöflicher, als seine Enttäuschung über ein gut gemeintes Geschenk zum Ausdruck zu bringen!*

Wenn Sie keine der genannten Verhaltensstrategien als passend empfunden haben, dann gibt es eigentlich nur noch zwei gangbare Alternativen: Entweder Sie bleiben der Miesepeter, der Sie sind, oder Sie zahlen am Anfang eines jeden Jahres den voraussichtlichen Betrag in Summe an eine Person Ihres Vertrauens und bitten diese, für Sie in Vertretung (i.V.) zu unterschreiben oder Ihre Unterschrift zu fälschen …

»WIR SIND DOCH UNTER UNS!« – DAS BETRIEBSFEST

Glaubt man dem Schriftsteller Ludwig Strauss, dann vollenden Arbeit und Feier einander. Glaubt man seinen eigenen Erfahrungen, dann sind die Feiern am Arbeitsplatz in erster Linie eine Bewährungsprobe für die vorherrschende Unternehmenskultur. Dies zeigt sich bereits im Vorfeld von Abteilungsfesten, Weihnachtsfeiern oder sonstigen Anlässen, in denen die Mitarbeiter eines Unternehmens oder eines Teams abseits der täglichen Aufgabenerfüllung zusammentreffen.

Dass man mit Menschen, die man sich nicht ausgesucht hat, zusammenarbeiten muss, daran haben sich die meisten von uns mehr oder minder gewöhnt, doch mit denselben Menschen zu feiern, das stellt so manchen vor eine harte Bewährungsprobe. Bleibt die Feier mit Kollegen doch zumeist eine – wenn auch

in regelmäßigen Abständen zu bewältigende – Ausnahme-
situation. Hier im Sinne von Ludwig Strauss eine wechselseitige
Vollendung von Arbeit und Feier zu realisieren, ist eine hohe
Kunst. Wer von Ihnen schon jemals in die Lage gekommen ist,
eine Unternehmensfeier zu organisieren, der weiß, wovon ich
spreche. Skepsis und latentes Unbehagen, wohin man schaut –
von den Abteilungen, die sich jede Woche freiwillig auf ein
Bier treffen einmal abgesehen. Fragen über Fragen:

»Ist das Erscheinen wirklich Pflicht?«

»Wo wird denn gefeiert?«

»Gibt es einen Dresscode?«

»Ich muss doch nicht schon wieder neben Frau Schlausog
aus der Produktentwicklung sitzen, oder?«

»Weiß einer, ob die Chefin eine Rede vorbereitet hat?«

»Aber auf die albernen Spielchen aus dem letzten Jahr wird
doch diesmal hoffentlich verzichtet?«

Wirklich gewinnen können Sie als Organisator nicht! Aber
als Teilnehmer haben Sie durchaus die Möglichkeit, Ihr Glück
in die eigenen Hände zu nehmen, Ihr Gesicht zu wahren und die
Wahrscheinlichkeit zu erhöhen, am nächsten Arbeitstag alles
so vorzufinden, wie Sie es vor der Betriebsfeier hinterlassen
haben.

Wenn Sie es besonders geschickt anstellen, bietet die gemeinsame Feier sogar die Möglichkeit, die ausgelassene Aus-
nahmesituation im Hinblick auf eine Verbesserung des »nüchternen« Alltags gezielt zu nutzen. (Wir wollen uns in diesem
Zusammenhang auf die großen Feste konzentrieren und vernachlässigen bewusst die teaminternen Geburtstagsfeiern, in
denen sich die Mitglieder mit Sektflöten gegenüberstehen
und nicht wissen, was sie sagen sollen.) Der Weg zum »Betriebs-
fest-Professional« ist zwar steinig, aber doch zu bewältigen.

Wer in unserem Kulturkreis vom Feiern spricht, der weiß, dass dies mit dem Konsum von alkoholischen Getränken einhergeht. Selbst diejenigen unter Ihnen, die noch nie Alkohol zu sich genommen haben, wissen, dass dieser enthemmt. Immer dann, wenn Hemmungen fallen und wir die Beherrschung verlieren, dann fängt das kleine Teufelchen auf unserer rechten Schulter an, sich über das Engelchen auf der linken Schulter zu erheben. Lange genug hatte es unter der Selbstbeherrschung und Seriosität des »weißen Nebenbuhlers« im reglementierten Büroalltag zu leiden. Nun schlägt seine Stunde. »Let's get this party started«, ruft es dem verschüchterten Engelchen zu! Hüten Sie sich, sich diesem Aufruf willenlos hinzugeben. Wenn Sie am nächsten Morgen verkatert ins Büro schleichen, schläft Ihr Teufelchen meist noch und lässt Sie die Suppe, die es Ihnen eingebrockt hat, selbst auslöffeln!

✓ *Lassen Sie sich nicht von der vermeintlich enthemmten Stimmung anstecken.*

Nicht alle Gäste folgen am nächsten Morgen der englischen Maxime, dass der letzte Abend und alles, was dort passierte, nie stattgefunden hat. Schon so mancher Vorgesetzte hat die ausgelassene Stimmung seiner Mitarbeiter – mit alkoholfreiem Bier bewaffnet – dazu genutzt, den gelockerten Zungen ein wenig mehr zu entlocken, als diese in nüchternem Zustand preiszugeben bereit wären.

✓ *Wenn Sie selbst Ihren alkoholinduzierten Stimmungswandel nicht recht einzuschätzen wissen, holen Sie sich doch im Vorfeld einmal ein »Fremdbild« aus Ihrem Freundeskreis ein.*

Dort weiß man meist recht gut darüber Bescheid, zu welchen Verhaltensweisen Sie nach dem siebten Wodka Tonic neigen. Sei es Ihr exaltierter Tanzstil, Ihr Hang zur Sentimentalität, das Aufbrechen verborgener Aggressionen, die Aktivierung sexueller Begierde oder der Wille, endlich mal dem einen oder anderen die Meinung zu geigen. Die Einschätzung, welche der genannten Verhaltensweisen auf Ihren Betriebsfeiern – oder besser im Nachgang – zu größeren Problemen führen könnte, bleibt Ihnen zwar selbst überlassen, doch grundsätzlich ist das selbstvergessene Tanzen weniger verfänglich, als den Abend damit zu verbringen, sich über bestimmte Kollegen, Mitarbeiter oder Vorgesetzte zu mokieren und diese aggressiv mit der eigenen Meinung zu konfrontieren oder sich sentimental an Frau Schmidtlein aus der Abteilung Öffentlichkeitsarbeit zu schmiegen.

✓ *Die enthemmende Wirkung von Alkohol kann auch gezielt eingesetzt werden, um bereits bestehende Vertrauensbeziehungen zu intensivieren und auszubauen.*

Immer dann, wenn es Ihnen gelingt, gemeinsame Feiern auch als Möglichkeit zu verstehen, einmal über andere Themen und Interessen abseits des beruflichen Alltags zu sprechen und die jeweilige Weihnachtsfeier nicht als »verlängerten Flurfunk« zu verstehen, steigt die Wahrscheinlichkeit, zwischenmenschliche Beziehungen tatsächlich nachhaltig zu stärken. Das bedeutet im Umkehrschluss ja nicht, dass Sie auch einmal mit dem einen oder anderen Kollegen ein offenes Wort reden und ihm oder ihr endlich mitteilen können, was Ihnen besonders gut oder weniger gut gefällt. Solange Sie nicht lallend Ihren Mitmenschen in die Arme fallen und diese Ihnen mitleidig auf die

Schulter klopfen und Sie nach draußen begleiten, sind Sie jedenfalls nicht im »roten Bereich«.

✓ *Gehen Sie auf jeden Fall hin! (Es sei denn, Sie sind wirklich krank.)*

Es ist immer noch besser, sich auf das Wagnis Betriebsfest einzulassen und nach dem dritten Glas Wasser frühzeitig die Segel zu streichen, als sich gar nicht blicken zu lassen und damit seine eigene Unfähigkeit oder Unlust zu demonstrieren, an gemeinschaftlichen Veranstaltungen teilzunehmen. Denn wer nicht da ist, der bleibt dennoch anwesend in den Gesprächen derer, die da sind; und in deren Gesprächen spielen Sie meist die unrühmliche Rolle des Sonderlings und Querkopfes!

✓ *Enthalten Sie sich möglichst aller negativen Kommentare über die Organisation und den Ablauf der Veranstaltung.*

Nur weil Ihnen das gereichte Fingerfood mittlerweile zu den Ohren rauskommt, Sie nichts langweiliger finden als einen zweitklassigen Zauberer und Ihnen die Bravo-Hits 87 von DJ Maik Kopfschmerzen bereiten, müssen Sie dies nicht jedem auf die Nase binden. Schauen Sie ganz genau hin, wer an Ihrem Tisch sitzt. Wenn nämlich das Organisationsteam darunter ist, steigen Ihre Chancen, nächstes Jahr zu beweisen, dass Sie es besser können!

✓ *Keine Feier sollte Sie dazu veranlassen, die Gelegenheit zu nutzen, Ihre gute Kinderstube für diesen Abend an der Garderobe abzugeben: Behandeln Sie Ihre nüchternen Mitmenschen an eben jener Garderobe, das Servicepersonal und die Toilettenfrau mit derselben Höflichkeit, die Sie auch sonst an den Tag legen würden.*

✓ *Kontrollieren Sie Ihre Sprache. Sparen Sie sich Kommentare, Witze und Anzüglichkeiten, die Ihnen selbst am nächsten Tag die Schamesröte ins Gesicht treiben würden.*

✓ *Nähern Sie sich mit gebührendem Respekt dem Büfett. Auch um zwei Uhr morgens muss sich niemand drei Zentimeter dicke Goudascheiben, mit Frikadellen garniert, in den Mund pressen!*

✓ *Kopieren Sie nicht die Performance der Stripper, die Ihren Junggesellenabschied zu einer unvergesslichen Veranstaltung werden ließen, exaltierter Tanzstil hin oder her!*

Und noch etwas: Gehen Sie am nächsten Morgen zur Arbeit! Aspirin noch vor dem Schlafengehen einnehmen, Wecker stellen und ausreichend Getränke müssen reichen, um morgens rauszukommen. Oder um es mit meiner Mutter zu sagen: »Wer feiern kann, kann auch arbeiten!« Warum sollte es Ihnen besser gehen als mir?

»MAHLZEIT!« – WIE BENEHME ICH MICH IN DER MITTAGSPAUSE?

»ESSEN FASSEN!« – GUTE MANIEREN IN DER KANTINE

Die drei Herren waren gelinde gesagt entsetzt, als sie ihr Mittagessen diesmal nicht im firmeneigenen Kasino einnahmen, sondern die fünf Stockwerke tiefer gelegene Kantine ihres Unternehmens aufsuchten. Da war ihnen im letzten Managementseminar etwas anderes versprochen worden: Den Kontakt zur Basis sollten sie suchen, um mit den Menschen ins Gespräch

zu kommen, wissen, was die Mitarbeiter beschäftigt, Nähe zeigen nach dem Motto: »Seht her! Wir sind eine große Familie!«. Etwas arg blumig schienen ihnen die Worte des Coachs
ohnehin geraten, doch jetzt kamen sie aus dem Staunen gar
nicht mehr raus: Gebannt schauten sie zu, wie ihre Tischnachbarn das Mittagessen bearbeiteten – die Suppe schlürften, die
Messer abschleckten, mit vollem Mund redeten und auf den
Boden spuckten. »Was passiert, wenn die mit Kunden essen
gehen?«, fragte der eine, Personalvorstand der Firma.

Gar nichts! Denn außer in den Vertriebsbroschüren mancher Etikettetrainer spielen sich die soeben beschriebenen
albtraumhaften Szenen ohnehin nicht ab. Sollten Sie sich als
Vorgesetzter also mit dem Gedanken tragen, Ihren Mitarbeitern einmal »aufs Maul zu schauen«, dann können Sie ruhig
ab und zu das Kasino mit der Kantine vertauschen. Barbarische
Zustände haben Sie jedenfalls nicht zu befürchten, und über
die Qualität Ihres Kantinenessens wissen Sie ohnehin besser
Bescheid als ich! Nachdem wir nun »die da oben« dazu aufgefordert haben, einmal in die »normale Welt« einzutauchen,
widmen wir uns nun den Spielregeln dieser Normalität.

»In einer Kantine bin ich eindeutig fehl am Platz. Massen-
abfütterung mit massenproduzierten Lebensmitteln ist für
mich, was der Schweinebraten für Osama bin Laden. Wahrscheinlich sind in einer Kantine die Stühle aus Plastik, die
nackten Tische aus Resopal und die Esser aus Gelsenkirchen.
Danke; da muss ich nicht hin. (Gewiss bin ich elitär! Habe nie
ein Hehl daraus gemacht.)«

Wer denkt wie der Gourmet Wolfram Siebeck, der sollte die
Kantine wirklich meiden wie der Teufel das Weihwasser, sich
selbst und seinen Mitmenschen zuliebe!

✓ *Nichts nervt zur Mittagszeit mehr als Menschen, die sich nach dem Schweinebraten ihrer Mutter sehnen und jeden Tag aufs Neue an jedem, aber wirklich jedem Gericht herummäkeln …*
✓ *Natürlich sind auch in der Kantine nicht alle gleich. Und im Gegensatz zu den Empfehlungen gängiger Karriereratgeber sollten Sie sich überlegen, ob es tatsächlich ratsam ist, sich stets um die Nähe der »hohen Damen und Herren« zu bemühen.*

Denn erstens verrät ein Blick in die bundesdeutschen Kantinen, dass diese Nähe zwar in der einschlägigen Ratgeberliteratur in bunten Farben gemalt wird, die Realität jedoch ganz anders aussieht. Sollte das Management überhaupt einmal auftauchen, dann sitzt es meist im engeren Kreis zusammen, ohne sichtbare Signale auszusenden, sich unter die einfache Mitarbeiterschar mischen zu wollen.

So ganz grundlos erscheint mir ihr Verhalten auch nicht. So berichtete mir eine Abteilungsleiterin, dass sie immer wieder erstaunt sei, »wer gerade an den Tagen, an denen ich mir die Empfehlung von meinem Personal Coach, meinen Mitarbeitern den gemeinsamen Gang zum Mittagessen vorzuschlagen, zu Herzen nehme, keinen Hunger hat, sich selbst etwas zu Essen mitgebracht hat oder es leider gar nicht zum Essen schafft, da noch etwas Dringendes zu erledigen ist …«

So flach die Hierarchien mittlerweile sein mögen, in dieser Hinsicht drängen sich wirklich Parallelen zu Schul- und Studienzeiten auf. Wer früher die Gesellschaft von Lehrern, Professoren oder Strebern mied, der leidet heute lieber Hunger, als sich auch noch während der Mittagspause mit den persönlichen Erfolgsstorys seiner Vorgesetzten oder eigenmächtig verlängerten Teammeetings »herumzuschlagen« …

Nach mehrmaligen erfolglosen Versuchen hat besagte Abteilungsleiterin ihr Experiment abgebrochen und bleibt von nun an unter Ihresgleichen.

✓ *Wenn Sie wirklich an Ihrem Vorhaben festhalten wollen, mit den Großkopferten zu speisen – gehen Sie nicht davon aus, dass dies auf allzu viel Wohlwollen stößt.*

Ihre Kollegen werden Sie – vermutlich hinter Ihrem Rücken – mit Begriffen titulieren, die Sie seit Ihrer Schulzeit aus Ihrem Sprachschatz gestrichen hatten, während Sie Ihren Vorgesetzten zumindest die Gelegenheit geben sollten, Sie aktiv an ihren Tisch zu bitten, ohne Gefahr zu laufen, von beiden Seiten unter der Kategorie »Schmeichler« verbucht zu werden.

Wieder bei den Kollegen am Tisch angelangt, können Sie sich – befreit vom Selbstmarketingdruck – ganz unbefangen in die bekannten ritualisierten Gespräche einklinken und sich mit Wonne auf Ihr Schnitzel stürzen. Schließlich soll man ja in der Pause ein wenig Abstand gewinnen, um sich frohen Mutes in die zweite Tageshälfte zu stürzen. Und was wäre dafür besser geeignet, als eine ordentliche Mahlzeit und das gemeinsame Schimpfen über die Damen und Herren aus der Vorstandsabteilung, die sich ohnehin für »was Besseres halten« …

Noch etwas: Natürlich gibt es schlechte Kantinen und schlechtes Essen, so wie es gute Kantinen und gutes Essen gibt. Wer jedoch tagtäglich denselben Groll hegt, »weil die Nudeln nicht al dente sind«, »die Existenz von Gewürzen sich noch immer nicht bis in die Küche herumgesprochen hat« oder »der Sauerbraten mit selbigem Gericht nur den Namen gemeinsam hat«, der sollte wirklich seine Konsequenzen ziehen: Es ist ja nicht so, als gäbe es in unserem Land keine Alternativen.

Zum Abschluss noch etwas über das kleine Einmaleins der Tischsitten:

✓ *Alles, was im guten Restaurant gilt, ist in der Kantine nicht falsch: So lassen sich auch Papierservietten auf den Schoß legen, das Reden mit vollem Mund vermeiden und gemeinsame Mahlzeiten gemeinsam einnehmen.*

Gerade in Kantinen ist es auffällig, dass das eigene Essenstempo ausreichend Verführungspotenzial darstellt, seine langsameren Tischgenossen allein zurückzulassen. In dringlichen Fällen wie anstehenden Meetings oder erwarteten Anrufen sollte das verfrühte Aufstehen zumindest von einer Entschuldigung begleitet sein: »Entschuldigt bitte, dass ich Euch allein zurücklasse, aber ich erwarte einen dringenden Rückruf von Herrn Schmitz!«

»Was duftet denn hier so köstlich?« – Der Bestellservice

Kaum ist die Chefin auf ihrem einsamen Weg in die Kantine, liegen die Broschüren der örtlichen Lieferservices auf dem Tisch. Eine »gute Seele« findet sich immer, die höflich anklopft und freundlich fragt: »Wollt Ihr auch was bestellen? Wir hatten an Chinesisch gedacht.« Für alle, die – aus welchen Gründen auch immer – auf den Gang in die Kantine verzichtet und sich selber nichts mitgebracht haben, nun die Gelegenheit, doch noch an etwas Essbares zu kommen.

Zu welcher Gruppe Sie auch gehören mögen, Sie werden Anteil an einer »Luftveränderung« haben, deren Bandbreite von duftend bis stinkend reichen kann. Seien Sie daher vorsichtig, welche Speisen Sie im Beisein von anderen zu sich nehmen! Auch wenn es in Ihrem Unternehmen keine festen Regeln gibt, was wo gegessen werden sollte, gibt es einfache Gradmesser, um die Bewertung der durch Ihr Essen verbreiteten Gerüche von »duftend bis stinkend« zu erkennen und die notwendigen Schlüsse daraus zu ziehen. Tun Sie das bitte nicht mit dem einfachen Satz ab: »Wem das nicht gefällt, der hat ja einen Mund zum Sprechen.« So sehr Sie sich selbst die direkte verbale Ansprache wünschen mögen und diese auch pflegen – vielen unserer Mitmenschen fällt genau dies schwer!

✓ *Ein feines Gespür für die subtilen und nonverbalen Kommunikationsstrategien ist geeignet, sich selbst und seinen Mitmenschen den Appetit zu erhalten!*

Wer sich beispielsweise darüber wundert, dass Frau Grubermann-Kramer den weiten Weg aus der drei Büros entfernten Controllingabteilung auf sich nimmt, um sich danach zu erkundigen, was denn hier so köstlich dufte, dem sollte die Frage in dem Moment verdächtig erscheinen, wenn sich die Erinnerung beim Blick auf das »Thai-Curry« vor einem wieder einstellt: Jene Frau Grubermann-Kramer war es, die auf der Betriebsfeier erwähnte, dass Koriander, Zitronengras und Fischsoße zu den wenigen Lebensmitteln gehören, deren bloßer Geruch bei ihr schon Übelkeit auslösen …

Wer sich im gerade noch gut gefüllten Großraum urplötzlich allein befindet, obwohl kein Meeting ansteht, obwohl er sich am Morgen geduscht und seine Kollegen auch nicht durch eine cholerische Attacke vergrault hat, der könnte mit einem Minimum an Sensibilität den Grund vielleicht in seinem prachtvoll vor sich ausgebreiteten Gyros komplett (»Mit Zaziki und Zwiebeln?« »Ja, gerne!«) entdecken …

Wer soeben der höflichen Nachfrage seines naserümpfenden Kollegen zugestimmt hat, das Fenster zu kippen und sich wundert, dass es plötzlich empfindlich kühl wird, weil alle drei Fenster des gemeinsamen Büros offen stehen, der sollte in Zukunft entweder den Gemeinschaftsraum aufsuchen oder in Zukunft auf den »Giant XXL Burger« verzichten.

✓ *Als Faustregel gilt: Je weniger Menschen aus Ihrem eignen Büro sich an der gemeinsamen Bestellaktion beteiligt haben oder ihr eigenes Essen von zu Hause mitbringen, desto schärfer sollten Sie Ihre »Geruch-Rücksichts-Antennen« justieren!*

»ENTSCHULDIGUNG, DAS IST MEINE!« – KAFFEETASSEN, MIKROWELLEN UND KÜHLSCHRÄNKE

Jeder Teambuilding-Maßnahme sollte eine individuelle Recherche vorausgehen, wie es um das Klima innerhalb des jeweiligen Teams bestellt ist. Wer seinen eigenen Anspruch ernst nimmt, für jeden Kunden eine »maßgeschneiderte Lösung« zu entwickeln, der schickt die Teilnehmer nicht ohne diese Vorarbeit zum Wildwasser-Rafting, Bungee-Jumping oder Freeclimbing, sondern schaut sich das Verhalten der Protagonisten in ihrem eigentlichen Wirkungsumfeld genau an.

Eine der charmantesten Annäherungen an das Teamklima und die damit verbundenen Eigenheiten der jeweiligen Mitglieder ist der sezierende Blick auf die kollektiv verwaltete »Kaffeeküche«. So sagte mir einmal ein erfahrener Trainer, dass man noch so viele Meetings besuchen, noch so viele Fragebögen austeilen und Interviews führen könne – der wahre, ungeschönte Zustand des gemeinsamen Umgangs lasse sich am besten in der Küche herausfinden: »Ich lese gewissermaßen im Kaffeesatz der jeweiligen Abteilung.« Also dann, auf in die Kaffeeküche!

»Was Du nicht willst, was man Dir tu', das füg auch keinem anderen zu!« Dieser ethische universelle Minimalkonsens – besser bekannt unter »Goldene Regel« –, findet sich sowohl in der volkstümlichen Ethik des Konfuzius und im indischen Nationalepos »Mahabharata« als auch im Alten und im Neuen Testament wieder. Aller universellen Gültigkeit zum Trotz: Spätestens in der Kaffeeküche Ihres Unternehmens führt die Goldene Regel zu bemerkenswerten Ergebnissen. (Es sei denn, Sie gehören zu den berühmten, die Regel bestätigenden Ausnahmen.)

Hinter der Überschrift »Bitte verlassen Sie die Küche so, wie Sie sie vorgefunden haben« verbirgt sich meist ein Bild des Grauens: Horden von gebrauchten Kaffeetassen, Besteck und sonstigem Geschirr, »Ringe« auf der Arbeitsplatte, Zuckerreste, mit der Heizplatte fest verbundene Kaffeekannen, weil mal wieder ein letzter Rest an Kaffee seit Stunden auf eben jener Heizplatte vor sich hin dunstet, seuchengefährdete Kühlschränke und Mikrowellen, bei denen man nicht weiß, ob wir die eigene Mahlzeit nach der zweiminütigen Erhitzung noch wiedererkennen würden. Wenn wir uns verdeutlichen, dass wir auf den Toiletten beispielsweise in Zügen ähnliche Hinweisschilder auf die Goldene Regel finden, bedarf es wohl keiner weiteren Erläuterungen, dass diese durchaus zu unangenehmen oder gar unappetitlichen Folgen führt.

Ich habe nichts gegen Regeln, schon gar nicht gegen goldene. Wir sollten jedoch bedenken, dass Menschen dazu neigen,

Verhaltensregeln in ihrem Sinne zu interpretieren. In nicht-privaten Räumen wie etwa der büroeigenen Küche wird der Verweis auf den vorgefundenen Status Quo womöglich als postpubertärer Freifahrtschein betrachtet, sich von persönlichen autoritären erzieherischen Prägungen zu befreien. (Die Küchen der antiautoritären Kinderläden in den frühen Siebzigerjahren dürften jedenfalls keinen Deut chaotischer ausgesehen haben …)

Doch vielleicht helfen ja die Hinweistafeln aus »den guten alten Zeiten« der Bundesbahn tatsächlich weiter, um dem Bild des Grauens ein wenig mehr Schönheit zu verleihen. In Bezug auf unsere Küche lautete die Maxime: »Bitte verlassen Sie die Küche so, wie Sie sie selbst vorfinden möchten.« Der Interpretationsspielraum wird ein Stück weit kleiner, das ist gewiss. Und doch besteht die Gefahr, dass die individuellen Ordnungsprinzipien erheblich voneinander abweichen, dass jeder sich selbst zum Maßstab nimmt: Was Herrn Dornscheidt aus der Buchhaltung als heilloses Durcheinander erscheint, löst bei Frau Kramer aus der Marketingabteilung ob der empfundenen sterilen Spießigkeit bereits Beklemmungen aus. Während bei Frau Christ-Nollemann aus dem Vertrieb die Fremdbenutzung *ihres* Garfield-Bechers zu Tobsuchtsanfällen führt, ist dem Praktikanten Tobias diese Aufregung völlig suspekt.

Um sich in diesem Wust aus Empfind- und Befindlichkeiten zurechtzufinden, bedarf es einfacher und klarer, aber nicht unbedingt goldener Regeln. Dies sind die meinigen:

✓ *Einigen Sie sich mit den anderen Nutzern auf einen konsensfähigen Begriff von Sauberkeit. (Seien Sie um Himmels willen kompromissbereit!)*

Die Küche wirft ein unübersehbares Schlaglicht auf unsere Fähigkeiten, uns selbst zu organisieren. Wer in beruflichen Dingen auf die eigenen Freiheiten pocht, der sollte auch in der Lage sein, im Umgang mit gemeinsam genutzten Räumen und Dingen ein Mindestmaß an Eigenverantwortung zu demonstrieren.

✓ *Wer Geschirr und Besteck benutzt, der sollte nicht darauf bauen, dass es ausreichend ist, dieses nach Benutzung auf der Spüle zu platzieren – in der Hoffnung, »fleißige Heinzelmännchen« würden schon dafür sorgen, dass selbiges in die Spülmaschine geräumt oder, wenn nicht vorhanden, sogar abgespült wird.*

Die »fleißigen Heinzelmännchen« sollten nicht darüber mosern, dass immer alles an ihnen hängen bleibt, sondern die Verursacher darauf hinweisen und spätestens nach der zweiten Verfehlung ihren Aufräumdienst quittieren.

✓ *Spüllappen und Schwämme nehmen nach einer gewissen Zeit, jedoch spätestens nach einem halben Jahr, Gerüche an, die man ein Leben lang nicht mehr vergisst. Leisten Sie sich daher beizeiten neue Lappen, es handelt sich ja beileibe nicht um Luxusgüter, deren Anschaffung den Bestand des Unternehmens gefährden. (Für Handtücher gilt im Übrigen dasselbe!)*

✓ *Auch in Kaffeeküchen gibt es Privateigentum. Ob Sie das Beharren darauf für albern erachten oder nicht: Benutzen Sie Ihre eigene Tasse, und lassen Sie die Hände von Frau Christ-Nollemanns Garfield-Becher!*

Haben Sie und Ihre Mitarbeiter sich auf diesem »Schlachtfeld« selbsttätig organisieren können, steht auch dem beliebten Rafting, Jumping oder Climbing nichts mehr im Wege.

Wenn nicht, rate ich von derlei Maßnahmen ab. Was bringt es mir, wenn ich weiß, dass der Kollege mich durchs unruhige Gewässer bringt und das Seil nicht loslässt, an dem ich hänge, wenn derselbe »Clown« am Montagmorgen schon wieder mit meiner Tasse die Küche verlässt?

HEILIGT DER ZWECK DIE MITTEL? –
FÜR EINEN KAPITALISMUS MIT MENSCHLICHEM ANTLITZ

Im Jahr 2004 kam die Jury, die das »Unwort des Jahres« kürt, mit ihrem Sprecher Professor Dr. Horst Dieter Schlosser zu dem Ergebnis, dass sich in diesem Jahr das Wort »Humankapital« einen Ehrenplatz verdient habe und damit die Nachfolge des Wortes »Tätervolk« antrete. In ihrer Begründung verwies die Jury darauf, dass sich der Gebrauch dieses Wortes zunehmend aus der wirtschaftlichen Sphäre in andere Disziplinen ausbreite und damit die primär ökonomische Bewertung aller denkbaren Lebensbezüge fördere, wovon auch die aktuelle Politik immer mehr beeinflusst sei. Weiter hieß es: »Humankapital degradiert nicht nur Arbeitskräfte in Betrieben, sondern Menschen überhaupt zu nur noch ökonomisch interessanten Größen. Bereits 1998 hat die Jury Humankapital als Umschreibung für die Aufzucht von Kindern gerügt. Aktueller Anlass ist die Aufnahme des Begriffs in eine offizielle Erklärung der EU, die damit die ›Fähigkeiten und Fertigkeiten sowie das Wissen, das in Personen verkörpert ist‹, definiert.«
Aufgrund der mannigfaltigen Kritik an der Entscheidung, insbesondere unter dem Hinweis darauf, die Humankapital-

theorie stelle doch gerade den Menschen selbst in den Fokus der Betrachtung, sah sich die Jury im Februar des Jahres 2005 zu einer Stellungnahme gezwungen. Hier ein Auszug:

»Uns stellt sich angesichts des Unisono-Aufschreis der Experten inzwischen die Frage, ob wir mit der Wortkritik nicht gar einen Nerv der ›Humankapital‹-Theorie und ihrer gesellschaftlichen Relevanz getroffen haben. Denn mit welcher Sicherheit soll denn noch der durch Bildung und Ausbildung zu fördernde menschliche Anteil an der Leistungskraft von Unternehmen wie der ganzen Gesellschaft berechnet werden, wenn im wirtschaftspolitischen und -praktischen Handeln das sog. ›Humankapital‹ von inzwischen mehr als fünf Millionen und mit jeder weiteren Massenentlassung auf den Müll geworfen wird? Was hat die Theorie da noch mit der Realität zu tun? Realität ist doch wohl, dass das ›Humankapital‹ grundsätzlich dem ›shareholder value‹ untergeordnet wird. Auch die um sich greifende Umschreibung von Arbeitskräften als ›human resources‹ (gelegentlich sogar als ›personelle Rationalisierungsreserve‹) ist mehr als entlarvend. Das rettet auf keinen Fall den angeblich immer noch ›humanen‹ Charakter von ›Humankapital‹. Auch sollten sich die Experten einmal einer Debatte über etwas weiter gefasste anthropologische Fragestellungen nach dem Wert von Menschen öffnen, der nicht nur mit Euro und Cent berechnet werden kann.«

Die Auseinandersetzung ist weit mehr als ein singulärer Diskurs über den Zusammenhang zwischen Humanität und Kapital, sondern berührt die Grundfesten unserer freiheitlich-demokratischen marktwirtschaftlichen Grundordnung. Und in solchen Diskursen werden naturgemäß die ganz großen Geschütze aufgefahren. Und eines der größten, das wir auf diesem Gebiet aufzufahren haben, ist der große Denker aus

Königsberg: Immanuel Kant. In seiner dritten Formel des ka-
tegorischen Imperativs – der Grundlage der angenommenen
Universalität der Menschenrechte – setzt sich Kant mit dem
Zusammenhang zwischen Kapital (Mittel) und der Humanität
(Zweck) eines jeden Menschen auseinander und kommt zu
einer kategorischen Forderung: »Handle stets so, dass du die
Menschheit, sowohl in Deiner Person, als in der Person eines
jeden anderen, jederzeit zugleich als Zweck, niemals bloß als
Mittel brauchest.«

Welche praktische Relevanz der oftmals als theoretischste
aller Theoretiker verunglimpfte Kant auch heute noch beanspruchen darf, zeigt die Auseinandersetzung über Wohl
und Wehe des Wortes Humankapital. Während die Jury selbst
hinter dem Wort und seiner Verwendung lediglich die Speer-
spitze einer zutiefst inhumanen Verabsolutierung des Ökonomischen in allen Lebensbereichen vermutet, schwingen sich
seine Befürworter dazu auf, die letzten Reste des Humanen
in der wirtschaftlichen Nutzenlogik bewahren zu wollen und
werfen der Jury vor, sich wie »geistige Totengräber unserer Volkswirtschaft« zu gebärden, wie es die »F.A.Z« in aller
Schärfe tat. Beiden Parteien, aber auch uns selbst, sei an dieser Stelle die dritte Formel des kategorischen Imperativs ans
Herz gelegt: Der Mensch ist immer Mittel und Zweck zugleich.
Wer dies in Frage stellt, wer sich also einerseits zum Handlager
einer fundamentalistischen inhumanen Mittel-Logik macht
oder andererseits den Zweck verabsolutiert, der unterschätzt
die Grundlagen unserer gesellschaftlichen Ordnung. Doch
was tun, wenn uns Ökonomisten und Moralisten in die Zange
nehmen?

»Umsatz, Umsatz, Umsatz?« – Mensch bleiben!

»Wow! Ich bin Mensch geblieben und tauch' mit Dir in die Wellen.« In dem Lied »The Lord of Song« der deutschen Pop-band Blumfeld ist der singende Protagonist überrascht und erfreut zugleich, Mensch geblieben zu sein. Eine Feststellung, die nicht nur Führungskräften im betrieblichen Alltag oft schwerfällt. (Womöglich auch deshalb, weil das Tauchen in die Wellen des wirtschaftlichen »Haifischbeckens« den sicheren Tod durch Ertrinken zur Folge hätte.) Wie anders würden Sie die Erkenntnis jenes »alten Vertriebshaudegens« kommentieren, nach dessen Ansicht man den rauen Winden des Wettbewerbs nur dann erfolgreich trotzen könne, wenn man bereit sei, »das Bild der Mutter auch mal zur Wand zu drehen«? Der Mensch ist dem Menschen ein Wolf, basta! Von wegen »Mensch bleiben« – »Umsatz, Umsatz, Umsatz« heißt die Devise. Wir sind hier schließlich nicht bei der Caritas, und wer am lautesten heult, der hat die besten Chancen, an die Fleischtöpfe heranzukommen. Ringelpiez mit Anfassen gibt es in der Krabbelgruppe, aber doch nicht im Geschäft, wie naiv!

Um es kurz zu machen, wer tatsächlich dieser Auffassung anhängt, der darf die nächsten Seiten getrost überschlagen, wer hingegen der Meinung ist, dass persönlicher Erfolg und »Mensch bleiben« sich nicht grundsätzlich ausschließen, der sollte ruhig weiterlesen!

Über Jahrhunderte hinweg – insbesondere aufgrund der christlichen Prägung unseres Kulturkreises – galt das menschliche Eigeninteresse als Laster, als eine Eigenschaft, die in erster Linie dazu befähigte, sich seinen Platz im Fegefeuer zu sichern. Wer eigennützig und egoistisch handelte, der war ein Sünder, eine verirrte Seele, die gerettet werden musste. Erst als der schottische Moralphilosoph und Ökonom Adam Smith im 18. Jahrhundert die Weltbühne betrat, wurde aus dem hässlichen Entlein Eigennutz ein schöner Schwan mit Namen wohlverstandenes Eigeninteresse. Smith machte aus dem Laster eine Tugend, das Eigeninteresse wurde rehabilitiert. Nicht um seiner selbst willen, sondern zum Wohle aller Menschen. Das Abenteuer »Wohlstand der Nationen« (so der Titel des Hauptwerkes von Adam Smith) konnte beginnen. Frei nach dem Motto »Denkt jeder an sich, ist an alle gedacht« hinterließ der »Vater der Nationalökonomie« die Losung und den Motor allen wirtschaftlichen Handelns. In seinem wohl berühmtesten Satz beschreibt er diese Triebfeder wie folgt: »Nicht vom Wohlwollen des Metzgers, Brauers und Bäckers erwarten wir das, was wir zum Essen brauchen, sondern davon, dass sie ihre eigenen Interessen wahrnehmen. Wir wenden uns nicht an ihre *Menschen*-Liebe sondern an ihre *Eigen*-Liebe.«

Die erschlagende Logik dieser »natürlichen Ordnung« bestimmt bis heute die Grundlagen unserer freiheitlich-marktwirtschaftlichen Ordnung. Noch immer kaufen wir unsere Brötchen, weil sie uns bei Bäcker Schneider am besten schmecken, noch immer unsere Wurst in der Metzgerei Pflüger, weil deren Mettwurst einfach unschlagbar ist, und nehmen unser Pils in der Brauerei Heldermanns zu uns, in der das Bier am besten schmeckt! Dem Bäcker, Metzger oder Brauer liegt weit weniger an unserer Person als an unserer Kaufkraft oder, wie es der Ökonom Guy Kirsch einmal pointiert auf den Punkt brachte: »Dem Bäcker liegt an sich selbst und seinem Urlaub am Strand. Die Kunden sind für ihn der belanglose Appendix eines Geldscheins!«

Sind Kaufende und Verkaufende also doch nur Mittel zum Zweck? Seelenloses Humankapital und anonyme Manövriermasse unserer jeweiligen Egoismen? Im Prinzip schon. Doch bei aller Seelenlosigkeit und Anonymität des Marktes lässt dieser durch den ihm innewohnenden Mechanismus des Wettbewerbs eigentlich keinen Raum für persönliche Bösartigkeiten. Schließlich gibt es ja noch den Bäcker Wöhle, den Metzger Schmitz und das Brauhaus Berger, die mittels ihrer Back-, Schlacht- und Braukunst ebenfalls um unsere Gunst werben. Wenn Schneiders Brötchen plötzlich kleiner werden, Metzger Pflügers Service zu wünschen übrig lässt oder uns das Ambiente und die Gäste in der Brauerei Heldermanns nicht mehr gefallen, müssen wir noch lange nicht darben, die Alternativen warten schon.

Wer es also übertreibt mit seinem Eigeninteresse, wer dem Egoismus verfällt, wer den anderen tatsächlich nur als belanglosen Appendix seines Geldscheins betrachtet, der läuft Gefahr, sich urplötzlich am Rande der »natürlichen Ordnung« wiederzufinden. Neben das Eigeninteresse sollten daher »wohlverstandene Klugheitserwägungen« treten, die allen, die sich an diese halten, Vorteile bringen. Das Eigeninteresse ist lediglich die Spitze eines Eisberges, dessen Fundament wir in der Realität allzu oft unterschätzen. Machen wir uns also auf die Suche nach gemeinsamen, im Verborgenen liegenden Regeln, die uns helfen, unsere durchaus vorhandenen Egoismen wechselseitig zu beschränken und unsere individuellen Handlungsspielräume zu erweitern:

✓ *Geben Sie Ihrem eigenen wirtschaftlichen und unternehmerischen Handeln eine werteorientierte Grundlage.*

Jede Berufsgruppe sollte über einen originären Ethos verfügen. Ein Fundament, an dem Sie Ihr eigenes Handeln im Hinblick auf das Vorhandensein von »wohlverstandenen Klugheitserwägungen« überprüfen können. Ob Sie sich diese Grundlage in Form eines Unternehmensleitbildes selbst erarbeiten, sich am »Davoser Manifest«, an den »leadership principles« Ihres Unternehmens oder am Ideal des »ehrbaren Kaufmanns« orientieren, müssen Sie selbst entscheiden.

✓ *Machen Sie sich selbst auf die Suche nach den verborgenen Regeln erfolgreichen ökonomischen Handelns.*

Machen Sie Geschäfte per Handschlag? Gilt Ihr Wort, auch ohne ellenlange Verträge? Verhandeln Sie nüchtern, nicht emotional? Liefern Sie pünktlich, und rechnen Sie sauber ab? Handeln Sie langfristig, und engagieren Sie sich ganz selbstverständlich für das Gemeinwesen, ohne dafür besondere Anerkennung zu beanspruchen? Sind Sie leidenschaftlich in dem, was Sie tun? Sind Sie bereit, Risiken einzugehen und zu übernehmen? Ist Ihnen Ihr Unternehmen im Zweifelsfall wichtiger als die eigene Person? Haben Sie loyale Mitarbeiter? Denken Sie über diese genauso lange nach wie über Ihre Bilanz? Entwickeln Sie innovative Produkte und Prozesse? Sind Sie ein harter, aber fairer Wettbewerber? Ja? Gut so! Dann können Sie auf die Lektüre der berufsethischen Leitlinien verzichten. Sie sind ja bereits ein »ehrbarer Kaufmann«!

✓ *Als Konsumenten sind wir Teil der wirtschaftlichen Ordnung und ihrer Dynamik.*

Daher sind wir im Zweifelsfall genauso verantwortlich für ökonomische Effizienzkrisen und moralische Orientierungskrisen. Hüten wir uns also davor, allzu schnell in die allgemeinen Empörungsgesänge über »Heuschrecken«, »Manager ohne Moral« und »menschenverachtende Konzerne« einzustimmen, bevor wir uns selbst nicht ganz ehrlich die eine oder andere Frage beantwortet haben:

- Wo wollen, wo können wir selbst durch unser Handeln, durch Kaufen oder Konsumverzicht Veränderungen bewirken?
- Wären wir beispielsweise bereit, mehr für unsere Kleidung auszugeben, wenn die Arbeiter und Arbeiterinnen dafür ein Recht auf Alters- und Krankenversicherung und einen angemessenen Lohn hätten?
- Ist es tatsächlich gerecht, unsere sozialen und ökologischen Standards in allen Ländern zu Mindeststandards zu machen, oder ist es vernünftiger, sich an den lokalen kulturellen Bedingungen zu orientieren?
- Können wir wirklich alles haben? So wie das Recht auf einen billigen DVD-Player für 19,95 Euro bei gleichzeitigem bedingungslosem Erhalt von Arbeitsplätzen in Deutschland?

In seinem Buch »Ökonomie für den Menschen« mahnt uns Armatya Sen, Nobelpreisträger der Wirtschaftswissenschaften, »ausgewogene Annahmen über das menschliche Verhalten zu machen. Weder sollten wir uns der ›hochgesinnten Sentimentalität‹ überlassen und annehmen, alle Menschen seien durch und durch moralisch und von Werten erfüllt. Noch sollten wir diese unrealistische Annahme durch die gleichermaßen unrealistische Gegenannahme ersetzen, die wir die niedrig gesinnte Sentimentalität nennen können. Diese Prämisse, die von einigen Ökonomen und ihren Anhängern bevorzugt wird, setzt voraus, dass Moral und Werte keinerlei Einfluss auf unsere Lebensführung haben, da wir uns nur von rohen Erwägungen des persönlichen Vorteils bestimmen lassen.«

Beide Sentimentalitäten sind jedem von uns vertraut. Sowohl die niedrig gesinnte als auch die hoch gesinnte. Wir neigen jedoch dazu, die niedrig gesinnte eher im Gegenüber – sei es im Kunden, sei es im Verkäufer – zu vermuten als in uns selbst. Wie oft haben wir uns selbst sagen hören: »Mir sind die Hände gebunden«, »Wenn wir das nicht tun, dann tut es die Konkurrenz!«, wie oft schon gefragt: »Was kann man als Einzelner schon verändern?« Aber so fremdbestimmt sind wir doch gar nicht!

✓ *Wer Gestaltungsfreiheit besitzen möchte, der sollte beizeiten mal einen Blick auf die eigenen Schattenseiten werfen und dabei die »lichten Momente« seiner Mitmenschen nicht unerwähnt lassen.*

Hand aufs Herz! Wann haben Sie denn das letzte Mal im Verkaufsgespräch »das Bild der Mutter zur Wand« gedreht? Wann hat Ihnen vor kurzem ein Kunde gesagt, dass Sie sich zu seinen Gunsten verrechnet haben und Ihnen den Fehlbetrag ohne Zögern zurückerstattet? Wie hat Ihr Kunde eigentlich reagiert, als Sie den Wettbewerber im schlechten Licht erscheinen ließen? Halten Sie es wirklich für pure Berechnung oder für selbstverständlich, wenn der Kneipier Ihnen ankündigt, dass die letzte Runde aufs Haus geht? Zählen Sie bei jedem Kleinsteinkauf das Wechselgeld nach? Begrüßen Sie es, wenn Ihnen die freundliche Verkäuferin bescheinigt, dass Ihnen diese Bluse von den 33 zuvor anprobierten am besten steht, oder vermuten Sie dahinter lediglich unauthentisches vertriebliches Geschick? Wenn Sie Geiz nicht geil finden, dann haben Sie sich sicherlich noch nie bei »Ihrem kleinen, aber feinen Spezialisten für Musik und Filme« über die Neuerscheinungen informiert, um dann doch

das Schnäppchen für 9,99 Euro im Mediamarkt zu erstehen?
Können Sie sich noch an jene Verkäuferin erinnern, die Sie darauf hinwies, dass sie Ihnen für dieses Produkt lieber den Wettbewerber auf der gegenüberliegenden Straßenseite empfiehlt?

✓ *Wo immer wir als handelnde Menschen in Erscheinung treten,
bedarf es der grundsätzlichen Akzeptanz unserer gegenseitigen
Unzulänglichkeiten.*

Das bloße Verharren in Gut-und-Böse-Kategorien führt am
Thema vorbei. Die Kunst besteht nämlich – trotz aller Risiken
und Gefahren im geschäftlichen Umgang – darin, sich we-
der in blanken Zynismus über die »ach, so niedrig gesinnte
Welt« zu ergehen, noch sich selbst als letzten »hoch gesinnten
Romantiker« zu gefallen.

Wir sollten daher die moralphilosophische Seite im Sys-
tem von Adam Smith nicht vernachlässigen. Denn es ist – so
Smith – »zwar die Eigenliebe diejenige, die für den Einzelnen
am Nützlichsten ist, doch sind Menschlichkeit, Gerechtigkeit,
Edelmut und Gemeinsinn diejenigen Eigenschaften, die für
die anderen am nützlichsten sind«!

Auf welche Weise diese »wohlverstandenen Klugheitserwägungen« zur Zufriedenheit beider Seiten und zu ökonomi-
schem Erfolg führen können, demonstriert ein Beispiel aus
einem großen deutschen Baumarkt: Nicht wissend, dass der
Geschäftsführer des Unternehmens Zeuge seines Beratungs-
gespräches war, empfahl der Mitarbeiter einem Kunden, er
solle nicht gleich einen neuen Rasenmäher kaufen, sondern
lediglich ein Verschleißteil auswechseln. »Das Problem kommt
häufiger vor und ist in der Regel mit dem Auswechseln des
Verschleißteils zu beheben. Dann können Sie mit dem gespar-

ten Geld doch lieber Ihre Frau zum Essen einladen.« Gesagt,
getan – der Kunde verließ zufrieden den Baumarkt.

Nachdem der Kunde gegangen war, kam der Geschäftsführer auf den überraschten Mitarbeiter zu, nicht etwa, um ihn zu
schelten, weil der dem Kunden auf Kosten des Unternehmens
Geld gespart hatte, sondern um ihn ausdrücklich zu loben
und ihm eine Extraprämie in Aussicht zu stellen: »Herzlichen
Glückwunsch zu Ihrem beispielhaften Gespür für langfristige
Kundenbindung. Dieser Kunde wird immer wieder bei uns
einkaufen, weil er sich von uns – vertreten durch Sie – fair behandelt gefühlt hat. Darüber hinaus wird er seinen Angehörigen,
Freunden und Bekannten davon erzählen, dass unser Unternehmen zu den Oasen in der Servicewüste Deutschland gehört.
Vielen Dank dafür und weiter so, junger Mann!«

So dicke Scheiben sich jeder von uns von solchem Verhalten
abschneiden kann, so sehr ist das nun folgende als abschrecken-
des Beispiel dafür geeignet, zu welch dreisten Verhaltensweisen
der Tunnelblick des blanken Egoismus führen kann: Eine besonders unverfrorene Mandantin erhielt dank guter anwalt-
licher Beratung eine weit über den üblichen Sätzen liegende
Abfindung von 150000 Euro sowie zusätzliche Leistungen. Dabei traf es sich gut, dass sie das Unternehmen ohnehin verlassen
wollte, da sie bereits eine Anschlussbeschäftigung sicher hatte.

Nach Beendigung des Arbeitsverhältnisses zahlte der ehemalige Arbeitgeber die Abfindung nicht ganz pünktlich, was
die Mandantin dazu veranlasste, ihre Anwälte aufzufordern,
beim ehemaligen Arbeitgeber nicht nur die Auszahlung des
Geldes, sondern auch Zinsen anzumahnen, die sich dann, nachdem sie das Geld erhalten hatte, auf rund 75 Euro beliefen.

Nachdem auch dieser Missstand beseitigt werden konnte
und die Mandantin in den Genuss ihrer »Aussteuer« gekommen

war, erhielt sie eine Rechnung mit der Bitte um baldigen Ausgleich der anwaltlichen Honorarkosten. Als sie auch auf die zweite Mahnung nicht reagierte, wurde sie telefonisch kontaktiert und zur Zahlung aufgefordert. Als Entschuldigung brachte die Mandantin vor, dass sie derzeit nicht zahlen könne, da sie das erhaltene Geld bereits angelegt habe und hierfür ja schließlich Zinsen erhalte! Man müsse sich eben noch ein wenig gedulden.

Ihr neuer Arbeitgeber war indes ein wenig verwundert, als er ganz beiläufig in einem Telefonat von der »moralischen Verfasstheit« seiner neuen Mitarbeiterin erfuhr. Auch die Suche nach einer neuen anwaltlichen Vertretung gestaltete sich bei weitem schwieriger als im ersten Fall ...

»NICHT REDEN, HANDELN!« – IM MEETING

Nichts ist so verpönt wie das Meeting. »Debattierklub«, »Zeitdieb« oder »Quasselstunde« sind noch die vornehmsten Umschreibungen unternehmensinterner Zusammenkünfte. Da nützen auch zuvor versendete Agenden und protokollarische Zusammenfassungen im Nachgang wenig: Das Meeting hat einen schlechten Ruf. Daran werden auch der schnittige Appell des Düsseldorfer Karnevalsmottos aus dem Jahre 2006 »Nit quake, make!« (Nicht lamentieren, sondern handeln), das von Henry Ford überlieferte Zitat »Zusammenkommen ist ein Beginn, Zusammenbleiben ist ein Fortschritt, Zusammenarbeiten führt zum Erfolg« oder moderne Verklausulierungen wie »Jour fixe« so schnell nichts ändern. Selten wird das Meeting im Fordschen Sinne als der Beginn einer erfolgreichen Zusammenarbeit betrachtet, eher als Anfang und Ende jedweder Produktivität.

Frau Schmidt hört sich einfach zu gern selber reden, Herr Baumann ist nicht annähernd in der Lage, mit anderen Menschen zu kommunizieren, bei Frau Döring-Kachelkamp habe ich grundsätzlich Verständnisprobleme, und der Chef sollte mal eine Ausbildung zum Moderator machen, damit wir die vergeudeten zwei Stunden nicht jedes Mal am Abend wieder aufholen müssen. So oder ähnlich klingt es immer wieder, wenn ich in unseren Workshops das Thema Meeting auf den Plan rufe. Unzufriedenheit, wohin man schaut. Das ist doch kein Zustand! Daran muss sich doch etwas ändern lassen!

Doch welchen Kriterien müsste eigentlich ein Meeting entsprechen, in dem das Zusammenkommen tatsächlich als der Beginn einer erfolgreichen Zusammenarbeit verstanden wird? Nun, wo es Herausforderungen gibt, da sind die »selig machenden Regeln« oft nicht weit! Sieben Stück an der Zahl ließen sich durch Recherche in der überbordenden Managementliteratur herausfinden. Wenn Sie die folgenden Fragen mit »Ja« beantworten können, dann stehen Ihre Chancen gut, aus einem langatmigen, ineffizienten und nervtötenden Meeting eine kurzweilige, zielorientierte und produktive Zusammenkunft zu machen:

1. Kennen Sie den genauen Zweck der Zusammenkunft?
2. Ist das Meeting gut vorbereitet?
3. Ist der Teilnehmerkreis auf das Ziel abgestimmt?
4. Sind das Ziel und der Zeitfaktor ausreichend berücksichtigt?
5. Weiß jeder, was er bis wann zu erledigen hat?
6. Ist nach dem Meeting vor dem Meeting?
7. Haben Sie die sechs vorangegangenen Regeln tatsächlich beherzigt?

Gut, dann ist ja alles klar! Aber warum äußert sich Frau Schmidt schon wieder zu völlig anderen Themen? Was hat Herr Baumann überhaupt in diesem Meeting verloren? Redet Frau Döring-Kachelkamp nicht schon wieder seit geschlagenen zehn Minuten ohne Punkt und Komma? Sollte Herr Kowalski die Projektskizze nicht bis heute fertig haben? Kann der Chef nicht einmal ein Machtwort sprechen?

So sinnvoll die obigen Regeln sind, um einen gemeinsamen Rahmen abzustecken, Protokollanten im Vorfeld festzulegen, Anfang und Ende der Besprechung zu terminieren, sich ein eindeutiges Ziel zu geben und klare Aufgaben festzulegen, so bieten sie doch im besten Fall die Skizzierung der notwendigen Voraussetzungen für einen weitestgehend reibungslosen Ablauf. Als hinreichende Bedingungen für eine erfolgreiche Zusammenarbeit eignen sie sich jedoch nicht. Zumindest so lange, wie wir uns heute und zukünftig mit dem leidigen »Faktor Mensch« herumzuschlagen haben. Denn der ist nun mal bei weitem unstrukturierter als das strukturierteste Meetingrezept!

Diese Disposition zur Unstrukturiertheit zeigt sich weit weniger in der mangelnden Akzeptanz allgemein als sinnvoll erachteter technischer Spielregeln, wie sie in den obigen Fragen angesprochen werden, sondern in der Unfähigkeit oder Unlust, diese auch tatsächlich anzuwenden. Diese Unfähigkeit beziehungsweise Unlust hat jedoch wenig damit zu tun, dass Meetings mit einem eindeutigen Zweck, einer klaren Agenda, einem im Vorhinein bestimmten Protokollführer und eindeutigen Aufgabenverantwortlichkeiten als nicht durchführbar oder gar grundsätzlich bescheuert erachtet werden, sondern vielmehr mit den Teilnehmern und deren Kommunikationsverhalten.

Ein erfolgreiches Meeting hängt nach meiner Auffassung von dreierlei ab:

1. Der Einhaltung von formalen Regeln (wie oben beschrieben),
2. der Festlegung einer »idealen Kommunikationssituation« und
3. der Fähigkeit, mit Störungen umzugehen.

Nachdem wir die formalen Regeln ja bereits kennengelernt haben, möchte ich mich nun den beiden folgenden Punkten widmen. Es gibt eine schöne Redewendung, die lautet: »Die Menschen sind schlecht, sie denken nur an sich. Nur ich, ich denk' an mich.« Da ist was dran. Wir alle wissen recht gut Bescheid darüber, was sein sollte und was nicht, was richtig und was falsch ist, was gut, was böse. Doch das Gebot der Unparteilichkeit beachten wir hierbei nur sehr unzureichend. Die Regeln sind uns klar: Während wir uns als deren Hüter wähnen, gilt es, unsere Mitmenschen zu maßregeln!

Doch eins nach dem anderen. Wenn wir von einer idealen Kommunikationssituation im Hinblick auf ein unternehmensinternes Meeting sprechen, dann fallen jedem von uns genug Regeln ein, die helfen könnten, das erste produktive Meeting der Menschheitsgeschichte zu bestreiten. Werfen wir jedoch zunächst einen Blick zurück in die Geschichte der Lebensklugheit. Um nicht ständig auf die Schriften meines berühmten Vorfahren zurückzugreifen, habe ich ein kleines Sammelsurium aus den Texten bedeutender Schriftsteller unseres Kulturkreises von der Antike bis heute zusammengestellt, deren Erkenntnisse mir auch heute noch geeignet erscheinen, im alltäglichen Meeting ausreichend Berücksichtigung zu erfahren, um sich einer idealen Kommunikationssituation anzunähern:

»Wie aber zu viel Rede Verdruss bringt, also birgt auch zu viel Stillschweigen schädlichen Hass. Denn an dem Orte zu schweigen, wo die anderen sich unterhalten, sich austauschen, scheint nicht anders, als ob einer nicht einen Pfennig zur gemeinsamen Mahlzeit hinlegen wolle.« (Giovanni della Casa)

»Seine Meinung langatmig, ohne je einer Zwischenrede Raum zu geben, auseinanderzusetzen zeugt von geistiger Schwerfälligkeit, aber nur Einwürfe machen und erwidern, ohne das Gespräch mit selbstständiger Ausführung fortzusetzen, beweist Oberflächlichkeit und geistige Dürftigkeit.« (Francis Bacon)

»In dem, was Du anderen vorwirfst, sei selbst untadelig; denn das Beispiel ist nachdrücklicher als die Vorschrift.« (George Washington)

»Ein anderer hässlicher Übelstand ist, sich selbst zu loben, besonders Dinge von sich zu rühmen, die unwahr sind, und auf diese Weise die Rolle des prahlenden Offiziers in der Komödie zum Gelächter der Anwesenden zu spielen.« (Cicero)

»Originelle und vom Gewöhnlichen abweichende Gedanken äußern, ist ein Zeichen eines überlegenen Geistes. Wir dürfen den nicht schätzen, der uns nie widerspricht. Denn dadurch zeigt er keine Liebe zu uns, vielmehr zu sich.« (Baltasar Gracián)

»Die Dummheit ist eine schlechte Eigenschaft; aber sie nicht ertragen zu können, sich darüber grün und blau zu ärgern, wie es bei mir vorkommt, das ist eine Krankheit anderer Art, die kaum weniger lästig ist als die Dummheit; und dies ist, was ich jetzt an mir anprangern will.« (Michel de Montaigne)

»Die Willfährigkeit muss man aber aufgeben bei Leuten, die zu viel reden; diese muss man unterbrechen.« (Nicolas Faret)

Hört sich ja alles nett an, aber was bedeutet das für unseren Weg zu einem produktiven Meeting, was für unsere Schritte in eine erfolgreiche Zusammenarbeit? Die Antwort liegt in sieben weiteren Fragen, die unsere technischen Rahmenbedingungen ergänzen und unser Verständnis einer idealen Kommunikationssituation bereichern helfen. Fassen wir uns also an die eigene Nase, bevor wir mit dem Finger auf andere zeigen!

1. Neigen Sie dazu, Ihre Mitmenschen »zuzutexten«, oder gehören Sie zu denjenigen, die sich selbst nicht mehr an den eigenen letzten Wortbeitrag erinnern können?
2. Lassen Sie »Zwischenrufe« zu, und können Sie auf diese reagieren, oder tun Sie nichts anderes, als mit kurzen phrasenhaften Statements Ihren Stellenwert zu unterstreichen?
3. Wissen Sie genau, was andere besser machen könnten oder zu unterlassen haben, ohne jeweils in einer vergleichbaren Situation ein nachahmenswertes Beispiel abgegeben zu haben?
4. Sie wissen, dass Eigenlob stinkt? Insbesondere, wenn die eigenen Heldentaten nicht der Wahrheit entsprechen. Warum tun Sie es dann trotzdem?
5. Können Sie sich noch an Ihren letzten wirklich kreativen Vorschlag erinnern, oder wissen Sie immer nur, warum die Vorschläge Ihrer Kollegen sowieso nicht funktionieren? Wann hat Ihnen eigentlich das letzte Mal jemand widersprochen? Lernen Sie von der Kritik anderer?
6. Wann haben Sie das letzte Mal den Kopf geschüttelt, mit den Augen gerollt oder eine abfällige Bemerkung über die vermeintliche Dummheit eines Ihrer Kollegen gemacht?

7. Nehmen Sie Ihren Ärger mit ins eigene Büro oder in die Raucherpause, oder sind Sie mutig genug, Ihr Unbehagen an Ort und Stelle zu äußern und/oder selbst Zielscheibe von Kritik zu werden?

Wären wir alle Heilige, dann dürften wir bereits den Umstand, sich mit diesen oder ähnlichen Fragen auseinanderzusetzen, als geradezu unverschämt erachten. Da wir jedoch alle Menschen mit individuellen Macken sind, hilft es beizeiten, sich damit auseinanderzusetzen, bevor wir den ersten Stein auf unsere Mitmenschen werfen …

Doch selbst dann, wenn wir bereits auf Engelsflügeln Richtung irdischer Seligkeit schweben, uns keiner Schuld bewusst, alle Regeln befolgend, ist der Sturz auf den harten Boden der Realität nicht immer zu vermeiden. So engelsgleich wir uns selbst zu verhalten vermögen, so unwahrscheinlich ist es, dass kein einziges Teufelchen mehr unseren Seelenfrieden der erfolgreichen und unbelasteten Zusammenarbeit stört. Wie gehen wir mit den unangenehmen Zeitgenossen um, die sich nicht im Geringsten an vereinbarte Spielregeln halten, die nicht über ein Mindestmaß an Selbstreflexion und damit verbundener Selbstbeherrschung verfügen? Die uns dauernd vollquatschen, nie etwas Substanzielles beitragen, sich auf unsere Kosten in ein besseres Licht rücken, ständig am Thema vorbeireden, mit den Augen rollen, wenn wir etwas zu berichten haben, immer etwas zu meckern haben, aber nie mit konstruktiven Vorschlägen aufwarten, notorisch unvorbereitet sind und letztlich Ihren eigenen Erfolg über den des Teams stellen?

Nur dann, wenn es gelingt, das Meeting zu einem Gemeinschaftsprojekt zu machen, werden Sie gemeinsam erfolgreich sein. Dazu reicht es jedoch nicht aus, auf seine pazifistischen Flügelschläge und Engelszungen zu vertrauen, eine gewisse Wehrhaftigkeit gegen Dreizack, Teufelshörner und Pferdefuß ist schon vonnöten, um der gemeinsamen Sache zur Durchsetzung zu verhelfen:

✓ *Geben Sie Störungen Vorrang!*

Störungen sind lästig, doch statt sie schnell zu beseitigen, sollten wir sie zum Thema machen, um die Voraussetzung zu schaffen, konstruktiv an unserem eigentlichen Thema – sei es die zukünftige Vertriebsstrategie, die Einführung eines neuen Produkts, die Modifizierung unserer Marketingaktivitäten oder Ähnliches – zu arbeiten. Schaffen Sie, insbesondere als Führungskraft, ein Klima, in dem jeder seine Befindlichkeiten offen und klar äußern kann. Nur wenn der Egozentriker, der Vielredner oder die Destruktive merken, wie die anderen ihr Verhalten empfinden, kann sich etwas ändern.

✓ *Klären Sie die Situation!*

Werten Sie das Verhalten des Gegenübers nicht vorschnell, seien Sie neugierig. Überlegen Sie, ob Sie alles richtig verstanden haben, und reflektieren Sie Ihre eigenen Erwartungen. Sprechen Sie Ihren Kontrahenten an: »Wenn ich Sie gerade richtig verstanden habe, dann …«, oder: »Ich habe den Eindruck, dass Sie auf Folgendes hinauswollen …« Verdeutlichen Sie Ihre eigenen Interessen: »Mir geht es eigentlich um etwas ganz anderes …«

✓ *Beurteilen Sie!*

Viele Kommunikationsstörungen und zwischenmenschliche Konflikte sind das Ergebnis von Missverständnissen. Das bewusste Zulassen von Störungen und die Klärung der Situation ermöglicht eine bessere Bewertung, ob es sich lediglich um ein Missverständnis handelt oder tatsächlich ein ignorantes oder gar boshaftes Verhalten beim Gegenüber angenommen werden kann.

✓ *Handeln Sie!*

Sollten Sie zu der Überzeugung gelangen, es handele sich lediglich um ein Missverständnis, dann haben Sie durch die bewusste »Störung« und die damit einhergehende »Klärung« bereits viel dafür getan, die zukünftige Kommunikation signifikant zu verbessern. Stellt sich Ihr Gegenüber tatsächlich als boshaftes Teufelchen heraus, dann gilt es, sich für den Kampf zu wappnen. Sie werden Verständnis dafür haben, dass ich Ihnen an dieser Stelle nicht die Gesamtheit der »lebensklugen Kriegslisten« vorstellen kann, und doch möchte ich wenigstens auf einen Appell von Baltasar Gracián verweisen, nämlich den, »ein redlicher Widersacher zu sein« (sei es im Meeting oder anderswo!): »Der Mensch von Verstand kann genötigt werden ein Widersacher, aber nicht, ein nichtswürdiger Widersacher zu sein. Jeder muss handeln als der er ist, nicht als der, wozu sie ihn machen möchten. Der Edelsinn beim Kampf mit Nebenbuhlern erwirbt Beifall; man kämpfe so, dass man nicht bloß durch die Übermacht, sondern auch durch die Art zu verfahren siegreich sei.«

Fassen wir zusammen: Vielleicht gibt es ja tatsächlich sieben goldene Regeln eines erfolgreichen Meetings und damit die Möglichkeit, das Diktum von Henry Ford, wonach »Zusammenkommen ein Beginn, Zusammenbleiben ein Fortschritt ist und Zusammenarbeiten zum Erfolg führt«, zum Leben zu erwecken, wenn wir das bis hierher Gesagte bündeln. Also: »Nit quake, make!«

1. Geben Sie Ihren Meetings eine Struktur – sowohl in zeitlicher als auch inhaltlicher Hinsicht.
2. Laden Sie diejenigen ein, die etwas zu sagen haben, und verteilen Sie eindeutige Verantwortlichkeiten.
3. Geben Sie sich neben den strukturellen Bedingungen Spielregeln für die gemeinsame Kommunikation.
4. Gestalten Sie diese Regeln so, dass Sie von jedem eingefordert und durchgesetzt werden können.
5. Lassen Sie Störungen zu, um zu klären, wo welche Spielregeln auf dem Spiel stehen.
6. Klären Sie die jeweiligen Situationen, um auf den inhaltlichen Pfad zurückzukehren.
7. Nehmen Sie sich selbst genauso in die Pflicht wie Ihre Mitmenschen, wenn die als vernünftig erachteten und gemeinsam verabschiedeten Regeln missachtet werden.

Viel Erfolg!

»IN SCHLIPS UND KRAGEN« – DAS GEKONNTE SELBSTMARKETING DURCH KLEIDUNG

Bei seiner Jungfernrede als Abgeordneter des britischen Parlaments erschien Benjamin Disraeli in purpurnen Beinkleidern und mit einem unübersichtlichen Gewirr von goldenen Ketten auf seiner samtenen Weste. Das Gelächter im ehrwürdigen Hause war groß, und Lord Melbourne ließ es sich nicht nehmen, höhnisch nachzufragen, was er – Disraeli – denn hier

wolle. Dieser antwortete mit leicht unterkühlter Stimme: »Ich
möchte Premierminister werden!« Das Gelächter erklang er-
neut, verebbte jedoch, als Disraeli das von ihm anvisierte Amt
im Jahre 1874 erstmalig antrat.

Erst zu diesem Zeitpunkt wechselte der frisch designierte
Premier seine Art der Kleidung. Traf man ihn zuvor oftmals in
goldbetressten Pantalons, schwarzem Samtrock und schwarzen
Pumps mit großen roten Rosetten, kleidete er sich nun – auf
der Höhe seiner Macht – dunkel und schlicht. Der Puritanismus
hatte über mit Blumen bestickte Westen und Glacéhandschuhe mit schwarzen Seidenfransen gesiegt. Aus dem dandyhaften
Salonlöwen vergangener Tage war nicht mehr und nicht weniger geworden als der Schöpfer des zweiten britischen Empire.

Ein Blick auf die englische Herrenmode unserer Tage bringt
auch heute noch einen gewissen Hang zu illustren Farbkom-
binationen zum Vorschein (ich selbst verfalle diesen immer
wieder aufs Neue), und doch verstieße Disraeli »auf der Insel«
nach wie vor gegen jegliche Konvention der angemessenen
Kleidung. Doch was bedeutet es überhaupt, sich angemessen
zu kleiden? Und welchem Zweck ist es dienlich, dies zu tun?
Sucht man nach Antworten auf diese beiden zentralen Fragen,
dann wird man schnell fündig. Kein »moderner Knigge«, kein
Buch über die »Businessetikette«, das sich nicht ausführlich mit
den Fragen der angemessenen Kleidung beschäftigen würde.

Während mein Vorfahre diesem Thema im Rahmen seines
über 400 Seiten starken Werkes lediglich eine Drittelseite wid-
mete, umfassen die heutigen Ausführungen bis zu 50 Seiten.
Während sich die Leserschaft im 18. Jahrhundert noch mit
einigen grundlegenden Ausführungen zufriedengab, erscheinen den meisten Menschen des 21. Jahrhunderts die Überle-
gungen Adolph Freiherr Knigges meist als zu allgemein, als zu

schwammig, um die empfundenen Unsicherheiten auch tatsächlich abzubauen. Und so blicke ich auch in meinen Seminaren immer wieder in fragende Gesichter, wenn es um die »richtige Kleidung« geht. »Schön und gut, Herr Knigge, aber was heißt das denn jetzt ganz konkret, darf ich nun Snoopy-Krawatten tragen oder nicht?« »Sind rote Lackpumps nun o.k. oder nicht?«

Doch der Reihe nach. Beginnen wir mit dem Originaltext Adolph Freiherr Knigges und versuchen wir, ihn Schritt für Schritt für unsere Belange zu übersetzen:

»Also noch etwas über die Kleidung. Kleide Dich nicht unter und nicht über Deinen Stand; nicht über und nicht unter Dein Vermögen; nicht fantastisch, nicht bunt; nicht ohne Not prächtig, glänzend noch kostbar; aber reinlich, geschmackvoll, und wo Du Aufwand machen musst, da sei Dein Aufwand zugleich solide und schön. Zeichne Dich weder durch altväterische, noch durch jede neumodische Torheit nachahmende Kleidung aus. Wende einige größere Aufmerksamkeit auf Deinen Anzug, wenn Du in der großen Welt erscheinen willst. Man ist in Gesellschaft verstimmt, sobald man sich bewusst ist, in einer unangenehmen Ausstaffierung aufzutreten.«

Nun ist es in unserer demokratischen Gesellschaft nicht unheikel, von Ständen zu sprechen – allen Debatten um das sogenannte Prekariat zum Trotz –, und doch wird wohl keiner von uns bestreiten, dass es unterschiedliche soziale Milieus gibt, in denen stark voneinander abweichende Regeln und Codes vorherrschen. Wer in einer Bank arbeitet, kleidet sich nun einmal anders als Menschen, die im Handwerk oder in der Produktion ihrer Tätigkeit nachgehen, und selbst in ihrer Freizeit werden sich die Repräsentanten dieser Milieus optisch unterscheiden – nicht immer, aber Ausnahmen bestätigen ja bekanntlich die Regel.

Die Frage nach der jeweiligen Vermögenslage hängt eng mit der skizzierten »Standesfrage« zusammen. Der bekannte französische Soziologe Pierre Bourdieu spricht in seinem Buch »Die feinen Unterschiede« vom Geschmack am Notwendigen und dem damit verbundenen Konformitätsprinzip. Bei aller unterstellten Durchlässigkeit der jeweiligen Milieus bleibt die Hoheit, darüber zu befinden, was denn konkret als notwendig empfunden wird und welches Maß an Konformität vom Einzelnen erwartet wird, dem jeweiligen Milieu und seinen Mitgliedern vorbehalten. Wer bewusst gegen die Spielregeln seines Milieus verstößt, der muss sich im besten Fall dem Gelächter der jeweiligen Mitglieder stellen, wie Benjamin Disraeli im britischen Parlament oder gar mit schärferen Sanktionen bis hin zum Ausschluss rechnen. Wer sich weigert, ein gewisses Maß an Anpassungsfähigkeit zu demonstrieren, wer ständig »über seine Verhältnisse lebt«, wer dauernd »Understatement betreibt«, der »gehört nicht mehr dazu«, der ist ein »Gernegroß« oder »ein Sonderling«. Der »Schuster«, der sich weigert, »bei seinen Leisten zu bleiben«, hat es schwer, der »hält sich für was Besseres« und setzt seine persönliche Akzeptanz in der jeweiligen Community aufs Spiel.

Ob Sie sich »zu bunt, zu fantastisch kleiden«, das bestimmen nicht wir, sondern das soziale Umfeld, in dem wir uns bewegen. Das, was beispielsweise im Businesszusammenhang in der Regel als konform empfunden wird, unterscheidet sich daher natürlicherweise erheblich von dem, was in der Künstlerszene für notwendig gehalten wird, um als akzeptiertes Mitglied der Gemeinschaft zu gelten. Im wirtschaftlichen Kosmos stehen Auffälligkeiten größtenteils unter Generalverdacht. Wer »sich rausputzen will«, wer dem »modischen Firlefanz« huldigt, der wird es schwer haben, erfolgreich zu sein, es sei denn, er oder

sie verdient das Geld in der Modebranche oder anderen kreativen Segmenten. Grundsätzlich gilt: je konservativer die Bran-
che, desto enger die Grenzen. »Schließlich sind wir hier nicht
auf dem Laufsteg, wir wollen Geld verdienen!« Und wer Geld
verdienen will, der sollte möglichst wenig anecken. Wirtschaft-
lich erfolgreiches Handeln erfordert ein Höchstmaß an Konformität und die Unterordnung unter das Notwendige.

Wer möglichst vielen unterschiedlichen Menschen mit ebenso unterschiedlichen Geschmäckern und Vorlieben die Vorzüge seiner Produkte und Dienstleistungen näherbringen
möchte, wer also täglich gezwungen ist, »soliden und schönen
Aufwand« zu betreiben, der sollte es daher vermeiden, poten-
zielle Kunden zu verschrecken, weil die sich nicht genügend
gewürdigt fühlen durch »altväterische und neumodische Tor-
heiten nachahmende« Unternehmensvertreter. Wer nicht bereit ist, »einige größere Aufmerksamkeit auf seinen Anzug oder
sein klassisches Kostüm aufzuwenden«, der hat in der »großen
Welt« nichts verloren. Gefährdet er doch den Umsatz des Unternehmens und damit seine eigene Karriere!

Da jedoch scheinbar immer weniger Menschen bemerken,
dass sie »in Gesellschaft in einer unangenehmen Ausstaffierung auftreten«, scheuen die Vertreter des »wirtschaftlichen
Milieus« weder Kosten noch Mühen, um den Repräsentanten
des Unternehmens – also ihren Mitarbeitern – Hilfestellungen
zu leisten. Von Seminaren bis hin zu eigenen kodifizierten
Knigge-Leitlinien ist alles denkbar. Wer dann noch weiterführenden Bedarf verspürt, sein ästhetisches Urteilsvermögen im
Hinblick auf das Notwendige und Angemessene zu optimieren, der kann sich im Internet auf den einschlägigen Wirt-
schaftsseiten zum Beispiel der »Wirtschaftswoche« oder des
»Managermagazins« im »Online-Business-Knigge-Quiz« selbst

testen oder in der lokalen Buchhandlung in der Ratgeberecke zugreifen. Oder Sie lesen einfach weiter …

✓ *Wenn Sie sich in der Welt der Wirtschaft selbstsicher bewegen wollen, verzichten Sie auf alles Exaltierte.*

Glauben Sie mir, die politische Erfolgsgeschichte Benjamin Disraelis ist nicht nur eine Ausnahme in der Politik! Halten Sie sich an die Erkenntnis Oda Schaefers in ihrem Buch »Der Dandy«, wonach »der Dandy immer ein Feind des Utilitarismus, dem Nützlichkeitsprinzip, das unserer wirtschaftlichen Ordnung zu Grunde liegt, sein wird«. Oder kennen Sie einen erfolgreichen Unternehmer, der gleich Oscar Wilde mit einem samtenen Kniehosenanzug mit einer Lilie in der Hand über die Flure flaniert?

✓ *Richten Sie Ihren Blick auf das Notwendige!*

Wer lediglich seine Person zur Schau stellen will, der verstößt gegen die impliziten Gesetze der ökonomischen Rollenerwartungen. Wer mit Konformität und Uniformität Probleme hat, der unterschätzt die Spielregeln des wirtschaftlichen Milieus, das nach Repräsentanten sucht, die gewillt sind, sich unter Gleichen zu bewegen im Sinne des Ganzen: des wirtschaftlichen Erfolges.

✓ *Schauen Sie genau hin! Welche Selbstverständlichkeiten prägen Ihr Unternehmensumfeld? Was »geht gar nicht«?*

Ist Herr Obermeier aus der Vertriebsabteilung eigentlich trotz oder wegen seiner Lederkrawatte, seiner Motivsocken und seiner mehrfarbigen Schuhe so erfolglos? Oder ist der etwa gar nicht mehr im Unternehmen? Warum amüsieren sich die Kollegen eigentlich dauernd über die Leopardenoberteile von Frau Schmidtkunz, wo doch deren strassbesetzte, knallgrüne künstliche Fingernägel eigentlich ausreichend Grund böten, die Geschmackspolizei zu verständigen?

✓ *Welche weiteren ungeschriebenen Gesetze existieren? Oder gibt es sogar schriftlich fixierte Leitlinien, die das Modeselbstverständnis Ihres Unternehmens repräsentieren? Ein Blick kann ja nicht schaden!*

Grundregeln des guten Geschmacks. Wie dem auch sei, einige Grundregeln des guten Geschmacks lassen sich auch ohne die spezifische Situation im Unternehmen festhalten:

– Mit einem Maßanzug (mittlerweile zu vergleichsweise moderaten Preisen) oder einer geschmacklichen Kombination machen Sie als Mann wenig falsch.
– Es sei denn, Sie haben kein Geld oder keine Zeit, sich die passenden Schuhe dazu zu besorgen. Sollten Ihnen die Begrifflichkeiten »Budapester«, »Oxford«, »Derby«, »Full-Brogue« oder »Semi-Brogue« nichts sagen, dann empfehle ich eine kurze Recherche. Dass man seine Schuhe beizeiten putzt und die Absätze erneuern lässt, bedarf eigentlich keiner gesonderten Erwähnung.
– Über Hemden und Krägen ließe sich so einiges sagen, konzentrieren wir uns jedoch auf einige wesentliche Dinge: Bitte keine Button-down-, also am Kragen geknöpfte, Hemden zur Krawatte. Ob Sie sich hingegen beim Kragen für einen Kent, einen Cutaway, einen Windsor oder einen Tab ent-

scheiden, bleibt Ihnen überlassen. Darüber hinaus empfehle ich, auf die doppelte Manschette zu setzen. (Nicht
vergessen: Kümmern Sie sich um Manschettenknöpfe! Die
Manschette sollte zwar unter dem Sakkoärmel zu erkennen
sein, jedoch nicht die Handschuhe im Winter ersetzen ...
Da außerdem die »Schmuckmöglichkeiten« des Mannes begrenzt sind, empfehlen sich die Knöpfe als hervorragende
Ergänzung von Uhr und Ring und als Ersatz von zu vermei-
denden Krawattennadeln.) Sie mochten Michael Douglas
in »Wall Street«? Schön! Aber verzichten Sie auf blaue Hemden mit weißem Kragen, Ihren Sympathiewerten wird es
nicht schaden. Apropos weiß: Mit weißen Hemden machen
Sie nichts falsch, aber es gibt doch so viele andere schöne
Farben und Muster!

– Im Ernst: Kennen Sie wirklich Menschen, die Krawatten
aus Leder, Strick, Holz oder Plastik tragen? (Ich wusste gar
nicht, dass es letztere außerhalb der Karnevalssaison gibt).
Gut, Krawattennadeln mit goldenen oder silbernen Kett-
chen begegnen einem schon mal, aber in der Regel hat
sich die Seidenkrawatte ohne Zusatz doch durchgesetzt.
Wenn Sie sich bei der Farbwahl unsicher sind, hören Sie
auf Ihre Frau oder das Fachpersonal, wenn Sie Single sind
oder lieber allein einkaufen gehen. Bleibt noch die Länge:
bis zur Gürtelschnalle geht immer! Und das Binden selbst?
Die Klassiker sind der Four-in-Hand und der Windsor,
wobei Ihnen Spezialisten sicher noch 35 andere nennen
könnten.

– Strümpfe oder Socken? Strümpfe oder lange Socken! Über
den Blick auf behaarte Männerbeine zwischen Socke und
hochgerutschter Hose ist schon so viel geschrieben worden,
dass es höchstens bei denen noch nicht angekommen ist,

die noch immer nicht auf ihre geliebten Tennissocken verzichten wollen. Bei den Farben bin ich der falsche Ansprechpartner. Meine Strümpfe sind rot, ganz in der Tradition der Kniggeschen Familienfarben Rot und Weiß. Rote Strümpfe auf weißer Haut ... Aber so ganz schwierig ist es ja mit den Farben ansonsten auch nicht, 85 Prozent des normalen Sortiments sind grau, blau oder schwarz, da fällt die Wahl wohl nicht allzu schwer!

– Noch etwas: Als Freund des Einstecktuches möchte ich an dieser Stelle auch für dieses kleine Accessoire Werbung machen. »Falsch« machen kann man dabei eigentlich nicht viel, es sei denn man wählt denselben Stoff wie den der Krawatte (diese Stoff-in-Stoff-Variante untergräbt schlicht die Eigenständigkeit beider Accessoires), oder man arbeitet in dem Unternehmen meines Freundes, in dem nur den Vorstandsmitgliedern des Unternehmens das Tragen von Einstecktüchern gestattet ist. Unglaublich, aber wahr!

Überhaupt sollten Sie die beträchtliche Korrelation zwischen Hierarchieebene und Kleidung nicht unterschätzen. Menschen sind eitel, und wenn der neue Auszubildende seinem Vorgesetzten dauerhaft in Geschmacksfragen den Rang abläuft, dann braucht er sich über die Häufung an Überstunden nicht zu wundern! (Wie heißt es schon bei Baltasar Gracián: »Hüte Dich vor dem Sieg über Deinen Vorgesetzten!«)

Bevor Sie mir noch vorwerfen, Frauen aus der beruflichen Betrachtung zu verbannen, wechseln wir die Perspektive von dem Herrn zur Dame. Das beherrschende Axiom der Kunst des Anzugs im wirtschaftlichen Kontext »Gut gekleidet sein, heißt nicht auffallen!« gilt ebenso für die Damenwelt. Was dem Mann der Anzug, ist der Frau das Kostüm, was dem Herrn das Hemd, der Dame die Bluse, was ihm die Krawatte, ist ihr das Halstuch oder die Kette, seine Strümpfe sind ihre Strumpfhose.

Doch bei aller Ähnlichkeit gibt es auch Unterschiede, geschminkte Männer mit Schmuck abseits des genannten sind eher die Seltenheit in der Welt der notwendigen Anpassung. Doch auch für die Geschäftskleidung der Frau gilt: Weniger ist mehr! (Um Missverständnissen und Stilblüten vorzubeugen: Ich spreche nicht von Miniröcken oder tiefen Dekolletees ...)

✓ *Auch wenn in manchen Unternehmensknigges vor »Männerverkleidung« gewarnt wird und in einigen Grandhotels der Hosenanzug beim Personal nicht gern gesehen wird, sind Hosenanzüge durchaus eine geeignete Alternative zum Kostüm. Auf den Marlene-Dietrich-Look im Sinne einer dazu kombinierten Krawatte dürfen Sie jedoch getrost verzichten!*

Da Frauen meiner Meinung nach ohnehin über mehr Möglichkeiten als Männer verfügen, Schmuck zu tragen – wir sprachen bereits davon –, ist hier besondere Vorsicht geboten. Während der geschmückte Mann lediglich mit Spott bezüglich seines »gockelhaften Auftretens« rechnen muss, unterstellt man Frauen oftmals ganz andere Dinge, die sich an dieser Stelle als nicht zitierfähig erweisen. Insbesondere Frauen in Führungspositionen sehen sich oft hinter vorgehaltener Hand den bigotten Vorwürfen ihrer männlichen Kollegen, aber auch Kolleginnen ausgesetzt, »so gar nichts Weibliches mehr zu haben« oder wahlweise »nur aufgrund ihrer weiblichen Reize« in die entsprechende Führungsposition vorgerückt zu sein. Eine Frau, die keinen Schmuck trägt, gilt als »Mannsweib«, trägt sie zu viel und an anderer Stelle zu wenig, wird sie nicht nur als »wandelnder Tannenbaum« verunglimpft, sondern gilt als »männermordender Vamp«. Um sich aus dieser weiblichen Zwangslage zu befreien, hilft neben der klaren Ansprache gegenüber missgünstigen Kollegen die maßvolle Fünfstücke-regel:

✓ *Tragen Sie nie mehr als fünf Schmuckstücke! Ehering und Uhr werden mitgerechnet, die Ohrringe einzeln. Als verheiratete Frau bleibt Ihnen demnach ein weiteres Schmuckstück, als Single haben Sie zwei weitere Preziosen zur freien Verfügung!*

Sie wünschen mehr Details? Dann verweise ich Sie ganz unumwunden an die Kolleginnen und Kollegen der schreibenden Zunft. Sei es in der Benimmliteratur, seien es die Expertinnen im Bereich Mode. Ob »Elle«, ob »Vogue« oder »Brigitte«, das dortige Know-how en Detail übersteigt das meinige bei Weitem. Da bin ich ehrlich!

✓ *Bei aller Notwendigkeit zur Konformität, bleiben Sie als Person erkennbar. Bilden Sie Ihren eigenen Geschmack!*

Erinnern Sie sich noch an die »grauen Herren« aus Michael Endes Roman »Momo«? So grau sollten Sie nun doch nicht werden, weder als Mann noch als Frau! Dazu gehört neben der ausführlich beschriebenen Akzeptanz der Rollenerwartungen im beruflichen Kontext vor allem eines: der Spaß daran, sich gut zu kleiden und sich ästhetisch weiterzubilden. Dazu bedarf es der Bereitschaft, den eigenen Blick für die Nuancen im Uniformen schulen zu wollen, ohne mit den konventionellen Regeln zu brechen. Sie müssen ja nicht gleich meine roten Strümpfe tragen.

Und eines noch zum Abschluss: Nur weil Herr Obermeier – Sie wissen, der erfolglose und geschmacklos gekleidete Vertriebsmitarbeiter – den »Schuss des guten Geschmacks« noch nicht vernommen hat, gibt es keinen Grund, ihn weniger freundlich zu behandeln als den erfolgreichen Herrn Tönnies aus der Marketingabteilung, nur weil der mit dem Naturtalent gesegnet ist, unterschiedliche Farben, Muster und Stoffe so stilsicher zu kombinieren, dass man vor Neid erblasst!

»Vorsicht! Kunde droht mit Auftrag!« – Von Königen und Dienern

Die Globalisierung hat – das darf man mit Fug und Recht behaupten – die Welt verändert. Man könnte sich lange darüber streiten, ob sie Fluch oder Segen ist, da sind die Auffassungen doch recht unterschiedlich. Eine segensreiche Veränderung hat der ihr innewohnende verschärfte Wettbewerb auf alle Fälle mit sich gebracht: den unaufhaltsamen Rückzug der »lustigen Bürosprüche«.

War man in früheren Zeiten noch »auf der Arbeit und nicht auf der Flucht«, haben die Sorgen um den eigenen Arbeitsplatz so manchen etwas schneller arbeiten lassen, als das in der Vergangenheit der Fall war. Auch die telefonische Begrüßung »Was kann ich gegen Sie tun?« fristet mittlerweile ein Nischendasein. Überhaupt erinnern die meisten Arbeitsplätze in unserer Republik nicht länger an »private Kalauersammlungen«, oder wann sind Sie das letzte Mal in Ihrem Büro Sätzen wie »Ich habe gerade Zeit! – Wo gibt es nichts zu tun?« oder »Ich liebe meinen Job; es ist die Arbeit, die ich hasse!« begegnet?

Egal. Unabhängig davon, ob Sie immer noch auf einer Insel der Glückseligen leben und arbeiten, wo man dem anderen zu seinem Geburtstag mit »Herzlichen Glühstrumpf!« gratuliert und sich meditativ an der abgewandelten Aussage Descartes »Ich denke, also bin ich hier falsch« erfreut oder ob die lustigen Sprüche (»Vorsicht, Kunde droht mit Auftrag!«) mittlerweile zugunsten der Verhaltensrichtlinien Ihres international agierenden Arbeitgebers gewichen sind – Kunden drohen nicht, Kunden wird der rote Teppich ausgerollt!

In einer Welt, in der Kunden Könige sind und Dienstleister Diener, müssten die Auftragsbücher schon äußerst üppig gefüllt sein, um den König als Bedrohung zu empfinden. Doch so ganz ungetrübt ist das Verhältnis zwischen »Herr und Diener« nun auch nicht, gleich, auf welcher Seite man steht. Und tatsächlich stehen wir selbst ja mal auf der einen, mal auf der anderen, sind mal König und ein andermal Diener. Nicht immer glückt der damit verbundene Rollenwechsel, nicht immer gelingt es uns, die Glacéhandschuhe des Dieners und die Krone des Königs mit der Würde zu tragen, die das jeweilige Amt mit sich bringt.

Vielleicht liegt das ganz einfach daran, dass uns das Wörtchen Dienstleistung mehr Probleme bereitet, als wir es uns zugestehen, dass wir uns allzu oft als Knechte behandelt fühlen und gleichzeitig wie Despoten auftreten. Diesem Missverständnis müsste doch beizukommen sein! Als guten Demokraten dürfte uns die Würde eines jeden einzelnen Menschen mehr am Herzen liegen als die Restaurierung einer »dekadenten Ständegesellschaft«, oder nicht?

Schließlich leben wir doch in einer freiheitlich-demokratischen Gesellschaftsordnung, deren fester Bestandteil das marktwirtschaftliche Prinzip ist. Nach diesem sollte jeder Mensch –

seinen Neigungen und Talenten entsprechend – die Möglichkeit haben, anderen Menschen auf gleicher Augenhöhe zu begegnen. Der Marktmechanismus soll Machtgefälle beseitigen und Leistung belohnen. Hierzu bedarf es der gegenseitigen Wertschätzung der Marktteilnehmer, der Erkenntnis, welche Bedürfnisse der andere hat, und der Fähigkeit, diesen Wünschen zur Zufriedenheit des Marktpartners zu entsprechen. Eine Auffassung, die sich im »Davoser Manifest« aus dem Jahre 1973 im Hinblick auf die Bezugsgruppen eines Unternehmens wie folgt liest: »Das Management muss dem Kunden dienen. Es muss die Bedürfnisse des Kunden befriedigen und den besten Wert geben. Wettbewerb der Unternehmen untereinander ist die allgemein üblich Methode, um sicherzugehen, dass der Kunde den besten Wert und die größte Auswahlmöglichkeit erhält.«

Richten wir unsere Blicke also dorthin, wo sich die Marktteilnehmer unmittelbar begegnen, wo die tatsächliche Kommunikation stattfindet, wo Waren und Dienstleistung getauscht werden und jeder auf die Befriedigung seiner Wünsche und Bedürfnisse zielt: den Markt!

Märkte unterscheiden sich voneinander. Doch die dort wirkenden Prinzipien unterscheiden sich nur unwesentlich. Ob Sie Ihren Kunden auf dem Wochenmarkt vergammeltes Gemüse und Obst zu horrenden Preisen anbieten oder bei eBay defekte Elektronikware oder gefälschte Modemarken verhökern – nachteilige Konsequenzen werden nicht ausbleiben, wohl aber die Kunden. Wer schlechte Ware zu überteuerten Preisen verkauft und darüber hinaus die nötige Wertschätzung seines »Tauschpartners« vernachlässigt, kann seinen realen Marktstand genauso schnell abbauen, wie er sich auf die Suche nach einem neuen Nickname in der virtuellen Welt begeben muss!

Selbst dann, wenn wir uns selbst und den anderen Marktteil-
nehmern ausreichend viel Verstand und ausreichend wenig
kriminelle Energie unterstellen, lässt sich noch so einiges
falsch und vieles richtig machen auf den Märkten, in denen
wir uns bewegen. Sei es als König, sei als Diener!

Fragen wir zu Beginn einen, der genug marktwirtschaftliche Erfahrung besitzt, um uns daran teilhaben zu lassen.
Peter Langner ist seit über 40 Jahren Verkäufer. Er arbeitet
im Kauhof in Essen, in der Kurzwarenabteilung. Für ihn ist
das Verkaufen »der Dienst am Kunden«. Und die Leitmaxime
dieses Dienstes beschreibt der »alte Hase« im Wirtschaftsmagazin »brand eins« so: »Der Kunde ist König, für den König bin
ich da. Ich erwarte aber, dass er sich auch wie ein König be-
nimmt. Ein bisschen Anstand, mehr verlange ich nicht. Das
fängt schon bei der Begrüßung an. Ich sage ja auch nicht:
Guten Tag, Du Idiot.«

> ✓ *Wer als Kunde in die Fußstapfen der Könige tritt, der sollte*
> *nicht nur die damit verbundenen Rechte für sich ableiten, son-*
> *dern auch die damit verbundenen Pflichten wahrnehmen. Wer*
> *nicht in der Lage ist, seine Mitmenschen zu grüßen oder sie so-*
> *gar wie Idioten behandelt, der sollte zu Hause bleiben und noch*
> *ein wenig König sein üben!*

Keinem beruflichen Stand wird so misstrauisch begegnet wie
dem der Verkäufer, weil es einige unter ihnen gibt, die »das
Bild der Mutter zur Wand zu drehen«, weil sie die Wahrheit
beugen, wo es nur geht, wenn sie ihre Waren an den Mann
und die Frau zu bringen versuchen. Doch wie den Königen
in früheren Zeiten liegt auch den Kunden der Neuzeit nicht
immer etwas an der so oft propagierten Ehrlichkeit – schon

immer ging es den Überbringern schlechter Nachrichten als Erste an den Kragen.

Daran hat sich nichts geändert. Welcher moderne König möchte schon hören, dass der gerade vor dem Spiegel begutachtete Mantel »unmöglich aussieht«, welche Königin, dass das automobile Objekt ihrer Begierde eine schlechte Beschleunigung aufweist? Könige und Königinnen sind eitel. Wer diese Eitelkeit bedient, wer dem zögernden Kunden bescheinigt, in dem einen Mantel »angezogener« auszusehen als im anderen Modell, wer erkennt, dass die Beschleunigung auf der Prioritätenliste seiner adeligen Kunden erst weit unten auftaucht, der macht sich und andere zufrieden!

Und Könige sind unersättlich. Haben sie ihren Diener erst einmal willfährig gemacht, kennen ihre Bedürfnisse und erlesenen Wünsche kaum noch Grenzen. Diese Maßlosigkeit bekam unlängst ein exklusives Feriendomizil zu spüren, dessen solvente Klientel für ihren siebenstelligen Mitgliedsbeitrag immer ausgefallenere Forderungen geltend machte, so dass eine Weiterführung der »paradiesischen Ferienetablissements« schlichtweg nicht mehr möglich war.

Doch auch dann, wenn Sie es mit einer weitaus weniger betuchten Kundschaft zu tun haben, legen Sie die Messlatte bloß nicht zu hoch! Wie war das noch mit dem kleinen Finger und der ganzen Hand? Herrscher sind wie kleine Kinder. Beide lassen Sie am langen Arm verhungern, wenn Sie nicht beizeiten ein klares und deutliches Nein an sie richten. Es haben bereits genug Diener eine berufliche Neuorientierung suchen müssen, weil sie ihrem König nicht vermitteln konnten, was möglich ist und was eben nicht!

✓ *Ein kompetenter Diener kennt seinen Herrn.*

Gute Verkäufer kennen ihre Kunden. Ihnen ist wenig fremd. Kein Wunsch, aber vor allen Dingen nicht ihre eigene Ware. Nur wer weiß, was er wem anbieten kann, stellt den König und sich selbst gleichermaßen zufrieden. Wer wirklich gut ist, der kennt die »Lebensräume« seiner Kunden. Der weiß, dass jemand, der gerne kocht und nach einer neuen Pfanne sucht, womöglich auch Interesse an einem guten Öl, entsprechendem Besteck und besonderen Zutaten hat. Wer nicht, wie Herr Langner, das Glück hat, in einem Kaufhaus zu arbeiten und den Kunden eine entsprechende Wegbeschreibung mit auf den Weg geben kann, wo was zu finden ist, der sollte sich nicht scheuen, die Suchenden an das kleine Feinkostgeschäft an der nächsten Ecke oder gar an die Konkurrenz zu verweisen. Diese Art von hilfsbereiter Kompetenz wird von Königen geschätzt und erhöht die Wahrscheinlichkeit, selbige bald wieder begrüßen zu dürfen!

✓ *Ein souveräner Diener kennt die Launen seines Herrn.*

Jeder von uns steht schon mal mit dem falschen Fuß auf, hatte einen anstrengenden Tag, oder ihm fehlt grundsätzlich die von meinem Urahn geforderte Gabe, »sich gleich bei der ersten Bekanntschaft vorteilhaft darzustellen, mit Menschen aller Art zwanglos sich ins Gespräch einzulassen und bald zu merken, wen man vor sich hat und was man mit jedem reden könne und müsse«.

Dies alles sollte jedoch weder Diener noch Könige dazu verführen, ihre Miesepetrigkeit und/oder mangelnde Gleichmütigkeit im Umgang mit anderen an jenen auszulassen. Hier gilt es, sich und seine Laune zu zügeln und nicht sofort an der Übellaunigkeit des Gegenübers zu verzweifeln. Machen Sie es doch wie Peter Langner: »Manchmal koche ich innerlich, aber ich verziehe nicht das Gesicht. Nach getaner Arbeit gehe ich in meinen Garten und brülle: Arschloch!« Das hilft, Magengeschwüre zu verhindern, garantiert!

In vielen Luxusgeschäften, insbesondere in Deutschland, beschleicht mich bisweilen das Gefühl, dass das Verhältnis zwischen Dienern und Königen ein wenig durcheinandergeraten ist. Da stehen Dienerinnen wie Königinnen einsam in ihren repräsentativen Verkaufsräumen, weil sich die königliche Dienerschaft kaum traut, in die heiligen Hallen des »Königreiches Luxus« einzutreten. Gut, ein wenig Snobismus muss man als König Kunde schon aushalten, wenn man dem gestrengen Blick der stolzen Dienerinnen genügen will, aber ein wenig zuvorkommender dürfte es schon sein, will man seine stolze Rolle als Königin auf Dauer spielen …

Einer meiner Freunde hat neben seinem Studium in einem Kaufhaus in Düsseldorf in der Elektroabteilung gearbeitet. Er verkaufte Fernseher, Stereoanlagen, DVD-Player und Ähnliches – kurz, das gesamte Portfolio der Unterhaltungselektronik. Er gehörte zu den besten Verkäufern seiner Abteilung. Vermutlich, weil er eine leidenschaftliche Beziehung zu seinen Produkten und Kunden pflegte. Selber Cineast und Musikliebhaber, waren ihm weder die Wünsche der Kunden noch die Möglichkeiten seiner Produkte fremd. »Man muss die Menschen genauso lieben wie die eigenen Produkte«, sagte er einmal zu mir. »Für Menschenfeinde und solche, denen egal ist, wem sie was verkaufen, muss dieser Job die Hölle sein, für mich ist er eine tägliche Herausforderung!« Noch heute kommen die Kunden in »seine« Abteilung und fragen nach ihm.

Wer einen solchen Eindruck hinterlässt, der bindet die Menschen an sich, an den erinnert man sich gerne. Weil der

Fernseher noch läuft, ein DVD-Player her muss oder der alte
Toaster leider den Geist aufgegeben hat!

✓ *Verkaufen ist intensive Beziehungspflege – gegenüber seinen*
  Kunden, Produkten und Dienstleistungen – nicht mehr, aber
  keinesfalls weniger!

»Das Peter-Prinzip« – Über Vorgesetzte und Mitarbeiter

Jedem von Ihnen, der bereits ein Führungs- oder Kommunika-
tionsseminar besucht hat, dürfte das »Peter-Prinzip« bekannt
sein. Für alle anderen möchte ich es kurz erläutern. Es ist nach
seinem Schöpfer Laurence J. Peter benannt, der im Jahre 1969
zusammen mit seinem Partner Raymond Hull das Buch »The
Peter Principle« veröffentlichte.

Auf den kürzesten Nenner gebracht lautet das erwähnte
Prinzip wie folgt: »In einer Hierarchie neigt jeder Beschäftig-
te dazu, bis zur Stufe seiner Unfähigkeit aufzusteigen.« Den
beiden Autoren gilt ihre Beobachtung als allgemeingültiges
Prinzip jeder hierarchisch strukturierten Organisation. In
dem Moment, in dem alle Positionen mit Mitarbeitern besetzt
sind, die inkompetent sind, die mit der Position verbundenen
Aufgaben auszuführen, führt das Peter-Prinzip – konsequent
zu Ende gedacht – zum Zusammenbruch jeder Organisation!
Ein Rückblick auf meinen eigenen beruflichen Werdegang –
insbesondere auf jenen Teil in der New Economy – verschaffte
mir eine ausreichende Anzahl von Indizien, dass Peter prinzi-
piell nicht ganz falsch mit seiner Erkenntnis liegt. Das jedoch
nur am Rande …

Aus Sicht all jener Mitarbeiter, die mit ihren Vorgesetzten unzufrieden sind, dient das Peter-Prinzip immer wieder als Argumentationshilfe, wenn es wieder einmal die Unzulänglichkeiten von Chef oder Chefin zu brandmarken gilt. Und tatsächlich scheint ja die Beziehung zwischen Mitarbeitern und Vorgesetzten zu den schwierigsten, kompliziertesten und konfliktträchtigsten zu gehören, die der berufliche Alltag zu bieten hat. Da das Peter-Prinzip jedoch für jeden Mitarbeiter – also nicht nur für Führungskräfte – gilt, würde man es sich zu einfach machen, wenn man die alleinigen Schuldigen der unternehmensinternen »Kompetenzstruktur« lediglich in Führungsetagen vermutete! Sie kennen sicherlich alle ebenso viele unfähige Kollegen, wie Sie kompetente Führungskräfte kennen. Muss ja, sonst existierten ja nach Peter und Hull ohnehin keine Unternehmen mehr!

Was jedoch feststeht: In deutschen Unternehmen ist immer noch zu häufig die fachliche Kompetenz das entscheidende Kriterium für eine Beförderung in Führungsverantwortung. Die ebenfalls notwendigen Führungskompetenzen im Sinne von sozialen Kompetenzen, wie sie für das »Komplettpaket Führung« bitter nötig sind, werden in einer Vielzahl von Unternehmen noch immer sehr stiefmütterlich behandelt. Laut einer aktuellen Studie zum Thema Führungskompetenz beruhen nicht weniger als 80 Prozent aller Managementfehler auf mangelnder Führungskompetenz. Wenn die Kandidaten den Umgang mit schwierigen Mitarbeitern, »low-performern«, Konflikten und gruppendynamischen Prozessen bereits mit der »Muttermilch eingesogen« haben, prima! Wenn nicht, auch nicht weiter schlimm.

So kommt es natürlicherweise nicht von ungefähr, dass so mancher Mitarbeiter und Vorgesetzte stets aufs Neue wie der sprichwörtliche Ochs vorm Berg stehen, wenn der gemeinsame konstruktive Umgang mal wieder auf dem Spiel steht! Vielleicht können ja die folgenden Hinweise helfen, den Berg ein wenig abzuflachen und aus dem Ochsen eine Bergziege zu machen.

Selbst in der steilsten aller denkbaren Hierarchien, der Ständegesellschaft des 18. Jahrhunderts, mutmaßte Adolph Freiherr Knigge in seinem Kapitel »Über den Umgang zwischen Herr und Diener«, dass man sich als Herr die »freiwillige Folgsamkeit seiner Diener erwerben« müsse. Fachliche und disziplinarische Befugnisse reichen eben nicht aus, um seine Mannschaft hinter sich zu bringen. Ein paar weitere Tugenden müssen es schon sein, um sich die Akzeptanz seiner Mitarbeiter zu sichern! Das gilt in einer Gesellschaft wie der unseren, in der wir nicht mehr blindlings von einem allgemein verbindlichen Wertekodex ausgehen können, umso mehr.

✓ *Als Führungsverantwortliche sollten wir uns immer wieder vor Augen halten, wie sehr unser Glück und Geschick von den Bewertungen und Einschätzungen unserer Mitmenschen abhängt!*

Psychologische Studien zeigen, dass Menschen um ihrer selbst willen anerkannt und nicht als bloßes Mittel im Sinne von Humankapital betrachtet werden wollen. Eine Erkenntnis, die auch Adolph Freiherr Knigge im 18. Jahrhundert bereits den »Herren« ins Stammbuch schrieb, als er diese vor den Konsequenzen mangelnder »Folgsamkeit« warnte und ihnen zu einem geänderten Verhalten riet, wenn ihnen an der Akzeptanz ihrer Bediensteten gelegen sei: »Wenn sie mit aller Aufmerksamkeit kein freundliches Wort von Dir gewinnen können –

Geradheit, Redlichkeit, wahre Menschenliebe, Würde und Konsequenz in unseren Handlungen zu zeigen, das ist das sicherste Mittel uns allgemeine Achtung zu erwerben.«

Alle Welt redet von wertschätzendem Verhalten, von respektvollem Umgang und gutem Benehmen. Wie sieht das eigentlich in Ihrer Abteilung aus? Haben Ihre Mitarbeiter die Chance auf ein freundliches Wort von Ihnen? Wissen sie, woran sie bei Ihnen sind? Taugt Ihr eigenes Verhalten zu Nachahmung? Sind Ihre Mitarbeiter für Sie mehr als die »cash-cows« der Betriebswirtschaftslehrbücher? Kann man sich auf Ihr Wort verlassen? Sie sind gar keine Führungskraft? Nun, macht ja nix. Wie würden Sie denn aus Ihrer Perspektive als Mitarbeiter das Verhalten Ihrer Vorgesetzten bewerten?

Ich erinnere mich gut an ein Gespräch mit einer Führungsverantwortlichen, die sich – wie sie sagte – mit den »basics« der Manieren hinsichtlich Ihres eigenen Verhaltens im Team auseinandersetzen wollte. Lange dauerte die Auseinandersetzung indes nicht. Denn bereits das erste Kernelement, die freundliche Begrüßung eines jeden ihrer zwanzig Mitarbeiter, fehlte. »Ich beschloss, das zu ändern. Von nun an ging ich jeden Morgen in die Büros meiner Mitarbeiter und begrüßte sie! Am Anfang waren die richtig verwirrt, so nach dem Motto: Was ist denn mit der los? Die will doch irgendwas von uns, dem Braten traue nicht. So unbegründet ihr Misstrauen war, übel nehmen konnte ich es ihnen nicht, schließlich hatte ich in punkto gelebtem respektvollem Umgang bisher noch nicht eine allzu weite Strecke zurückgelegt ...«

✓ *Werfen Sie doch auch mal einen Blick auf Ihre »basics«! Wie weit kommen Sie selbst, wenn es sich um die Fragen nach Wertschätzung, Respekt und Manieren dreht?*

Der Einstieg wäre geschafft. Doch wer die Grundlage der Manieren kennt, der kommt nicht umhin, sich weiterführende Fragen zu beantworten. Auf geht's!

– Kennen Sie eigentlich Ihre Mitarbeiter? Wissen Sie um ihre Potenziale? Wissen Sie, was Frau Mummelthey noch zu leisten imstande wäre? Was Herr Schuster noch zuzumuten ist?
– Wann haben Sie das letzte Mal persönlich mit Ihren Mitarbeitern geredet – abseits der jährlichen Mitarbeitergespräche?
– Ist es für Sie zwar einfach, mit der systematischen Selbstüberschätzung von Herrn Dr. Klebes umzugehen, aber das ständige »sich dümmer machen, als sie ist« von Frau Nolle bringt Sie auf die sprichwörtliche Palme?
– Wie gehen Sie mit dem aggressiven Verhalten von Frau Dietrich, wie mit den Machtspielchen von Herrn Kruska um, und wie reagieren Sie auf die sich wiederholenden Unwahrheiten von Herr Specht?
– Betreiben Sie eigentlich eine »Politik der offenen Tür«? Und wenn ja, welcher Mitarbeiter hat zuletzt davon Gebrauch gemacht?
– Sprechen Sie auch über persönliche Themen mit Ihren Mitarbeitern, oder verstehen Sie sich nicht als »Seelenklempner«?

Es hilft beizeiten, sich nicht nur diese oder ähnliche Fragen zu stellen, sondern ebenfalls die entsprechenden Antworten zu geben. Zumindest dann, wenn Sie vermeiden wollen, dass Ihnen die »Beziehungsebene« aus dem Ruder läuft. Denn so ehrenhaft der Verweis in vielen Ratgebern und Seminaren ist, den Umgang stets auf die Sachebene zu lenken, hilft uns dies in der Hitze unserer alltäglichen emotionalen Gefechte oft nicht weiter!

✓ *Vergegenwärtigen Sie sich doch mal, wie viel Zwischenmenschliches sie tatsächlich im beruflichen Alltag zulassen, wo es zwackt, was Sie bereits unternommen haben, um das Zwacken zu mildern, was Sie noch unternehmen könnten und wer Ihnen möglicherweise dabei helfen könnte!*

TEIL III
KOMMUNIKATION UND KONVERSATION

PLAGE ODER VERSTÄNDIGUNGSMITTEL? –
ÜBER HANDYS, BLACKBERRYS UND NETIQUETTE

Der Schlachtruf »Seid bereit! Immer bereit!« der Jung- und
Thälmannpioniere ist in unseren Breitengraden zwar seit ge-
raumer Zeit verhallt, unsere Lust an der Bekundung dauer-
hafter Bereitschaft ist hingegen ungebremst. Keine Spur mehr
von den »Helfern und der Kampfreserve der Partei«, viele
Spuren hingegen von den »Helfern und der Kampfreserve der
ungebremsten Kommunikation«. Überall, wo wir hinschauen,
in Bussen, Bahnen, Zügen, Kaufhäusern, Restaurants, Kneipen, im Theater oder Kino und sogar auf Hochzeiten und Be-
erdigungen kommunizieren sich die Menschen die Seele aus
dem Leib. Wer würde sich da noch an die Zeiten erinnern,
als kleine Sanduhren auf den heimischen »Telefontischchen«
standen, die Anfang und Ende einer sechseinhalbminütigen
Telefoneinheit markierten, als die Telefonzellen noch gelb
waren, Faxgeräte im Privathaushalt eine Rarität darstellten
und eine drollige extraterrestrische Figur namens E.T. eine
komplette Spielfilmlänge benötigte, um endlich »nach Hause
zu telefonieren«? Relikte einer längst vergessenen Zeit.

Die Zeiten, in denen Handys zu den Ausnahmeerschei-
nungen gehörten, damals, als stolze First Mover (so nennen
»Marketingmenschen« diejenigen, die stets als Erste die jeweiligen technischen Neuerungen ihr Eigen nennen) noch ihre
kiloschweren Geräte in die Restaurants schleppten und man-
gels persönlicher Anrufe Dienstleistungen orderten, die das
eigene Gerät klingeln ließen, sind längst vorbei. Wer heute
kein Handy besitzt, der gehört wirklich zu den bedrohten Arten.
Dasselbe gilt für alle, die Blackberrys für Brombeeren oder DSL
für ein Logistikunternehmen halten. Und wer noch nichts von

E-Mails oder SMS gehört hat, der lebt vermutlich außerhalb des globalen Dorfes als hinterwäldlerischer, Briefe schreibender »Kommunikationseremit« und erfreut sich der göttlichen Ruhe, frei von Elektrosmog, Dauerklingeln, Quasselstrippen, Spams und sonstigen Errungenschaften der unbeschränkten Freiheit zur Kommunikation.

Für alle Bewohner des globalen Dorfes, mich eingeschlossen, schadet es bisweilen nicht, einmal kurz innezuhalten und zu überlegen, wo die vielfach beschworene und in Anspruch genommene Kommunikationsfreiheit möglicherweise an ihre Grenzen stoßen sollte. Ganz im Sinne des allgemeinen kommunikativen Friedens! Sind Sie bereit?

»DU BRAUCHST NICHT SO ZU SCHREIEN!« – DAS MOBILE TELEFON

Wenn man Bücher schreibt, so wie ich das tue, kommt man nicht umhin, sich auch mit anderen Medien zu beschäftigen. Dann hat man bisweilen sogar das Glück, sich im Fernsehen über das eigene Anliegen äußern zu können und das dazugehörige Buch in die Kamera halten zu dürfen. Doch nicht immer sind diese Auftritte ein Vergnügen, nicht immer handelt es sich tatsächlich um ein Privileg, Fragen rund um die »kleinen gesellschaftlichen Unschicklichkeiten« beantworten zu dürfen. Und manches Mal bin ich schlichtweg erstaunt, welche Fragen die Menschen beschäftigen. Da ich mir jedoch geschworen habe, nicht mehr die vermeintliche Dummheit der Fragen zu bewerten, sondern mich stattdessen um kluge Antworten zu bemühen, lasse ich mich nicht mehr überraschen.

Einmal wurde ich in einer Fernsehsendung gebeten, eine im Studio nachgespielte Szene im Hinblick auf das beobachtbare Verhalten zu kommentieren. Ein junges Pärchen saß an einem Tisch im Restaurant. Er hatte sein Handy direkt neben sich liegen und nahm, als es klingelte, ohne zu zögern, ohne Rückfrage, Erklärung oder Entschuldigung ab und telefonierte. Im Ernst!

Geht es hier tatsächlich noch um die Frage, ob das Verhalten des jungen Herrn höflich oder unhöflich ist? Diese dürfte wohl relativ schnell zu beantworten sein: Das Verhalten ist natürlich unhöflich! Doch wie sähe ein höfliches Verhalten aus, was gilt es, im Umgang mit unserem tragbaren Begleiter zu beachten?

✓ *Seit Erfindung und Benutzung des Telefons im Jahre 1875 hat sich in der technischen Entwicklung einiges getan: Niemand braucht daher zu Beginn des 21. Jahrhunderts in sein Mobiltelefon zu schreien! Es sei denn, sein Gesprächspartner ist schwerhörig.*

✓ *Sich beim Bezahlen, dem Einsteigen in ein Taxi oder gar beim Bestellen im Restaurant gegenüber dem leibhaftig Anwesenden mit Zeichensprache zu verständigen, weil noch ein dringender Anruf geführt werden muss, ist schlicht unhöflich.*

»Multitasking« mag zu den postmodernen Errungenschaften des mobilen und überall erreichbaren Individuums gehören, doch noch immer gilt die alte Weisheit: eins nach dem anderen!

✓ *Inflationäre Verfügbarkeit führt zu Austausch von Nichtigkeiten.*

Wer es gewohnt war, für das Ferngespräch mit der Tante aus Amerika ein Vermögen auszugeben, der überlegte sich genau, was er zu sagen hatte. Überlegen wir uns doch – auch in Zeiten von Flatrates –, was es wirklich zu sagen gibt, und ob es für alle anderen Zuhörer im Supermarkt, in Bus oder Bahn von gleichem Interesse ist!

✓ *Es gibt eine großartige Funktion mit dem Namen Vibrationsalarm.*

Ich weiß, für Anhänger des »verrückten, schrillen und individuellen Klingeltons« natürlich eine absolut inakzeptable Lösung. Für alle, die hingegen ihre eigenen Nerven und die ihrer Mitmenschen schonen möchten, eine höfliche Alternative zur »Jambaisierung« des akustischen Alltags.

✓ *Befreien Sie sich vom Druck der Erreichbarkeit!*

Handys haben uns ängstlich werden lassen: Jeder Anruf könnte der wichtigste unseres Lebens sein! Wenn es schon keine autofreien Sonntage mehr gibt, ermöglichen Sie sich doch einfach Ihren persönlichen handyfreien Tag. Schalten Sie das Ding ab! Und wenn Sie dazu nicht den Mut haben, weil der nächste Anruf Ihnen den Diebstahl Ihres Autos oder gar den lang ersehnten Lottogewinn verkünden wird, dann schauen Sie wenigstens nicht alle fünf Minuten auf Ihr Display!

Dies sollte jedoch nicht bedeuten, Ihr Handy grundsätzlich abzuschalten. Sobald Sie dem »Klub der Erreichbaren« beitreten – denn genau dies tun Sie mit dem Erwerb eines Handys –, dann sollte es Ihnen gelingen, in mindestens einem von zehn Fällen den ankommenden Anruf auch anzunehmen!

> ✓ *Schnelle Erreichbarkeit durch den Besitz eines Handys zu suggerieren und dann schwerer erreichbar zu sein als der Papst ist ebenso unhöflich wie die sklavische Abhängigkeit von seinem mobilen Telefon!*

Schalten Sie Ihr Handy doch wenigstens in solchen Fällen ein, wo die gegenseitige Erreichbarkeit sehr wahrscheinlich »lebensnotwendig« wird. Wer sich schon einmal im Gedränge des Kölner Karnevals, des Oktoberfestes oder in fremden Städten aus den Augen verloren hat, der weiß bestimmt, wovon ich spreche!

Es gibt aber auch Anlässe im gesellschaftlichen Leben, bei denen das Handy unbedingt ein Schattendasein führen sollte, und jeder, der sich darüber hinwegsetzt, um im Schatten der jeweiligen Veranstaltung hell zu strahlen, kann sich kollektiven Kopfschüttelns, böser Blicke und eindeutiger Unmutsbezeugungen zu Recht sicher sein. Wessen mobiles Telefon sich jemals im Theater oder während einer Trauung Gehör verschafft hat, der kann sich vermutlich noch an die Hitzewallungen erinnern, die in seinem Körper aufstiegen, während er nervös in seinen Taschen nach dem Handy suchte, um die Aus-Taste zu betätigen. Es sei denn, Sie besitzen dieselbe Schmerzfreiheit wie ein ehemaliger Kollege von mir, der einst meinen Anruf entgegennahm und mir auf meine Nachfrage, warum er denn so leise spreche, eröffnete, er befände sich in der Kirche beim Trauergottesdienst zu Ehren seiner Großmutter, woraufhin ich kopfschüttelnd das Gespräch von mir aus beendete!

Es soll ja auch besonders gewiefte Zeitgenossen geben, die sich schlicht weigern, den Fettnapf als den ihren in Erscheinung treten zu lassen. Die, obwohl soeben der vertraute »James Bond-Klingelton« die Hochzeitszeremonie untermalt, keine Anstalten unternehmen, um dem Einhalt zu gebieten, und das zehnfache Klingeln einfach aussitzen, ohne sich als Besitzer des störenden Geräts zu erkennen zu geben. Wenn Sie als Sitznachbar in der Lage sind, das Klingeln eindeutig zuzuordnen, dann fragen Sie doch einfach mal ganz vorsichtig: »Wollen Sie nicht rangehen?«

✓ *Überhaupt: Scheuen wir uns nicht, unsere Mitmenschen auf Ihr unhöfliches Verhalten aufmerksam zu machen oder noch besser, sie bereits im Vorfeld darauf hinzuweisen, ihr Handy auszuschalten.*

Wer hätte nicht schon im Eifer des Gefechts das Selbstverständliche vergessen und war froh, dass der Nebenmann laut und deutlich verlauten ließ: »So! Dann wollen wir doch mal unser Handy ausschalten.« Wer sich Ihnen gegenüber immer wieder rüpelhaft verhält und während der gemeinsamen Unterhaltung zum dritten Mal an sein Handy geht – ohne seine Gründe zu erklären oder erklärt zu haben –, dem dürfen Sie beim vierten Mal auch durchaus ganz ungeniert mit den Worten »Diesmal lässt Du es aber klingeln, oder?« in die Parade fahren!

✓ *Wie oft Sie sich letztendlich bemüßigen, Anrufe anzunehmen oder selbst zu führen, das können nur Sie selbst entscheiden.*

Um jedoch Konfliktsituationen wie die obige auszuschließen, ist es stets ein Akt der Höflichkeit, den Anwesenden Ihre Gründe zu verdeutlichen und sich ebenso beharrlich jedes Mal für die von Ihnen initiierten Unterbrechungen aufrichtig zu entschuldigen. Niemand wird es Ihnen übel nehmen, wenn Sie

auf dringende Anrufe warten, weil Ihr Mann im Krankenhaus
liegt, Ihr Sohn heute eine wichtige Examensprüfung hat oder
Sie einen schwierigen Kunden besänftigen müssen, solange
Sie dies transparent machen!

✓ *Tun Sie sich keinen Zwang an! Legen Sie Ihr Handy im Restau-*
rant ruhig neben sich auf den Tisch.

Jedenfalls dann, wenn Sie einen wirklich wichtigen Anruf erwarten und Ihr Gegenüber davon in Kenntnis gesetzt und den
Vibrationsalarm eingestellt haben, wenn Sie nach Annahme
des Anrufs das Restaurant verlassen, um nicht in die Situation
zu kommen, während des Telefonats die Bestellung aufgeben
zu müssen. Und bitte: Schreien Sie draußen nicht die ganze
Straße zusammen …

»ES IST AUS ZWISCHEN UNS!« – DIE SMS

»Hat der nicht wirklich, oder?« »Per SMS? Das ist ja unmöglich!« Dass man mit Handys nicht nur telefonieren kann, sondern sich auch die Finger wund tippen, das wissen alle, die die
SMS-Funktion benutzen. Dass man sich auch den Unmut seiner Mitmenschen zuziehen kann, zeigen die obigen Zitate. Ich
würde sogar behaupten, dass sich die Menschen bei keinem
Medium so einig darüber sind, aus welchen Anlässen man auf
eine SMS zurückgreifen sollte und wann man es tunlichst zu
unterlassen habe! (Auch dann, wenn der eine oder andere
bisweilen durch Regelunkenntnis glänzt.) Über die Inhalte
einer »Textbotschaft« besteht ebenfalls grundsätzliche Einigkeit. Und dementsprechend eindeutig und leicht zu beherr-

schen ist der Grundlagenkatalog für das Schreiben kurzer Botschaften.

Die Zeichen für eine SMS sind begrenzt. Und wer für seine
Textbotschaft zwei SMS benötigt, der zahlt. Erstens für die nun
versendete zweite SMS und zweitens mit dem Verlust an gesellschaftlicher Achtung innerhalb der mobilen Community:
»Zwei SMS? Da kannst Du ja gleich anrufen!«

✓ *Als Faustregel gilt: Wer nicht mit der vorhandenen Anzahl an
  Zeichen auskommt, der sollte wirklich anrufen!*

✓ *SMS sollten entweder auf den Punkt informativ oder im weitesten Sinne witzig sein. Versuchen Sie daher nicht zu komplizierte
  Sachverhalte mitzuteilen, sonst greifen die Mechanismen aus
  dem vorhergehenden Punkt.*

Die Konversation per SMS kann kommunikative Endlosschlau-
fen erzeugen. Ein Wort gibt das andere, ein Geistesblitz jagt
den nächsten. Das kann Spaß machen, wenn Sie zu Hause auf
der Couch oder in der Bahn sitzen. Sollten Sie hingegen einem
Meeting folgen oder zum Abendessen eingeladen sein, beenden Sie Ihr kommunikatives Tête-à-Tête, bevor es jemand
anderes tut und Sie bittet, doch zur Abwechslung mal Ihren
Kopf zu heben!

Groß- und Kleinschreibung? Vergessen Sie es. Nichts dürfte
dem Sprachhüter Bastian Sick mehr gegen den Strich gehen
als die anarchische Sprachverwendung im SMS-Verkehr. Alles
ist erlaubt! Alles? Nein!

✓ *Auf die ausschließliche Verwendung von Kapitalen sollten Sie
  verzichten. DAS LIEST SICH IMMER SO, ALS WÜRDE MAN
  SCHREIEN!*

Bevor Sie den Eindruck bekommen, das Schreiben von Text-
botschaften auf Handys sei das letzte Refugium für Anarchis-
ten, muss ich Sie enttäuschen. Einiges geht nun wirklich gar
nicht per SMS! Was? Na, zum Beispiel, Beziehungen beenden
(»Doch! Hat der echt gemacht!«), Gäste zur Hochzeit einladen
(»Ja, per SMS! Aber wir gehen trotzdem hin, oder?«) oder andere wichtige Dinge. Der Verlust des Arbeitsplatzes oder eine
schwere Krankheit sollten doch eher Bestandteil eines persönlichen Gespräches sein. So informativ sie auch sein mögen, im
weitesten Sinne witzig sind SMS definitiv nicht!

»Verschickt ist verschickt!« –
Die elektronische Post

Mit dem Satz »Be liberal in what you accept, be conservative
in what you send« hat der 1998 verstorbene Internet-Pionier
John Postel eine tragende Säule der Höflichkeit auf wunderbare Weise auf den Datenaustausch im weltweiten Netz übertragen: Gelassenheit im Umgang mit den Verhaltensweisen
anderer bei gleichzeitig hohen Ansprüchen an das eigene
Verhalten. Doch wo hört die »Liberalität« bei der E-Mail auf,
wo fängt das »Bewahrenswerte« an? Wann beginnt uns die
Laissez-faire-Haltung unserer Mitmenschen gehörig auf die
Nerven zu gehen, und wann beginnen wir, an unserem eigenen konservativen Käfig zu basteln? Welche Wortwahl, welche
Inhalte, welche Reaktionszeiten sollten wir erwarten dürfen,
wenn wir uns gegenseitig auf das Terrain der elektronischen
Post begeben? Fragen über Fragen!

　　Und wo könnten wir auf diese, unsere Fragen zur »Netiquette« vernünftigere Antworten erhalten als im Internet

selbst? Also werfen Sie Ihren Rechner an, öffnen Sie Ihren Browser, und folgen Sie mir auf die Seiten von »Wikipedia«, der »freien Enzyklopädie«. Auch dann, wenn sich die Kritik an diesem digitalen Nachschlagewerk immer wieder aufs Neue entzündet – da in der Wikipedia-Welt immer jene die Wahrheit bestimmen, die am stärksten besessen sind und der Welt ihren Stempel aufdrücken wollen –, traue ich uns gemeinsam ein ausreichend kritisches Bewusstsein zu, den Wahrheitsgehalt dessen, was heute bei Wikipedia unter Netiquette verstanden wird, achtsam unter die Lupe zu nehmen.

In fünf Punkte gegliedert, umfasst die »Verfassung der digitalen Manieren« Hinweise zu den Schwerpunkten Zwischenmenschliches, Lesbarkeit, Technik und rechtliche Aspekte. Da ist von einem angemessen Tonfall und Inhalten, der Vermeidung von Doppeldeutigkeiten und Beleidigungen die Rede. Da werden orthografische Anforderungen formuliert und die maximale Zeilenlänge von 78 propagiert sowie an die Achtung des Urheberrechts erinnert.

Wie bei jeder Grundlage des respektvollen und wertschätzenden Umgangs braucht es noch einige Konkretisierungen für den perfekten Auftritt auf dem digitalen Parkett. Werfen wir uns also in Schale, um den Herausforderungen der digitalen Welt formvollendet zu begegnen, denn, so wusste schon Adolph Freiherr Knigge zu berichten: »Vorsichtigkeit ist im Schreiben noch weit dringender als im Reden zu empfehlen.«

✓ *»Bedenke, am anderen Ende sitzt ein Mensch«, lautet der übergeordnete Leitsatz der Netiquette und mahnt uns, den ersten Artikel unseres Grundgesetzes, nach dem die Würde des Menschen unantastbar ist, auch in unserem elektronischen Briefverkehr zur Anwendung zu bringen.*

Also, hüten Sie sich vor Beleidigungen und Beschimpfungen aller Art, überlegen Sie genau, wem Sie welches »lustige« Filmchen senden. Denn so manchem könnte das Lachen im Halse stecken bleiben, weil er bewusst oder unbewusst die Gefühle der Adressaten verletzt hat.

> ✓ *Jedes geschriebene Wort bietet noch weit größere Interpretationsmöglichkeiten als sein gesprochenes Pendant. Wählen Sie Ihre Worte sorgfältig, denn das geschriebene Wort verflüchtigt sich weniger schnell als sein gesprochener Verwandter.*

Gehen Sie auch mit Satzeichen behutsam um. Wer hinter jeden seiner Sätze ein Ausrufezeichen setzt, der tritt ähnlich sensibel auf wie die berühmte Axt im Walde. Ich erinnere mich an einen Vorgesetzten, der die angemessene Begrüßung »Lieber Herr …«, »Sehr geehrte Frau …« gerne durch »Schulze!« oder »Sabine!« ersetzte. Ein denkbar ungehobelter Einstieg in die schriftliche Konversation!

> ✓ *Sie müssen ja nicht als wandelndes Rechtschreib- und Grammatiklexikon durch die Gegend laufen und hinter jeder Ecke den Genitiv vermuten, der dem Dativ sein Tod sein könnte – den Grundlagen der deutschen Sprache sollten Sie jedoch zu ihrem Recht verhelfen.*

Und da unsere Sprache nun mal Groß- und Kleinschreibung kennt, sollten Sie diese auch in E-Mails zur Anwendung bringen. Das kurze Tippen auf die Hochstelltaste dürfen Sie sich auch unter Zeitnot zumuten. Auch das Komma steht keineswegs unter Artenschutz und darf ruhig gesetzt werden!

✓ *Jede E-Mail sollte mit einer vernünftigen Anrede beginnen und einer entsprechenden Verabschiedung enden.*

Natürlich unterscheiden sich hier die Regeln im Hinblick auf Ihre Adressaten. Doch die Erfahrung zeigt, dass eine allzu laxe Sprache im Kontakt mit Freundes- und Bekanntenkreisen sich unweigerlich auf offiziellere Kontakte übertragen kann. Wer seinen privaten Verteiler regelmäßig mit flapsigen oder zotigen Anreden »versorgt«, dem fehlen oftmals auch gegenüber anderen Personenkreisen die Worte. Da werden plötzlich »Sie« oder »Ihnen« klein geschrieben, das »Hallo« zum Standard und außer den »freundlichen Grüßen« fällt einem als Verabschiedung auch nicht mehr viel ein!

Immer wieder wird der gesunde Menschenverstand eingefordert. Bei so manchen Mails, die wir tagtäglich erhalten, scheint diese Forderung bei ihren Versendern vollends auf taube Ohren gestoßen zu sein. Intelligente Menschen, die sich bereits vor zwanzig Jahren über ihre Kinder lustig machten, als die um das Porto für die Weitersendung eines Kettenbriefs baten, leiten nun die ominösesten Weiterleitungsaufforderungen weiter, nur weil der Absender darauf verweist, dass das Unternehmen Microsoft eine Produktprüfung durchführe und jedem Weiterleitenden üppige Geldbeträge in Aussicht stelle!

✓ *Ebenso wie für das Handy gilt auch für die Entscheidung, am E-Mail-Verkehr teilzunehmen, dies auch wirklich zu tun.*

Erst seinen gesamten Bekanntenkreis über die eigene E-Mail-Adresse zu informieren, um sich einen Monat später darüber zu beschweren, warum man über die Wochenendaktivitäten der letzen vier Wochen nicht informiert wurde, ohne einmal ins eigene Postfach geschaut zu haben, wird Ihnen, abgesehen von lautstarkem Gelächter, wenig einbringen.

✓ *Schränken Sie Ihre digitale Goldgräbermentalität ein wenig ein!*

In manchen Verteilern bekommt man glatt das Gefühl, bestimmte Personen würden sich gar keiner anderen Beschäftigung mehr widmen, als das gesamte Internet nach lustigen Filmen, unsäglichen Seiten, komischen Bildern oder anderen Skurrilitäten zu durchforsten. Spätestens dann, wenn Sie jemand ganz direkt mit der Frage konfrontiert, ob Sie eigentlich nichts anderes zu tun hätten, sollten Sie einen Gang zurückschalten, wenn Sie nicht in den allgemeinen Ruf eines Faulpelzes kommen wollen.

✓ *Allen, denen die Sendefreudigkeit ihrer Mitmenschen auf die Nerven geht, empfehle ich, sich eine zweite E-Mail-Adresse zuzulegen und die witzigen Einfälle des Freundes- und/oder Kollegenkreises dorthin senden zu lassen.*

Wenn Sie Lust haben, können Sie sich diese ja am Ende der Woche anschauen oder endgültig löschen! »Arbeitsadressen« sollten für die Verwendung diskutabler Inhalte ohnehin tabu sein, haben doch die meisten Unternehmen eine Firewall, die grenzwertige Inhalte aussortiert – und dem Empfänger wird im Wiederholungsfall schon mal etwas genauer auf die Finger geschaut. Und das wollen doch weder Absender noch Empfänger, vorausgesetzt sie sind an einem guten Verhältnis interessiert …

»In der Kürze liegt die Würze!« Das gilt für das Schreiben gleich in einem doppelten Sinne:

✓ *Schreiben Sie keine »Romane«, sondern beschränken Sie sich auf das Wesentliche.*

Sie wissen selbst, wie anstrengend das Lesen am Bildschirm ist und wie sehr wir uns daran gewöhnt haben, mit »kleinen Häppchen« vorlieb zu nehmen. Wenn Sie also wirklich länger ausholen wollen, dann nehmen Sie doch einfach Stift und Papier oder »Word« und einen Drucker zur Hand.

✓ *Reagieren Sie kurzfristig.*

Spätestens nach 24 Stunden sollten Sie eingehende E-Mails beantwortet haben. Selbst wenn Sie die Wünsche oder Forderungen des Absenders nicht im selben Zeitraum erfüllen können, sollten Sie doch in der Lage sein, genau dies umgehend mitzuteilen.

Können Sie sich ein weniger geeignetes Medium zur Konfliktbewältigung vorstellen, als das Versenden von E-Mails? Dennoch werden viele Streitereien, aber auch existenzielle Konflikte vermehrt über den Versand von digitalen Briefen ausgetragen. Dies hat durchaus seine Gründe: Wer von uns hielte es nicht für verführerisch, seinem Ärger umgehend Luft zu machen, ohne dem anderen von Angesicht zu Angesicht die Meinung geigen zu müssen? E-Mails sind verführerisch. Sie lassen sich schneller schreiben als Briefe, und sie enthemmen uns, weil die physische Anwesenheit des Kontrahenten fehlt. Bezieht man darüber hinaus den bereits erwähnten Umstand ein, dass das geschriebene Wort zusätzliche Missverständnisse befördert, besitzen sie mindestens das Zerstörungspotenzial von Giftspritzen! Daher:

✓ *Egal, welchen Unverschämtheiten Sie ausgesetzt sind, schreiben Sie ruhig Ihre hasserfüllte Antwort. Lassen Sie es raus! Schlagen Sie hart und unerbittlich zurück! Sie werden sehen, Sie fühlen sich gleich viel besser. Danach speichern Sie die betreffende Mail unter »Entwürfe«, fahren den Rechner herunter, schlafen den Schlaf der Gerechten und löschen den Entwurf am nächsten Morgen.*

Denken Sie immer daran: Jede E-Mail ist ein zwischenmenschlicher Kontakt. Unsere Sprache bringt zum Ausdruck, welche Wertigkeit wir der jeweiligen Beziehung zumessen. Unser geschliffener Umgang mit dem geschriebenen Wort ist unsere persönliche Visitenkarte und eröffnet die Chance, das eigene Profil zu schärfen.

✓ *Werfen wir beizeiten einen kritischen Blick auf unsere schriftliche Ausdrucksweise. Es wäre in höchstem Maße höflich, so lange auf das Schreiben von E-Mails zu verzichten, bis wir das kleine Einmaleins der Netiquette auch wirklich beherrschen!*

WIE TREFFE ICH DEN »GUTEN TON«? – DIE KUNST DER KONVERSATION

Müsste man das Wesen der Lebensklugheit – also jener Tradition, in der auch Adolph Freiherr Knigge dachte, schrieb und zu handeln versuchte – beschreiben, dann könnte man

mit den Worten des Philosophen Wilhelm Schmids zusammen-
fassend sagen, dass die Lebensklugheit »das Wissen davon und
das Gespür dafür verkörpert, was nicht nur jeweils für mich gut
ist, sondern, was im sozialen Kontext gut ist«. Wer lebensklug
handelt, der hat sowohl seine eigenen Interessen als auch die
seiner Mitmenschen im Auge. Der lebenskluge Mensch kennt
die Grundlagen eines konstruktiven zwischenmenschlichen
Umgangs und weiß in der jeweiligen Situation die notwendigen Strategien zu ergreifen, um den Umgang zur Zufriedenheit beider Seiten zu gestalten.

Wer also nicht wie Robinson Crusoe auf einer einsamen Insel lebt, der kann nicht allein vor sich hinwurschteln, denn
sobald Freitag die Bühne betritt, kommt es darauf an, in der
Kommunikation und Konversation mit seinen Mitmenschen
zu bestehen. Und so muss ich immer wieder darüber schmunzeln, dass sich die Fernsehjournalistin Nina Ruge auf die Frage, welches Buch sie auf eine einsame Insel mitnehmen würde, für mein erstes Buch »Spielregeln – Wie wir miteinander
umgehen sollten« entschied. Lebensklugheit ohne sozialen
Kontext? Das ist schlichtweg paradox. Aber vermutlich rech-
net Frau Ruge damit, nicht den Rest ihres Lebens in Einsam-
keit zu verbringen.

Für alle Menschen, die im Austausch mit ihren Mitmenschen stehen, die sich in sozialen Kontexten bewegen, lohnt
es sich, einen Blick auf die Grundlagen der Konversation zu
werfen – also der Kunst, sich mitzuteilen und die Mitteilungen
seiner Mitmenschen anzuhören, zu verstehen, von ihnen zu
lernen und dies in den eigenen Handlungen zu berücksichtigen. Wie wichtig, ja, wie lebensnotwendig es ist, die Kunst der
Konversation zu beherrschen, macht das folgende Zitat Ludwig Feuerbachs auf wunderbare Weise deutlich: »Nur durch

Mitteilung, nur aus der Konversation des Menschen mit den Menschen entspringen die Ideen. Nicht allein, nur selbander kommt man zu Begriffen, zur Vernunft überhaupt.«

Das Gespräch, die Unterhaltung mit anderen, ist nicht notwendiges Übel, sondern die Wurzel der Ideen, der Einsicht, des Verstehens und der Erkenntnis. Lebenslanges Lernen durch die Konversation mit seinen Mitmenschen. Teilhabe am Ideenpool aller, persönliche Entwicklung durch gemeinschaftliche Verwicklung.

✓ *Spätestens ab heute gilt: Mund und Ohren auf, wenn Sie sich zur Geltung bringen und die Kunst beherrschen wollen, anderen zu gefallen!*

Seit dem 17. Jahrhundert verstehen wir unter Konversation das »gepflegte Gespräch«, während bis dahin die Vorstellung der Antike galt, dass die Konversation den gesamten menschlichen Umgang umfasse. Wir wollen uns in diesem Kapitel auf das moderne Verständnis konzentrieren, da die Gesamtheit des menschlichen Umgangs ja ohnehin fundamentaler Gegenstand dieses Buches ist.

Als ich im Vorfeld des Schreibens eine Reihe von Menschen befragte, was sie denn gemeinhin mit Konversation verbänden, fiel immer wieder das kurze und prägnante Wörtchen »Salon«. Werfen wir daher gemeinsam einen Blick auf die Vorstellungen der idealen Konversation, auf das Wesen der gleichermaßen zwanglosen, unterhaltsamen und intelligenten Unterhaltung. In unserer Fantasie drängen sich Bilder von Kaminen, Plüschvorhängen, galanten Gastgeberinnen, feinstem Porzellan, duftendem Tee und Gebäck, stilvoll gekleideten und perfekt parlierenden Menschen. Unterhaltungen, die nie abbrechen, in denen auf einen intelligenten Einwurf sogleich der nächste folgt, bei denen sich nicht in ein bestimmtes Thema verbissen wird, kleine Geschichten und wohldosierter Humor die Atmosphäre bestimmen, keiner das Gespräch an sich reißt und weder dumme Fragen noch Antworten Langeweile hervorrufen.

Ob es auf diese Weise jemals in den Salons zugegangen ist, lassen wir einmal dahingestellt sein, eines zeigt jedoch unser kleiner fantasievoller Ausflug in die Salons des 17. und 18. Jahrhunderts: Noch immer sind viele Menschen von den Vorstellungen einer idealen Gesprächssituation beseelt und wünschen sich, wenigstens einmal in ihrem Leben Teil eines form- und inhaltlich vollendeten Gesprächs zu sein. Weder bedrängt von den langweiligen Monologen der Arbeitskollegen in der Kantine, den standardisierten Phrasen der Nachbarn, den anzüglichen Witzen im Sportverein oder dem ewig lamentierenden Nörgler am Stammtisch. Wie schön wäre es, dem idealistischen Schwelgen eines Georg Philipp Harsdörffer eine reale Entsprechung zu geben: »Die freundlichen Gespräche sind gleich einer mit Klee und Blumen bewachsenen lustigen Wiese, auf welcher man mit freiem Gemüt nach Belieben ausspazieren mag, und zwar nicht mit gleichem Schritt, sondern nach eines jeden vermögenden Gang und Belieben.«

Nun aber genug der Träumereien, hinein in die heutige Wirklichkeit der Konversation und der mit ihr verbundenen Möglichkeiten, um die »Salonkultur« auch abseits von Kaminen, Gebäck und Kaffeetassen zum Leben zu erwecken! Doch bevor wir uns den »hohen Künsten« der Konversation zuwenden, betrachten wir die Kunst zu gefallen Schritt für Schritt. Und der erste Schritt, mit jemandem ins Gespräch zu kommen, ist landläufig die Begrüßung.

»Gestatten, ...« – Namen und Begrüssungsrituale

Die Begrüßung ist die erste Möglichkeit, seinem Gegenüber Respekt zu erweisen und ihn als Menschen wahrzunehmen. Wirft man einen Blick in die Etiketteliteratur, kommen einem bisweilen jedoch ketzerische Gedanken: Da werden einem in Form einer Vielzahl von genau zu beachtenden Regeln bereits so viele Knüppel zwischen die Beine geworfen, dass das eigentliche Ziel, einander mit Achtung zu begegnen, aus dem Blickfeld zu geraten droht. Da ist von höher gestellten Personen die Rede, die kraft ihres Alters, ihres Geschlechts, ihrer tatsächlichen oder vermuteten hierarchischen Position oder anderen Eigenschaften Vorrechte zu genießen scheinen. So manchem Besucher eines Etiketteseminars wurde durch die Menge an Regeln und ihrer Rangordnung untereinander so schwindelig, dass er vor lauter Unsicherheit über die »richtige Begrüßung« vergaß, sich überhaupt mit seinen Mitmenschen bekannt zu machen. Neben die Kategorisierung in höher und niedriger gestellte Personen tritt ja noch eine weitere Hürde: die richtige Anrede. Ein Thema, das mir zwar nicht in gesteigertem Maße am Herzen liegt, mit dem ich jedoch immer wieder konfrontiert bin. Bei jeder Vortrags-, Schulungs- oder Medienanfrage beginnt das Gespräch so: »Nur kurz vorab. Wie spreche ich Sie eigentlich richtig an?«

Obwohl der Adel in einer demokratischen Gesellschaft doch eigentlich nur noch eine Schimäre sein dürfte, ein Hirngespinst längst vergessener Zeiten, das es »eigentlich doch gar nicht mehr gibt«, wünscht sich fast jeder Aufklärung, wie man die Mitglieder dieses Hirngespinstes (die es ja folgerichtig auch nicht geben dürfte) richtig anzusprechen habe. Ich habe es mir angewöhnt, sowohl eine kurze als auch eine lange Antwort parat zu haben. In der kurzen weise ich darauf hin, dass ich mich eigentlich immer dann richtig angesprochen fühle, wenn der Name Knigge in der Anrede vorkommt.

In der langen Version erlaube ich mir einen kleinen Ausflug in die Historie. Denn tatsächlich hat es ja einmal einen Stand namens Adel gegeben, ganz offiziell. Dies ist auch noch nicht so lange her, dass man meinen historischen Ausflug mit den Worten »Es war einmal ...« einleiten müsste. Als nämlich die Nationalversammlung im August 1919 per Gesetz alle Reichsangehörigen zu gleichberechtigten Bürgern machte, verschwanden nicht nur die Privilegien, sondern auch die Titel. Diese wurden in Deutschland kurz und bündig als dem Namen zugehörig erklärt. Damit ergaben sich neben der von mir durchaus akzeptierten Anrede Herr Knigge, zwei formal »richtige« Varianten: Die vor 1919 existierende lautete Baron Knigge (Freiherren wurden mit Baron angeredet) und die nach 1919 geltende – dem demokratischen Namensrecht entsprechend – Herr Freiherr Knigge.

»So weit, so gut, Herr Baron von Knigge!« So weit, so falsch. Sie sehen, was man aus zwei richtigen Varianten machen kann. Das »Herr« wird mit »Baron« kombiniert und ein »von« hat sich plötzlich auch noch eingeschlichen. Das »Herr Baron« war in früheren Zeiten den Bediensteten und den Dorfbewohnern vorbehalten – in heutigen allen, denen es über die Lippen geht. Und um das verlorene »von« ranken sich die wildesten Geschichten. Fest steht lediglich, dass es in Deutschland nicht einmal ein halbes Dutzend Familien gibt, die trotz Titel oder Namenszusatz über kein »von« verfügen. Keineswegs verbrieft und versiegelt ist die Anekdote, Adolph Freiherr Knigge habe in Wirklichkeit Adolph Freiherr von Knigge geheißen und als glühender Verfechter der Französischen Revolution seinen

Namen um das standesgemäße »von« gekürzt, um künftig als »freier Herr Knigge« für Aufsehen zu sorgen.

Doch wo wir schon beim Kürzen sind, vielleicht ahnen Sie ja bereits, warum ich mit der Anrede »Herr Knigge« gut leben kann. Es macht die Sache für alle Beteiligten einfacher, und schließlich wäre es doch töricht, schon zu Beginn des Kennenlernens Schutzwälle aufzubauen, auch wenn sich unser Familiennamen aus den Weiß- und Schwarzdornhecken ableiten lässt, die den früheren mittelalterlichen Befestigungen als Schutz dienten.

Je mehr ein Mensch Wert auf seinen Titel legt, je eher sich »Doktor Klöbner« als solcher vorstellt, desto suspekter erscheint er mir. Vermutlich liegt es an den Dr. Klöbners dieser Welt, dass ich mir den Zusatz meiner »kurzen Antwort« bis zum Ende aufgehoben habe. Tatsächlich antworte ich auf die Frage, wie ich angesprochen werden möchte, nämlich Folgendes: »So wie Sie sich selbst am wohlsten fühlen. Solange Knigge in Ihrer Anrede vorkommt, fühle ich mich angesprochen …«

Da ich mir nicht nachsagen lassen will, das Thema Begrüßung und Anrede ein wenig zu nonchalant behandelt zu haben, möchte ich Ihnen einen Einblick in meine Vorstellung des angemessenen Grüßens geben. Nicht ohne zu erwähnen, dass ich bis zum heutigen Tage mit diesem, meinem internen Leitfaden recht gut gefahren bin:

   ✓ *Grüßen Sie Ihre Mitmenschen!*

Egal, ob Sie Ihren Vorstandsvorsitzenden treffen, an der Tankstelle zahlen, im Restaurant etwas bestellen oder an der Garderobe Ihren Mantel abgeben. Grüßen Sie lieber einmal zu viel, verstoßen Sie lieber gegen alle Konventionen der richtigen Begrüßung, als gar nicht zu grüßen! Kaufen Sie sich ein Etikettebuch, oder besuchen Sie ein entsprechendes Seminar, wenn Ihnen die Konventionen völlig fremd sein sollten und Sie das Gefühl haben, in Ihrem privaten und beruflichen Umfeld werde auf die richtige Begrüßung besonderer Wert gelegt.

✓ *Sollten Sie selbst einmal »falsch« angesprochen werden, weisen Sie Ihr Gegenüber nicht darauf hin, solange Ihr Name richtig genannt wurde. Was wäre das für ein Einstieg in die gemeinsame Konversation? (»Von Tatten, so viel Zeit muss sein …«)*
✓ *Stellen Sie Menschen einander vor, wenn diese zwar Sie, aber nicht Ihre Begleitung kennen.*

Nichts ist unangenehmer, als wenn man als fünftes Rad am Wagen leicht verlegend grinsend daneben steht! Zögern Sie auch nicht, sich als »fünftes Rad« selbst vorzustellen. Dies wird zwar für denjenigen, der seine Begrüßungslektion nicht gelernt hat, vermutlich unangenehm sein, aber lehrreich!

✓ *Reichen Sie Ihrem Gegenüber die Hand, und vermeiden Sie, die Hand des Gegenübers zu zerquetschen oder ihm den sprichwörtlichen »toten Fisch« in die Hand zu legen.*

Auch wenn wir davon sprechen, uns die Hand zu reichen oder zu geben, sollten Sie dies nicht allzu wörtlich zu nehmen. Halten Sie sich an das Verb drücken, und alles wird gut!

✓ *Jede Begrüßung ist von einem Grad der Wertschätzung begleitet, die Sie Ihrem Gegenüber erweisen wollen.*

Auch wenn jeder Mensch das Recht auf eine freundliche Begrüßung hat, sollten wir unsere Begrüßungsrituale durchaus im Hinblick auf die jeweilige Person variieren können. Ich bemühe mich, der Verhaltensempfehlung Adolph Freiherr Knigges zu folgen, der uns Folgendes rät: »Mache einigen Unterschied in Deinem äußeren Betragen gegen die Menschen, mit denen Du umgehst, in den Zeichen von Achtung, die Du ihnen beweisest. Umarme nicht jeden. Drücke nicht jeden an Dein Herz. Was bewahrst Du den Besseren und Geliebten auf, und wer wird Deinen Freundschaftsbezeigungen trauen, ihnen Wert beilegen, wenn Du so verschwenderisch in Austeilung derselben bist?«

Sie sehen, wir sind schon mittendrin in dem, was wir gemeinhin die Körpersprache nennen. Und selbstverständlich ist es nicht damit getan, die richtigen Worte an die richtigen Personen zu richten. Natürlich sollte unsere Tonlage dem Gesagten folgen und sich das »Schönen guten Morgen« auch so anhören, und selbstverständlich sollten wir unserem Gegenüber in die Augen schauen, wenn wir jemanden begrüßen. Darüber hinaus rate ich zu einer kurzen Verbeugung. Denn auch, wenn diese aus der Mode gekommen zu sein scheint und Sie Ihren Kopf ja nicht gleich ins Erdreich graben müssen, halte ich die Verbeugung nach wie vor für eine schöne Geste der gegenseitigen Gunstbezeugung.

Damit Sie nun nicht ähnliche Schwindelanfälle wie besagtes »Etikette-Greenhorn« erleiden, beende ich hiermit meinen persönlichen Begrüßungsleitfaden. Schließlich wollten wir doch ins Gespräch kommen, ganz ungezwungen, versteht sich. Ein wirklich milder Herbst, muss ich sagen …

»Schönes Wetter heute!« – Der Small Talk

Es gibt keine Angst, die es nicht gibt. Selbst die Angst vor der Angst existiert ja als psychologisches Phänomen. Was ich jedoch in den Aufzählungen der unterschiedlichen Ängste – sei es die Angst vor Spinnen, vor Höhen, vor großen Plätzen, vor Enge, vor Hunden, vor Menschenmengen oder vor der Dunkelheit – immer wieder vermisse, ist die Angst vor dem Small Talk! Würde ich die empirischen Ergebnisse aus unseren Seminaren zu Grunde legen und ihnen ein Mindestmaß an repräsentativer Aussagekraft unterstellen, müsste die Angst vor dem kleinen Gespräch eigentlich weit oben in den Hitlisten der bundesdeutschen Ängste rangieren.

Wie dem auch sei, sie existiert jedenfalls, in welchem Ausmaß auch immer. Sie ist weder zu unterschätzen, noch sollte sie der Anlass für Hohn und Spott seitens der Small-Talk-Profis sein. Immer dann, wenn wir auf Menschen treffen, die wir nicht gut oder gar nicht kennen, oder wenn die Zeit knapp ist, verstummen viele von uns. Doch wie könnte er aussehen, der Weg, der uns Auswege aus dem unangenehmen Schweigen aufzeigt, der Pfad, der uns aus dem Dickicht von Gesprächspausen herausführt und uns unsere Stimme zurückgibt? Wie könnte es uns gelingen, dem Ideal eines Menschen näherzukommen, der in der Lage ist, sich ungezwungen in den Ton jeder Gesellschaft stimmen zu können?

Um diese Frage zu beantworten, sollten wir beginnen, unsere Messlatten ein wenig niedriger zu hängen. Denn meist rücken wir dem »kleinen Gespräch« mit einem völlig überdimensionierten »Konversationsarsenal« zu Leibe, wir schießen sozusagen mit Kanonen auf Spatzen, wenn wir etwa meinen, über das Wetter könne man sich doch nicht ernsthaft unterhalten, das sei doch viel zu oberflächlich.

Doch, man kann, ja man sollte sogar! Der Small Talk muss oberflächlich sein, wenn man überhaupt die Chance auf ein weiterführendes Gespräch haben möchte. So sehr diese Auffassung auch unserer Vorstellung von tiefgründiger Konversation zuwiderlaufen mag. Wer nicht bereit und in der Lage ist, den kleinsten gemeinsamen Nenner zu finden, der hat sein Ziel schon verfehlt! Also, Mut zur Oberflächlichkeit, dann kommen Sie auch ins Gespräch …

   ✓   *Wer das Wetter nicht ehrt, ist des Small Talks nicht wert!*

Asfa-Wossen Asserate hat dies in seinem Buch »Manieren« auf so wundervolle Weise zum Ausdruck gebracht, dass ich Ihnen seine Gedanken hierzu nicht vorenthalten möchte: »Um Sie herum wird, Inbegriff aller Nichtigkeit, angelegentlich über das Wetter gesprochen. An solchem Quatsch, ist ihre Überzeugung, kann sich ein Mensch von Wert nicht beteiligen. Dabei ist es jedem unbenommen, wenn die ersten Worte das Eis einmal gebrochen haben, der Konversation eine etwas andere Wendung zu geben – ausgehend von der Feststellung, dass heute ein wolkiger Tag sei, könnte man etwa fortfahren, man habe heute eine Wolke gesehen, die aussah, als reite der Papst auf einem Kamel, oder es sei sonderbar, so schön die Wolken auch seien, aber Gemälde von Wolken hasse man …«

Wer auch nach mehrmaligen Anläufen Schwierigkeiten hat, sich den Papst auf einem Kamel vorzustellen, der kann ja gerne auf andere gängige »Eisbrecher« zurückgreifen, wie die wolkigen Ausführungen der Bundeskanzlerin, die reibungslose

Anreise, die wunderschöne Unterkunft, die aktuellen Zeitungs-schlagzeilen oder Ähnliches.

Vergessen Sie nicht, dass Stille und Pausen nicht immer ent-spannend sind, sondern unangenehm und anstrengend sein können, zumindest wenn zwei oder mehr Menschen nicht wissen, was sie sagen sollen. Da ist wirklich jeder Eisbrecher willkommen. Sie müssen als Neuling ja nicht sofort auf reiten-de Päpste zu sprechen kommen. Kleine gezielte Fragen und Gesprächseröffnungen reichen meist schon aus, um die Ver-krampfung aus den Gesichtern und Körpern um Sie herum zu lösen:

»Können Sie sich erinnern, wann wir das letzte Mal einen so verregneten Sommer hatten?«

»Ob die Bayern wohl trotz der gestrigen Niederlage in Biele-feld wieder Meister werden?«

»Hatten Sie eine gute Anreise?«

»Ich bin ganz begeistert vom Service unseres Hotels, fühlen Sie sich auch so wohl?«

»Also, man kann ja zu ihm stehen, wie man will, aber dieser Stefan Raab lässt sich immer was Neues einfallen!«

»Schön, dass wir uns einmal in Hamburg treffen, hatten Sie schon die Gelegenheit, etwas von der Stadt zu sehen?«

»Ich bin gespannt auf unsere Konferenz, wie sind denn Ihre Erwartungen?«

Mit der Gesprächseröffnung im Small Talk verhält es sich ähnlich wie mit den »besten Flirtsprüchen aller Zeiten«: Zum einen lassen sich die wirklich guten in der Regel an einer Hand abzählen, zum anderen brennen sie nur dann ein Liebes- oder Small-Talk-Feuerwerk ab, wenn beim Gegenüber bereits eine grundsätzliche Bereitschaft vorhanden ist. In der Liebe ist das nicht immer der Fall, beim Small Talk schon! Wer von Ihnen sich hingegen traut, die unbekannte Schöne mit den Worten »Sei anders als die anderen: Sag' ja!« anzusprechen oder den Traummann zu fragen »Hey, ich hab meine Telefonnummer vergessen – kann ich deine haben?«, der sollte auch seine unbegründeten Ängste vor dem Small Talk schnellstmöglich ablegen!

 ✓ *Bleiben Sie unbefangen!*

Und noch etwas: Hüten Sie sich davor, Ihre eigenen Ansprüche hinsichtlich der gewünschten Einzigartigkeit der Gesprächseröffnung auf Ihre ebenfalls verunsicherten Mitmenschen zu übertragen. Selbst wenn Sie selbst noch immer davon überzeugt sind, das Wetter sei es nicht wert, zum Thema gemacht zu werden: Verweigern Sie niemandem das Gespräch darüber. Das wäre nicht nur unhöflich, sondern lebensunklug. Sie berauben sich schlichtweg der Möglichkeit, über einen Anknüpfungspunkt in die tieferen Ebenen der Konversation vorzudringen. Sie verpassen wohlmöglich eine einzigartige Chance, und sei es nur die, sich den auf einem Kamel reitenden Papst in Ihrer Fantasie auszumalen.

Wer von Ihnen nun argwöhnt, sich den ganzen Abend über das Wetter unterhalten zu müssen, dem seien zum Abschluss die tröstenden Worte Asfa-Wossen Asserates ans Herz gelegt: »Im Übrigen habe ich wahrscheinlich noch nie eine Zusammenkunft, und sei es die biederste und gehemmteste, erlebt, bei der das Wetter mehr als nur die ersten lockeren Augenblicke beherrscht hätte.«

»Was ist erlaubt, was verpönt?« –
Die Geheimnisse der gepflegten Unterhaltung

Nachdem es uns gelungen ist, mit anderen ins Gespräch zu
kommen, drängt sich unweigerlich die Frage auf, wie wir im
Gespräch bleiben. Was wir in Gang gebracht haben, müssen
wir nun am Laufen halten. Stellen Sie sich einfach ein Kamin-
feuer vor: Nachdem wir das Feuer mit flachem Papier und
dünnen Ästen zum Lodern gebracht haben, liegt es nun an
uns, dickere Äste nachzulegen, so dass das Feuer gleichmäßig
brennt. Vermeiden Sie daher sowohl das Nachfeuern mit weiteren dünnen, aber auch mit zu dicken Ästen. Ich erinnere
daran, dass es zwanglos, aber geistreich, jedoch nicht verbissen
weitergehen sollte! Die Bücher über die Kunst der »lodernden
Konversation« füllen ganze Bibliotheken, und ich müsste
lügen, wenn ich behauptete, alle Werke gelesen zu haben.
Ich darf jedoch von mir behaupten, mir einen ausreichend
großen Überblick darüber verschafft zu haben, welchen Höl-
zern eine angemessene Dicke zugeschrieben wird und welche
Äste als zu schwerfällig oder zu leicht befunden werden, um etwas zum Gelingen der gepflegten Unterhaltung beizutragen.

Vom Anfangen und Aufhören. Man kann die Texte zur Kon-
versation drehen und wenden, wie es einem beliebt – um eine
Erkenntnis kommen alle nicht umhin: Ohne ein Mindestmaß
an Selbstbeherrschung, ohne den kritischen Blick auf sein eige-
nes Konversationsverhalten hat es noch niemand auf den
Olymp geschafft. Und so sollten wir uns immer wieder aufs
Neue den Appell Ciceros, jenes meisterhaften Rhetorikers aus
Rom, vor Augen halten, bevor wir unser erstes Holz in den
Kamin werfen: »Ein kluger Mensch wird genau bemerken, wie

lange seine Unterhaltung dem anderen Vergnügen macht; und so, wie er nicht ohne vernünftige Ursache angefangen hat zu reden, so wird er auch das Ziel wissen, wo er aufhören soll.«

✓ *Achten Sie in Ihrem nächsten Gespräch einmal genau auf Ihre Zuhörer.*

Folgen Ihnen Ihre Gegenüber noch, oder scharren Sie schon mit den Füßen? Ist das zustimmende Lachen längst einem monotonen Nicken gewichen, ist überhaupt noch Augenkontakt möglich? Oder starrt der eine bereits in die Luft, während die andere ihre Hände knetet oder das Gespräch mit ihrem Nachbarn sucht? Gehen Ihre – zu Statisten degradierten – Gesprächspartner bereits auf Abstand und entfernen sich Zentimeter um Zentimeter von Ihnen? Wird bereits probiert, in Ihren Gesprächsfluss einzuhaken, um Ihnen sanft das Wort zu entziehen? Wenn Sie sich schon haben unterbrechen lassen, haben Sie direkt gekontert und Ihr Gegenüber gebeten, den Gedanken noch einen Moment hintanzustellen, weil Ihnen selbst gerade noch etwas Atemberaubendes eingefallen ist? Verlängern Sie Ihre eigenen Ausführungen gern mit dem Hinweis »Einen letzten Satz noch dazu«, auch wenn Sie dieses Versprechen bereits dutzendfach gebrochen haben?

Sollten Sie mindestens eine dieser Fragen mit »Ja« beantworten können, dann ist es höchste Zeit für Sie, den Staffelstab zu übergeben, bevor Ihnen wirklich jemand harsch ins Wort fällt und nicht gewillt ist, es Ihnen in absehbarer Zeit zurückzugeben! Wenn Ihnen also daran gelegen ist, den Konversations-Supergau zu verhindern und der Stigmatisierung als unverbesserlicher Schwätzer zu entgehen, seien Sie klug, lernen Sie den Appell Ciceros auswendig, und halten Sie sich daran!

✓ *Mäßigen Sie sich!*

Wenn es stimmt, dass man aus Schaden klug wird, dann sollte der Spiegel, den wir uns selbst vorhalten, nicht nur helfen, den richtigen Zeitpunkt zu erahnen, um das Wort weiterzureichen, sondern uns auch Lehren im Hinblick auf unser zukünftiges Gesprächsverhalten ziehen lassen.

✓ *Überprüfen Sie sich selbst!*

Wo sind Ihre emotionalen Einfallstüren? Welche Themen sind dazu geeignet, Sie zu nicht enden wollenden Monologen zu verführen? Bei welchen Themen neigen Sie dazu, Ihren Gegenübern »Vorträge« zu halten und sie zu belehren? Neigen Sie grundsätzlich zu temperamentvollen Gefühlsausbrüchen, oder kann Sie so gar nichts begeistern? Was schätzen Sie, beim wievielten Glas Wein führt Ihre Zunge ein Eigenleben?

Sollten Sie sich diese oder ähnliche Fragen nicht selbst beantworten können, fragen Sie doch eine Person Ihres Vertrauens, wie sie Sie hinsichtlich Ihres Gesprächsverhaltens auf einer Skala von leidenschaftlich bis leidenschaftslos bewerten würde.

✓ *Widersprechen Sie!*

Anders als beim Small Talk ist der unbändige Wille zu Harmonie und Konsens in der gepflegten Unterhaltung kein erstrebenswertes Ziel. Die Konversation wiegt weit schwerer als das kleine Gespräch. Daher sollten die Äste, auf denen sie sitzt, nicht zu dünn sein und ihr sprichwörtlich den Boden unter den Füßen entziehen. Wenn alle einer Meinung sind, wenn die Teilnehmer beginnen, sich gegenseitig auf die Schulter zu klopfen, wie harmonisch das Gespräch heute wieder verlaufe, ist das Ende bald nah und das Feuer erloschen. Der Widerspruch hingegen ist die Glut, die das Feuer immer wieder aufs Neue entfacht.

Thematisch stehe ich hier in offenem Widerspruch zu den Empfehlungen der Etiketteliteratur, die meist eher kleinlichen Verboten ähneln. Weder von Religion noch Politik solle man reden. Ja, was bliebe denn da noch, worüber sich trefflich streiten ließe?

✓ *Beziehen Sie Stellung, und treten Sie in den Diskurs ein! Tragen Sie etwas Substanzielles zum aufflammenden Meinungsstreit bei!*

Wenn es Ihnen demnächst wieder einmal zu harmonisch zugeht, weil Politik, Religion oder andere diskutable Themen bewusst vermieden werden oder alle in dasselbe Horn blasen, gönnen Sie sich doch das Vergnügen und spielen den Advocatus Diaboli!

✓ *Lernen Sie, Widerspruch zu ertragen!*

Wenn andere Meinungen, unterschiedliche Urteile und gezielter Widerspruch das Salz in Suppe einer jeden gelungenen Konversation sind, dann müssen wir beizeiten erdulden, dass wir selbst mit unseren Meinungen in die Defensive geraten.

Das gilt im Großen wie im Kleinen. Die Gefahr lauert überall, selbst ein achtlos hingeworfener Satz, der doch eigentlich die Zustimmung aller finden sollte, wird plötzlich unter Beschuss genommen. Der Widerspruch, so vernünftig oder unerheblich er auch sein mag, der uns beleidigt und uns – wenn auch nur für wenige Sekunden – nach Atem ringen lässt, reizt zum erneuten Widerspruch. Schon tausendmal haben wir oder andere uns gesagt, dass jedes fremde Urteil unsere eigenen Erkenntnisse bereichern kann, dass Sie uns anregen können und unseren Geist vor neue Herausforderungen stellen. Doch jedes Mal aufs Neue weigern wir uns, den Widerspruch unseres Gegenübers mit offenen Armen zu empfangen, sondern ballen entweder die verbale Faust in der Tasche oder lassen sie sogleich durch den Ring schwingen. Ob der Einwand unseres Gesprächspartners berechtigt ist, das interessiert uns wenig – wie wir ihn so schnell als möglich wieder aus dem Ring befördern, dafür umso mehr. Daher sage ich es Ihnen und mir nun zum 1001. Mal:

✓ *Lernen wir Widerspruch zu ertragen, wittern wir nicht hinter allem einen persönlichen Angriff.*

Sollten Sie jedoch wirklich einmal einen persönlichen Angriff erleiden müssen, dürfen Sie Ihre verbalen Fäuste ruhig auspacken. Damit diese jedoch nicht allzu wild um sich schlagen, schadet es nicht, sich eines Satzes von Baltasar Gracián zu erinnern, sich aufzuschreiben und in die Ringecke zu legen: »Ein redlicher Widersacher sein. Der Mann von Verstand kann genötigt werden, ein Widersacher, aber nicht ein nichtswürdiger Widersacher zu sein!«

✓ *»Ertrage die Clowns!«*

Das stand auf jenem Zettel, den der Publizist Joachim Fest bis zu seinem Lebensende im Portemonnaie trug. Ich möchte

Fests Maxime noch einen Satz von Michel de Montaigne zur Seite stellen, der uns selbstbewusst mit einschließt, der den Griff an die eigene Pappnase nahelegt: »Die Dummheit ist eine schlechte Eigenschaft; aber sie nicht ertragen zu können, sich darüber grün und blau zu ärgern, wie es bei mir vorkommt, das ist eine Krankheit anderer Art, die kaum weniger lästig ist als die Dummheit; und dies ist es, was ich jetzt an mir anprangern will.«

Bevor wir uns also das nächste Mal über unsere Mitmenschen erheben und uns über deren Dummheit, Schwatzhaftigkeit, Grobheit, Schmeichelei oder Unbeherrschtheit echauffieren, halten wir doch einmal kurz inne und besinnen uns, ob wir selbst nicht sowohl an der einen als auch der anderen Krankheit leiden und unbewusst im Clownskostüm durch die Manege irren …

✓ *Schließen Sie niemanden aus!*

Gespräche sind Gemeinschaftsprojekte. Wer die Kunst der Konversation beherrscht, versteht sie als »Mannschaftssport«. Jeder Spieler sollte sowohl die Chance bekommen, am Spiel teilzunehmen, als auch die Verpflichtung verspüren, etwas zum Gelingen der Unterhaltung beizutragen.

✓ *Wählen Sie Themen, die grundsätzlich jedem zugänglich sind, halten Sie Ihr Spezialistenwissen zurück, und erklären Sie Nichtwissenden die Zusammenhänge.*

Die gepflegte Unterhaltung ist integrativ, nicht ausgrenzend. Sie ist der komplette Gegenentwurf zu den pubertären Ausgrenzungsritualen, wie sie der ein oder andere noch aus seiner Schulzeit kennt. (»Das kapierst Du eh nicht, das war ein Insider.«)

Schauen Sie genau hin und nehmen sich derer an, die noch in der Ausbildungsphase der gepflegten Unterhaltung stecken. Wer sitzt abseits? Wer hat in der letzten Stunde gar nichts mehr gesagt oder in den letzten zehn Minuten stetig auf seine Armbanduhr geschielt? Wem würde eine Unterbrechung seines Redeschwalls guttun? Wer ist mit seinem Lieblingsthema noch nicht zum Zug gekommen? Bleiben Sie aufmerksam, und lassen Sie nichts unversucht, alle am Spiel zu beteiligen!

✓ *Auf zu neuen Ufern! Wer sich und andere gut unterhalten will, der weiß, wann es an der Zeit ist, ein neues Thema in Angriff zu nehmen.*

So spannend und kontrovers die Unterhaltung über die Bundesregierung, den neuen Deutsche Bank Vorstand oder den Papstbesuch in Israel auch sein mag, geben Sie jedem Thema die Chance auf Abbruch, und verbeißen Sie sich nicht über Gebühr, auch wenn Sie Ihre Leidenschaften drängen! Es muss nicht alles bis zum bitteren Ende ausdiskutiert werden. (Meist landen wir doch ohnehin bei immer denselben Themen, die bereits zum fünfzigsten Mal aufs »Konversationstableau« erhoben wurden.)

✓ *Fallen Sie niemandem ins Wort, sondern warten Sie auf Ihren Redebeitrag, um galant zu einem anderen Thema überzuleiten.*

Wer galant überleitet, der hat es nicht nötig, den »Spurwechsel« anzukündigen, der nimmt einfach ein Stichwort aus dem alten Thema, um in ein neues einzuleiten. Wenn das Thema Länderspiel erschöpft ist, erinnert man sich an die anwesende Bundeskanzlerin auf der Ehrentribüne, und schon wird die sportliche zugunsten der politischen Bühne verlassen. Wenn Ihnen mehr der Sinn nach Klatsch und Tratsch steht, finden Sie auf selbiger Ehrentribüne garantiert ausreichend Kandidaten, die in den einschlägigen Gazetten für mehr oder weniger Bemerkenswertes gesorgt haben.

✓ *Hören Sie zu!*

Menschen, die viel reden, sind keine Seltenheit. Menschen, die wirklich zuhören können, sehr wohl. Ein aufmerksamer Zuhörer ist eine Wohltat für jede Konversation. Ich rede nicht von »großen Schweigern« und »stummen Gästen«. Ich rede von Menschen, die wirklich zuhören, die unseren Gedanken folgen, deren kurze Einwürfe, Fragen und Kommentare uns zeigen, dass sie ganz nah dran sind an dem, was wir denken, fühlen und sagen, ohne uns dabei zu bedrängen. Menschen, die uns helfen, die Relevanz unserer Worte richtig einzuschätzen, die unseren Gedanken neue Nahrung geben und uns während des Erzählens neue Erkenntnisse ermöglichen, die sich uns ohne das Gespräch nicht erschlossen hätten.

Wer gut zuhört, der ist bereit, sich auf die Sichtweisen des Gegenübers einzulassen. Wer gut zuhört, ist nicht nur in der Lage, sich zu überlegen, was er an Stelle des anderen getan hätte, sondern auch, warum der andere das erzählt, was er erzählt, warum der andere so gehandelt hat, wie er gehandelt hat. Ein guter Zuhörer lenkt das Gespräch, jedoch nicht um seiner selbst willen oder gar um den anderen zu manipulieren, sondern um sich und dem Erzählenden gleichermaßen zu tieferen Einsichten zu verhelfen.

✓ *Erzählen Sie!*

Menschen, die viel reden, sind keine Seltenheit. Menschen, die wirklich erzählen können, sehr wohl. Es gibt Menschen, mit denen trifft man sich in freudiger Erwartung auf eine wirklich gelungene Erzählung. Menschen, denen man, ohne mit der Wimper zu zucken, zehnmal so viel Zeit einräumt, ihre Geschichten zu entwickeln, wie anderen weniger begnadeten Erzählern. Menschen, denen man nicht übel nimmt, dass sie erst nach einer Stunde die erste Frage an uns selbst richten. Menschen, die scheinbar gegen alle Regeln des höflichen Umgangs verstoßen, ohne dass wir auf den Gedanken kämen, sie als unhöflich zu bezeichnen.

Aber was muss man beachten, damit unsere Mitmenschen uns bitten, eine neue Geschichte zum Besten zu geben? Warum erleben zwei Menschen scheinbar dasselbe, doch nur einer weiß damit eine ganze Gesellschaft zu unterhalten, während sich beim anderen die Anwesenden flehentlich wünschen, er möge doch bitte zum Ende kommen?

Ich glaube, weil Ersterer weiß, dass das Thema, die Einzigartigkeit einer Geschichte oder die Auffassung, immer noch einen »draufsetzen« zu müssen, nicht wichtig für eine gute Erzählung sind. Wichtig ist vielmehr, dass gute Erzähler das Erlebte während des Erzählens noch einmal mit Haut und Haaren durchleben, weil sie ihre eigenen Geschichten bewegen und von diesen bewegt werden. Ein guter Erzähler verliert sich dennoch nicht in den Untiefen seiner Innerlichkeit, ihm gelingt es, ein Bild zu malen, das der Fantasie

seiner Zuhörer genügend Raum gibt, ihren eigenen Film zu
schauen.

Ein guter Erzähler besitzt eine eigene, aber allgemein ver-
ständliche Sprache, er lässt sich Zeit und hechelt nicht durch
seine Erzählungen, er verfolgt eine eigene Dramaturgie, die
nicht vor lauter Vorfreude auf den Plot der Erzählung ver-
flacht, er lässt sich Zeit. Wir hören denen zu, die auch den all-
täglichsten Situationen etwas Humorvolles abgewinnen und
ihre Geschichten ernster nehmen als sich selbst. Im Grunde
genommen ähnelt ein guter Erzähler einem guten Regisseur:
Die Geschichten stehen im Vordergrund, und die Hauptrollen
spielen andere!

✓ *Bringen Sie andere zum Lachen!*

Das Menschengeschlecht lässt sich, grob vereinfacht, in zwei
Kategorien teilen: Menschen, die sich Witze merken und erzählen können, und solche, die Ersteres und folglich auch das
Zweite nicht beherrschen. Sollten Sie zur letzteren Gruppe
gehören, darf ich Sie beruhigen: Es gibt auch andere Möglichkeiten, seine Mitmenschen zu unterhalten, zu amüsieren und
zum Lachen zu bringen!

In einem sind sich jedoch die Philosophen und Schriftsteller einig: Ohne ein gesundes Maß an Scherzhaftigkeit würde
das gepflegte Gespräch dahinsiechen, gepflegt wäre nur noch
eines – die Langweile! Übertreiben sollten wir es hingegen auch
nicht mit unserer Leidenschaft für das Scherzhafte und Lustige, das rät uns schon Aristoteles, und doch »scheinen Erholung
und Scherz im Leben notwendig zu sein«. Wie recht er hat!

Auf der Suche nach einer trefflichen Beschreibung für das
gelungene Maß an Witz, der Fähigkeit also, sich weder zum

albernen Possenreißer zu degradieren, noch jeder guten Laune mit einem Gesicht zu begegnen, mit dem sich Eier abschrecken ließen, fand ich einen Satz von Nicolas Faret aus dem 17. Jahrhundert. Dessen zeitlose Gültigkeit hat mich dazu veranlasst ihm nichts mehr hinzuzufügen: »Der Glanz der Bonmots besteht hauptsächlich darin, dass sie kurz sind, treffend, klar, charmant vorgebracht und so rechtzeitig, dass sie nicht mühsam erdacht wirken oder als hätte man sie von zu Hause mitgebracht; aus diesem Grund nämlich werden jene, die erwidern, mehr geschätzt als jene, die angreifen, denn man verdächtigt sie weniger einer Vorbereitung.«

Aber ich wollte Sie nicht unterbrechen, erzählen Sie ruhig Ihren Lieblingswitz!

✓ *Warten Sie Ihren Auftritt ab!*

Wer sich in die Konversation begibt, der sollte in der Lage sein, Spannung aufzubauen. Nicht nur im Hinblick auf seine Wortbeiträge. Neben die Kunst, kluge Fragen zu stellen, unterhaltsame Geschichten zu erzählen und seine Mitmenschen charmant zu amüsieren, tritt die Fähigkeit, seinem gesamten Auftritt ein gewisses Maß an Spannung zu verleihen, einer wohlüberlegten Dramaturgie zu folgen. Einer Dramaturgie, die Sie nicht mit der Tür ins Haus fallen lässt, die Vertraulichkeit an das Ende der gemeinsamen Konversation und nicht an deren Anfang stellt, die Ihre Sinne schärft, Sie die Menschen und die Umgebung beobachten lässt und Ihnen hilft, eine erste Einschätzung vorzunehmen. Die Ihnen Augen und Ohren öffnet, bevor sie dem Mund erlaubt zu sprechen und Ihrem Drang, sich einzumischen, andere zu verbessern, ihnen zu widersprechen, sich aufzudrängen, so lange Einhalt gebietet, bis der Zeitpunkt für Ihren Auftritt gekommen ist!

Nehmen Sie sich Zeit, bevor Sie in den Lauf der Konversation einsteigen und Ihre Hölzer in den Kamin legen. Machen Sie sich ein Bild davon, mit wem Sie es zu tun haben, wer Ihre Gesprächspartner sind, welche Themengebiete diese interessieren, wer von ihnen die Gesprächsführung übernimmt, wer leicht oder gar nicht aus der Fassung gerät, wer über was lachen kann, wer streitbar und wer konfliktscheu ist, wer anderen über den Mund fährt und wer selbigen nicht aufbekommt. Beobachten Sie lange genug, um zu wissen, was gespielt wird.

Sie werden sehen, Ihre konzentrierte Zurückhaltung wird nach nicht allzu langer Zeit, den einen oder anderen dazu bewegen, Sie mit einer gezielten Frage auf die Bühne zu bitten. Stoff genug, um zu antworten, haben Sie ja in der Zwischenzeit sammeln können. Sie haben das Wort!

»WIE VERSCHAFFE ICH MIR GEHÖR?« – ÜBER LANGWEILER, AUFSCHNEIDER UND ANDERE STÖRENFRIEDE

Was sollte jetzt noch schiefgehen? Was sollte unsere Vorfreude auf den nächsten Small Talk und die darauf folgende gepflegte Unterhaltung noch schmälern? Jetzt, wo wir wissen, wie es geht? Jetzt, wo das Feuer der Konversation so prächtig lodert?

Und dann das: Es klopft an der Tür zum Kaminzimmer! Und wer bittet um Einlass? Ungebetene Gäste: Menschen, die den Mund nicht aufbekommen, die uns und alle anderen mit ihren belanglosen Geschichten vollquatschen, die alles und jeden in Frage stellen, nur nicht sich selbst, und die zum

Lachen in den Keller gehen. Mit solchen »Spezialisten« das Feuer der Konversation zu entzünden und am Brennen zu halten, bevor die Stichflammen an die Decke schlagen, ist wahrlich kein Vergnügen, ein Zusammentreffen jedoch nicht immer zu vermeiden. Im Gegensatz zu den vorherigen Empfehlungen, die in erster Linie auf das zielen, was wir selbst zum Gelingen einer wie auch immer gearteten Konversation beitragen können, hängt der glückliche Ausgang leider nicht nur an uns. Aber auch! Denn schließlich ist das Zusammentreffen mit »Konversationsbanausen« ein besonders eindringlicher Appell an unsere Fähigkeit zur Selbstbeherrschung und Kreativität, um auch diese zwischenmenschliche Herausforderung zu meistern!

Der Langweiler. Ich bin zwar kein Freund des Ausdrucks, dass man »nur die richtigen Knöpfe eines jeden Menschen finden müsse«, um ihn zu »öffnen«, aber im Falle langweiliger Zeitgenossen erscheint mir das Bild durchaus geeignet. Wir haben bereits alles versucht, doch weder unsere Anekdoten, unsere amüsanten Einlassungen noch unsere harmlosen Provokationen haben unserem langweiligen Sparringspartner irgendetwas entlocken können. Für nichts scheint sich dieser zu interessieren.

✓ *Hier hilft nur eines: Bleiben Sie beharrlich, hören Sie nicht auf, Fragen zu stellen. Irgendwann haben Sie den richtigen »Knopf« gefunden, und plötzlich werden aus großen Schweigern sprudelnde Quellen der Mitteilung.*

Wenn auch nach der hundertsten gezielten Frage nichts passiert, bleibt nur noch der »Notschalter«: »Helfen Sie mir doch

bitte, und nennen Sie mir einfach ein Ihnen genehmes Ge-
sprächsthema, oder haben Sie womöglich gar keine Lust, sich
mit mir zu unterhalten?«

Der Schwätzer. Der Prototyp des Schwätzers stellt eine Herausforderung ganz anderer Art dar. Kaum haben wir unseren Mund
geöffnet, um uns mitzuteilen, fährt dieser uns bereits in die
Parade: »Sagen Sie nichts, ich weiß genau, was Sie meinen. Ich
erzähle Ihnen mal, was mir da letztens passiert ist. Da glauben
Sie an gar nichts mehr.«

Redselige Menschen haben ein Arsenal an rhetorischen
Phrasen parat, die sie immer wieder das Gespräch an sich reißen lassen. Da stockt einem wahrlich der Atem, kaum hat man
wieder das Wort ergriffen, bitten sie einen: »Nur ganz kurz,
halten Sie Ihren Gedanken einfach fest«, oder reden einfach
ganz unverblümt drauf los: »Ich widerspreche ja nur ungern,
aber wenn ich kurz die folgende Geschichte erzählen dürfte,
dann wird Ihnen einiges klar werden!«

Auch die Rolle des oberlehrerhaften Besserwissers ist ihnen
alles andere als fremd. Da wird uns unter Vortäuschung eines
Lobes auch beim dritten Versuch das Wort entzogen: »Genau,
darauf wollte ich hinaus!«, »Ich war wirklich gespannt, ob Sie
darauf kommen würden, was ich nämlich noch sagen wollte …«
oder »Gut, dass Sie mich daran erinnert haben!« sind besonders perfide Phrasen, das Gespräch an sich zu reißen und
nie wieder loszulassen! Doch der Gipfel ist die rhetorische
Finesse, bereits zu Anfang des »Gesprächs« darauf hinzuweisen, ein notorischer Vielredner zu sein: »Sie werden das merken, ich rede ganz gerne, aber ich hoffe, ich habe auch was zu
sagen!«

✓ *Dem Schwätzer sind die Grundlagen der gepflegten Unterhaltung schlichtweg egal, ihm ist nichts heilig und schon gar nichts peinlich. Hier hilft nur eines: Gehen oder Gegenhalten!*

Alles andere ist zwecklos. Da Sie nicht immer das Weite suchen können, bleibt Ihnen nichts anderes übrig, als sich derselben Waffen zu bedienen. Lernen Sie einfach die obigen Phrasen auswendig, und bedienen Sie sich ihrer gegenüber Schwätzern mit der gleichen Inbrunst, wie diese es tun!

Vielleicht trägt diese bewusste »Spiegelung« ja sogar dazu bei, das Verhalten Ihrer geschwätzigen Gesprächspartner ein wenig zu »zivilisieren« (wobei Sie sich nicht allzu große Hoffnungen machen sollten). Was Sie aber in jedem Fall erreichen werden – sofern Sie bereit sind, in den »Marktschreier-Wettbewerb« einzutreten –, ist eine signifikante Erhöhung Ihrer Redeanteile und die Chance, so etwas Ähnliches wie einen Dialog zu realisieren, so anstrengend der auch sein mag!

Der Aufschneider. Ein ähnlich verdrießlicher Zeitgenosse ist der Aufschneider. Menschen, die sich mit Vorzügen aufspielen, die Sie nicht besitzen, sind eine Gefahr für jedes Gespräch. Auch sie beherrschen die »Kunst der gezielten Unterbrechung«. Kein Thema, zu dem sie nichts beizusteuern hätten, keine Geschichte, die nicht noch zu toppen wäre, mit ihnen selbst in der Hauptrolle versteht sich.

Der Aufschneider macht jedes echte Gespräch zunichte, weil er nichts stehen lassen kann, auf nichts wirklich eingeht und keine Unsicherheiten oder selbstkritische Fragen duldet. Für jede Situation hat er eine passende Lösung parat, für jedes Verhalten einen Kommentar auf Lager und verhindert so jedes echte zwischenmenschliche Gespräch bereits im Ansatz: »Das ist doch kein Problem! Also, ich gehe direkt auf meine Mitarbeiter zu. Da wird Tacheles geredet. Das brauchen die, was soll ich sagen, das fordern die sogar von mir!« »Also mir macht da keiner was vor, da bin mit ich allen Wassern gewaschen, so können die mir nicht kommen, die Herren aus dem Vorstand. Ich bin doch der Einzige, der sich nicht scheut, die unangenehmen Wahrheiten anzusprechen.«

Sorgenfalten oder Versagensängste sind dem Aufschneider fremd, er packt an, er löst die Probleme, die wir alle haben, für sich und, wenn gewünscht, auch für uns. Er verkehrt mit den wichtigen Menschen, mit den Siegern und den Machern und ist um keine Antwort verlegen, egal, welche Frage wir ihm stellen: »Warum ich zur Miete wohne? Nun, ich habe das Haus von meinem Vater geerbt, werde es aber wohl demnächst verkaufen, meine Wohnung ist schlichtweg zu klein – für mich und meine Gäste.«

Im Umgang mit Aufschneidern ist guter Rat wirklich teuer. Menschen, die keine Kosten und Mühen scheuen, sich interessanter zu machen als sie sind, haben viel Zeit und Energie in das Bild investiert, das sie vor anderen von sich abgeben. Dieses gezielt zu zerstören, ist nicht nur anstrengend, sondern auch heikel und obliegt wohl eher professionellen Psychologen als uns Laien.

   ✓ *Lassen Sie Baron von Münchhausen auf seiner Kanonenkugel ruhig vorbeifliegen, in der Hoffnung, dass die erdachten Geschichten und Vorzüge wenigstens unterhaltsam und amüsant sind, auch wenn Sie offensichtlich dem Reich der Fantasie entstammen …*

Der Verleumder und Missgünstige. Ohne Klatsch und Tratsch kommt auch die zivilisierteste Unterhaltung nicht aus. Der werfe den ersten Stein, der nicht schon einmal über abwesende Personen gesprochen hat, sich über deren Verhalten gewundert oder seinem Unmut Luft gemacht hätte. Solange wir nicht alle unsere Probleme mit unseren Mitmenschen hinter deren Rücken austragen, kann ich daran nichts Verwerfliches finden.

Anders verhält es sich bei Menschen, die keine Gelegenheit auslassen, ihren Mitmenschen Gemeinheiten nachzusagen, um sich im schlimmsten Fall selbst in ein besseres Licht zu rücken! Der Verleumder und Missgünstige ist in der Lage, jeder Unterhaltung seinen negativen Stempel aufzudrücken, solange man ihm nicht die Nahrung für seine Gemeinheiten entzieht. Der Verleumder ist darauf angewiesen, dass seine Gerüchte, Verdächtigungen und moralischen Urteile über andere auf fruchtbaren Boden fallen. Nur wenn er genug Mitstreiter in der Runde findet, kann er sein unlauteres Spiel Schritt für Schritt entwickeln. Ist die Neugier der Zuhörer erst einmal gereizt, werden die ersten Nachfragen gestellt oder begonnen, eigene verleumderische Geschichten zu erzählen, die geeignet sind, das Urteil des Missgünstigen zu stützen, dann hat dieser sein Ziel erreicht. Das Gespräch ist im Fluss und muss nur noch mit weiteren kleinen Anekdoten angereichert werden. Wie ein Ballon, der ständig mit Luft gefüllt wird, ist schon bald der ganze Raum mit der zersetzenden Kraft der Verleumdung erfüllt.

Doch Luftballons lassen sich zum Platzen bringen! Ein gezielter Stich, ein lauter Knall – und vorbei ist der verleumderische Spuk. Vorausgesetzt, Sie bequemen sich zuzustechen. Im Gegensatz zu anderen Konfliktsituationen gehört

gar nicht allzu viel Courage dazu, selbiges zu tun. Wissen wir
doch alle, dass nichts unangenehmer ist, als sich auf frischer
Tat erwischen zu lassen, wenn wir uns geifernd über Abwesende echauffieren und damit unsere eigene Unfähigkeit demonstrieren, dem Geschmähten offen und ehrlich gegenüber-
zutreten.

✓ *Lassen Sie einfach die Luft raus, ignorieren Sie mögliche Recht-
fertigungsversuche, und nutzen Sie das nun folgende betretene
Schweigen zu einem Themenwechsel. Ihre Gesprächsteilnehmer
werden es Ihnen danken!*

Der Unverschämte. Eine besonders unhöfliche Spezies fehlt
noch: die Unverschämten. Wer unverschämt ist, macht sich
selbst zum Maßstab aller Dinge, immer und überall. Wer unverschämt ist, schämt sich für nichts, besitzt keine Überzeugungen, schielt in allem, was er tut auf seinen eigenen Vorteil, unterstellt seinen Mitmenschen dieselben niederen Triebe, die
auch ihn leiten. Unverschämten Menschen ist nichts und niemand heilig, sie sind unfähig, Schuld zu empfinden und sich
reuig zu zeigen. Die Unverschämten instrumentalisieren alles
und jeden, um ihre Ziele zu erreichen, sie wissen um die Nützlichkeit des guten Benehmens, doch dessen Wesen ist ihnen
fremd. Sie sind formvollendet, aber inhaltsleer. Unverschämte
sind der natürliche Feind wahrer Höflichkeit.

Ein mir bekannter Personalberater erzählte mir einmal
eine schöne Geschichte. Immer mehr Menschen hätten das
Gefühl, ihre Manieren »optimieren« zu müssen: »In erster
Linie junge Anwälte und Unternehmensberater mit hervor-
ragenden Zeugnissen und glänzenden Karrierechancen. Die
bemerken plötzlich, dass andere die Karriereleiter schneller

erklimmen als sie selbst, obwohl viele von denen ein wesentlich schlechteres Examen gemacht haben. Dann kommen sie plötzlich drauf, dass dies etwas mit den Umgangsformen der Konkurrenten zu tun haben könnte. Gut, denken sie sich, dass lässt sich ja wohl in einem ›Etiketteseminar‹ schnell lernen. Die Ernüchterung folgt jedoch auf dem Fuß: Gutes Benehmen im Crashkurs, das gibt es nicht, gutes Benehmen ist eine Haltung, und die erlernt man eben nicht auf dieselbe Weise wie MS-Office-Programme! Dann sitzen die an ihren Schreibtischen und verstehen die Welt nicht mehr.«

Cicero hatte recht: »Alles Ehrenhafte ist nützlich!« Jedoch nur dann, wenn ich das Ehrenhafte um seiner selbst willen in den Mittelpunkt meines Handelns stelle, alles andere wäre unverschämt.

✓ *Wie Sie mit den Unverschämten umgehen sollen? Darf ich ehrlich sein? Wenn es irgendwie geht, gar nicht. Sollte sich der Umgang nicht vermeiden lassen, erklären Sie Ihrem Gegenüber klipp und klar, dass Sie niemals als Steigbügelhalter für seine Unverschämtheiten zur Verfügung stehen werden, für keinen Lohn der Welt!*

»Machen Sie sich mal locker!« – Wahre Höflichkeit ist ungezwungen

So ein wenig fühle ich mich manchmal schon wie Don Quijote. Jener Landadelige, der mit seinem Knappen Sancho Pansa und seinem Pferd Rosinante als Ritter von der traurigen Gestalt durch Spanien ritt und für die Ideale einer längst vergangenen Welt kämpfte. Der gegen Windmühlen anritt, weil er sie für Riesen hielt, und sich mit Rotweinschläuchen blutige Gefechte lieferte. Vermutlich fühle ich mich dieser von Cervantes erschaffenen Figur schon deshalb so verbunden, weil sie sich einem Kampf stellt, den wir alle – sofern wir mit offenen Augen durch die Welt laufen – jeden Tag aufs Neue kämpfen. Hin und her gerissen zwischen unseren Idealen und der Realität, zwischen dem, was wir tun sollten, und dem, was wir können. Ständig aufs Neue konfrontiert mit der Entscheidung zwischen naivem Träumer und seelenlosem Realisten. Und vermutlich kämpfen viele von Ihnen ebenso gegen ihre ganz persönlichen Windmühlen, die sie für Riesen halten, auch auf das Risiko hin, für einen unverbesserlichen Idealisten oder gar für einen lächerlichen Narren gehalten zu werden. Sei's drum.

Mein Kampf gilt jedenfalls dem Riesen »steife Etikette« mit dem Ziel, die Auffassung meines Urahns zu bestätigen, dass dieses gezwungene Benehmen etwas Unmenschliches ist! Wenn Sie mich also noch ein Stück als Sancho Pansa begleiten wollen, um mehr zu erfahren über diesen Riesen und meine Strategien, ihn zu besiegen, dann sind Sie herzlich eingeladen. Wenn nicht, dann spiele ich für Sie auf den nächsten Seiten eben den lächerlichen Narren, für den Sie mich halten. Macht nichts, damit kann ich leben!

Wer wie ich den Namen Knigge trägt, kommt eigentlich nicht umhin, sich mit den Themen Etikette und Höflichkeit auseinanderzusetzen und diese im Hinblick auf ihre Eignung zu untersuchen, den zwischenmenschlichen Umgang untereinander zu befördern. Was sollte auch anderes im Mittelpunkt des Interesses stehen? Offen bleibt jedoch die Frage, welche »steifen Windmühlenflügel« ausgetauscht werden sollten.

Hier meine Vorschläge:

✓ *Hören wir auf, Regelwerke auswendig zu lernen. Überprüfen wir die jeweiligen Verhaltensnormen immer dahin gehend, ob sie uns und anderen das Erdenleben auch tatsächlich erleichtern.*

Konventionen sind weder gottgegeben, noch obliegen Sie der Deutungshoheit von Benimmexperten. Es gibt nicht *die* 300 Fragen und *die* entsprechenden Antworten! Konventionen entstehen aus der Übereinkunft von unterschiedlichen Menschen in unterschiedlichen Kontexten und nicht aus dem Beschluss eines »Arbeitskreises moderner Umgangsformen«. Jede konkrete Norm ist die Interpretation eines Verständnisses darüber, was wir überhaupt als richtiges oder falsches Verhalten verstehen wollen.

Wann haben Sie zuletzt einen Handkuss gegeben oder erhalten? Wie lange ist es her, dass Sie einer Gräfin begegnet sind? Mit wem waren Sie letztes Jahr auf dem Opernball? Essen Sie immer noch einmal in der Woche Hummer? Erscheinen Sie im ultrakurzen Mini Kaugummi kauend beim Bewerbungsgespräch oder kommen regelmäßig zum Gottesdienst zu spät?

Warum ich Ihnen so merkwürdige Fragen stelle? Weil es mich maßlos ärgert, dass uns viele Benimmratgeber mit Empfehlungen bombardieren, die für unseren Alltag entweder unerheblich oder so selbstverständlich sind, dass sie unfreiwillig komisch wirken. Es gibt ein gutes Benehmen abseits der Ausnahmen und Selbstverständlichkeiten!

»Fettnäpfe«, »No goes«, »Das sollten Sie nie tun …«, »Das wäre ein gravierender Verstoß …«, »Vermeiden Sie es unbedingt…« – die Sprache vieler Ratgeber liest sich wie ein einziges Bedrohungsszenario, als führten Fehltritte geradewegs in die gesellschaftliche Isolation. Einmal gepatzt, schon ist der Eintritt in das Paradies des guten Benehmens auf immer verschlossen.

Ob es dort wirklich so paradiesisch zugeht, wie es einen die Autoren mitunter glauben machen wollen, darf man getrost bezweifeln. Für mich ist es jedenfalls eher eine Horrorvorstellung, mit Menschen am Tisch zu sitzen, die die Stirn runzeln, weil ich ihnen mit meinem Bierglas zuproste, die mich dafür maßregeln, dass ich beim Spaghettiessen den Löffel zu Hilfe nehme, oder die in sich hineinlachen, nur weil ich noch nie einen Hummer geknackt habe. Ich glaube, dass die strengen Sittenwächter den Umstand der gegenseitigen Sympathie gnadenlos unterschätzen! Wenn mir jemand sympathisch ist, werden mir die gerade genannten Fauxpas entweder gar nicht auffallen, oder sie sind mir völlig egal! Es sei denn, mein Tischnachbar hängt mit seinem Kopf tatsächlich in der Suppenschüssel oder spuckt auf den Boden. Aber mal ehrlich, wann ist Ihnen das wirklich schon einmal passiert?

Ich besitze eine CD-ROM mit insgesamt 18 718 Seiten Benimmliteratur in deutscher Sprache. Da kann einem ganz schön schwindelig werden vor lauter Regeln. Selbst wenn uns diese Seiten anleiten würden, mit sämtlichen Situationen und unterschiedlichen Menschen, die uns in unserem Leben begegnen, zurechtzukommen – wer könnte sich diese Fülle an Normen merken?

Darüber hinaus widersprechen sich die Regeln bisweilen erheblich. (Ich habe allein 40 verschiedene, teilweise widersprüchliche Regeln zum Umgang mit der Serviette entdeckt.) Was ist nun aber richtig? Woran halte ich mich? Am besten an den eigenen Verstand. Oder, um es mit Werner Zillig zu

sagen, dem Linguisten, dem wir diese Sammlung von Anstandsbüchern zu verdanken haben: »Worauf kommt es also
an? Zuvorderst auf die Bereitschaft zum Nachdenken über das
eigene Verhalten und das Verhalten anderer. Anstandsbücher
können dabei eine große Hilfe sein, denn sie geben Material
vor. Manchmal in einer Fülle, dass man nach Luft ringt. Und
dann: Wir müssen lernen, selbst interpretierend Grenzen zu
ziehen. Anstandsbücher mit ihren Regeln sind da nur Gesetze,
die ohne die von uns selbst herausgearbeiteten Ausführungsbestimmungen leblos bleiben.«

✓ *Halten wir uns nicht sklavisch an leblose Gesetze, sondern
übersetzen wir diese selbstständig hinsichtlich der konkreten
Situation! Die Freiheit haben wir, also sollten wir auch von ihr
Gebrauch machen!*

Wissen Sie, was mich bei vielen Ratgebern am meisten stört?
Der nicht vorhandene Aufruf, ja, der dringliche Appell miteinander zu sprechen. Ungeklärtes auf direktem Wege zu klären
und nicht über den Umweg über Ratgeberliteratur frei nach
dem Motto: »Sehen Sie, hab' ich doch recht gehabt!«

✓ *Sprechen Sie einfach direkt mit denen, die es betrifft! Umgang
bedeutet Kommunikation!*

Ich erinnere mich in diesem Zusammenhang gern an einen
Teilnehmer eines unserer Seminare, der am Abend des ersten
Tages fragte, wie es denn um den Dresscode für das anstehende
Abendessen bestellt sei. Ich antwortete: »Das liegt an uns. Wie
würden Sie denn gerne erscheinen?« »Ohne Krawatte fände
ich gut!« Darauf bat ich ihn, doch die anderen Teilnehmer

zu fragen, ob sie damit einverstanden wären. Sie waren es. Zwischen Vorspeise und Hauptgang richtete ich das Wort an alle Teilnehmer: »Wer von Ihnen wäre denn, ohne die Frage von Herrn Grother, mit Krawatte erschienen?« Zwei Herren meldeten sich – froh, sich zwischen dem Ende des ersten Seminartages und dem Beginn des Abendessens nicht mit der Frage beschäftigt haben zu müssen: Krawatte, ja oder nein?

Meinen Ritt gegen die »fünfflügelige Windmühle der steifen Etikette« erkläre ich hiermit für beendet. Je mehr Sie mit meinen Vorschlägen einverstanden waren, desto wahrscheinlicher wird es, dass wir den Riesen der »steifen Etikette« irgendwann wirklich zur Strecke bringen! Jetzt muss ich Sie allerdings für einen kurzen Augenblick allein lassen, meine blutige Schlacht mit den Weinschläuchen will ja auch noch geschlagen werden …

TEIL IV
FESTE UND GÄSTE

Gloria von Thurn und Taxis hatte sich zum sechzigsten Geburtstag ihres Mannes Johannes etwas ganz Besonderes ausgedacht: ein großes Fest im Rokokostil. Gastgeber, Gäste, Jung und Alt wurden angehalten, den Familiensitz der Thurn und Taxis für einen Tag in die frivolen Pastelltöne des frühen 18. Jahrhunderts zu tauchen, die Luft mit Puder zu erfüllen und die schrillen Perücken und »Schönheitspflästerchen« wieder zum Leben zu erwecken. Und so rieselte für einen Tag in der adligen Residenz in Regensburg Puder von den Decken der herrschaftlichen Gemächer und bestäubte die falschen Perücken, während sich ihre Träger schützend ein Tuch vor das Gesicht hielten. Heerscharen von männlichen und weiblichen Gästen in zarten Seidengewändern, wuchtigen Reifröcken, Spitzenmanschetten, Fächern und Fischbeinmiedern machten das rauschende Fest zu einem Traum in Apricot, Pistazie und Flieder. Unvergessen auch die eigenmächtige Umdichtung einer Arie aus dem »Don Giovanni« zu Ehren des Geburtstagskindes. So etwas hatte das ehemalige Kloster St. Emmeram wahrlich schon lange nicht mehr gesehen!

Damals noch als »High-Society-Göre« eher dem Motto »lieber Feste feiern, als feste arbeiten« zugetan, zeigten sich bei Hausherrin Gloria bereits damals erste Anzeichen für ihre heutige Reputation als seriöse Verwalterin des Familienerbes und erfolgreiche Geschäftsfrau: Ihr Talent als kreative Eventmanagerin und gute Gastgeberin hatte sie im Rahmen dieses einzigartigen Kostümfestes ja bereits beeindruckend unter Beweis gestellt.

Nun haben selbstverständlich die wenigsten von uns die Möglichkeit, ein herrschaftliches Anwesen (das zur damaligen Zeit allein über eine halbe Million Euro an Unterhalt verschlang) für einen Tag in ein Lustschloss aus dem 18. Jahr-

hundert zu verwandeln, glitzernde Spiegelkabinette und reich
verzierte Kronleuchter inklusive. Das sollte uns jedoch nicht
daran hindern, selbst Gäste zu beherbergen und liebe Menschen in unsere Mietwohnung einzuladen! Kurz: Feiern wir die
Feste, wie sie (ge-)fallen! Ob mit Nudelsalat und Flaschenbier
oder mit Gänsestopfleber und Sauternes.

EIN ANGENEHMER GAST! EIN WUNDERBARER GASTGEBER! – WIE SICHERE ICH MIR SOLCHE KOMPLIMENTE?

Ein altes Sprichwort sagt: »Ein Fisch und ein Gast halten sich
beide nicht gut länger als drei Tage im Hause.« Bis also der
Fisch in der Pfanne und der Gast wieder auf der Straße gelandet sind, können gut 72 Stunden vergehen. Um den Fisch müssen wir uns in diesem Zusammenhang nicht weiter kümmern,
der liegt im Kühlschrank und macht keine Probleme. Aber
Gast und Gastgeber? Die müssen miteinander auskommen.

Beide Rollen sind uns in der Regel vertraut, doch nicht immer ist die Aussicht auf 72 gemeinsame Stunden ein Grund, zu
Jubelsprüngen anzusetzen. Denn obwohl die Gastfreundschaft
immer wieder in höchsten Tönen gelobt wird und als unab-
dingbare Tugend für das Gelingen der zwischenmenschlichen
Beziehungen ins Feld geführt wird, scheint sie insbesondere
in unseren Breitengraden ein Schattendasein zu fristen. Da
wird, kurz nach der Rückkehr aus dem Türkei-Urlaub, den
Freunden am Telefon in einem Atemzug die unbeschreibliche
Gastfreundlichkeit der Türken geschildert und gleichzeitig
mitgeteilt: »Ihr könnt gerne nächstes Wochenende zum Dia-

vortrag vorbeischauen, aber eine Übernachtung bei uns ist doch schwierig, weil wir darauf nun gar nicht eingerichtet sind.«

Möglicherweise bin ich in Bezug auf die Gastfreundschaft ja ein wenig übersensibilisiert, weil ich in einem Elternhaus groß geworden bin, in dem die Bezeichnung »Haus der offenen Tür« wirklich Geltung beanspruchen durfte und noch immer gilt. Egal, wie voll es war, egal, wer wie auf Besuch eingerichtet war, untergebracht haben wir immer noch alle Gäste. Und ich glaube mit Fug und Recht behaupten zu dürfen, dass sich unsere Gäste immer sehr wohlfühlen.

Warum das so ist, und auf welche Weise es uns allen gelingen kann, nicht länger den jeweiligen Kulturkreis, die Größe unserer Räumlichkeiten, die Menge an Bettdecken, die Fülle des Kühlschrankes, unseres Portemonnaies oder andere – verzeihen Sie – Ausreden zu bemühen, das möchte ich nun versuchen zu illustrieren. Warum sollte es uns nicht möglich sein, dem vorbildlichen Verhalten jener mongolischen Familie aus den Plattenbauten in Ulan Bator nachzueifern, bei der ein Bekannter von mir über eine Woche wohnen und essen durfte, ohne einen Cent bezahlen zu müssen? Vielmehr als einige grundlegende Regeln sind hierfür nun wirklich nicht nötig:

✓ *Wer seinen Gästen ein Freund sein will, der setzt weniger auf Glanz und Gloria als auf die eigene Freude daran, dem anderen seine Tür mit der größtmöglichen Selbstverständlichkeit zu öffnen.*

Konkurrieren Sie nicht mit den Annehmlichkeiten von Luxushotels. Das erwartet – außer Ihnen – niemand! Sie haben nicht genug Bettzeug? Dann fragen Sie bei Freunden oder bitten Ihre Gäste, selbst etwas mitzubringen. Sie haben keine Lust, jeden Tag etwas Gelungenes auf den Tisch zu zaubern? Dann kochen Sie doch zusammen oder bestellen eine Pizza. Sie wollten heute Abend Ihren Lieblingsfilm im Fernsehen schauen? Tun Sie sich keinen Zwang an, ein gemeinsamer Fernsehabend ist doch etwas Schönes. Und wer lesen will, kann das auch tun!

✓ *Es gibt keine Verpflichtung zur Rundumversorgung.*

Wer hätte denn behauptet, dass Sie die gesamte Zeit mit Ihren Gästen verbringen müssen? In der Regel haben Sie es doch mit erwachsenen Menschen zu tun, die auf eigene Faust einen Stadtbummel, Museumsbesuch oder Spaziergang unternehmen können. Wer selber schon einmal Gast war, der weiß solche Freiräume zu schätzen. Ein wenig Unterstützung schadet ja nichts. Schließlich kennen Sie sich in Ihrer jeweiligen Umgebung am besten aus. Suchen Sie im Vorfeld einfach Sehenswürdigkeiten, nette Cafés, Boutiquen heraus, und einen Stadtplan haben Sie sicher auch im Haus!

✓ *Die Kunst des guten Gastgebers liegt in der Fähigkeit, sich selbst zurückzunehmen und seine Erwartungen eindeutig zu formulieren.*

Wer immer wieder von den Gästen gefragt wird, ob sie dieses oder jenes dürften, wo denn dieses oder jenes zu finden sei, und ob es in Ordnung sei, dass man sich diesen Abend mit anderen Freunden treffen wolle etc., der hat bereits im Vorfeld versäumt, die Grundlagen der gemeinsamen Zeit und die damit verbundenen Freiräume zu klären. Wer sich selbst die Rolle der strengen Gouvernante auferlegt, die sich für alles zuständig wähnt und überall den Daumen drauf hat, der muss sich nicht wundern, wenn er sich am Ende der gemeinsamen Zeit – meistens jedoch schon vorher – wie gerädert fühlt und auf ein baldiges Verschwinden der Gäste hofft. Trotzen Sie diesem Kontrollwahn! Öffnen Sie Ihren Gästen Ihr Reich, gestatten Sie ihnen, sich so frei wie möglich zu bewegen, und Sie werden sehen, auch Sie selbst bewegen sich mit der gleichen Selbstverständlichkeit.

✓ *Lassen Sie Ihre Gäste etwas zum Gelingen des gemeinsamen Beisammenseins beitragen.*

Ihr Freund Markus kocht gerne? Bestens. Zeigen Sie ihm, was der Kühlschrank hergibt, wo Besteck, Geschirr und Küchengeräte zu finden sind. Und auf geht's! Ihre Freundin Esther ist Kunsthistorikerin und hat die Picasso-Ausstellung noch nicht gesehen? Prima! Was stünde einer privaten Führung noch im Wege? Esthers Mann Paul ist technisch versiert? Na endlich! Vielleicht hat er ja mal Lust, einen Blick auf die defekte Stereoanlage zu werfen. Jeder Gast schätzt es, sich einzubringen, sich nützlich zu machen und Ihnen über die mitgebrachten Blumen oder Pralinen hinaus seine Dankbarkeit zu demonstrieren. Verurteilen Sie also Ihre Gäste bitte nicht zum Nichtstun, sie werden es Ihnen danken!

Die Schneiders bleiben immer zwei Tage länger als angekündigt? Die Merkelkamps tun keinen Handschlag? Die Hubers können sich nicht für zwei Minuten selbst beschäftigen? Aber Sie haben dennoch alle gern um sich? Nun, dann hilft nur ein offenes Wort. Wie sollen Schneiders, Merkelkamps oder Hubers etwas an ihrem Verhalten ändern, wenn Sie während ihres Aufenthaltes zwar die Faust in der Tasche ballen, aber Ihr Unbehagen nicht äußern und stattdessen die

Sekunden zählen, bis die ungeliebten Gäste wieder das Haus verlassen?

✓ *Schlüpfen Sie in die Rolle der Herbergseltern aus den Landheimen Ihrer Kindheit, und verkünden Sie bestimmt, aber freundlich die Hausordnung für die kommenden drei Tage.*

Erklären Sie Ihren Gästen, was Sie von Ihnen erwarten. Ob es Ihnen gelingt, sich und Ihren Gästen die größtmöglichen Freiräume zu gewähren und für transparente gegenseitige Rechte und Pflichten zu sorgen, dafür gibt es aus meiner persönlichen Erfahrung übrigens einen äußerst geeigneten Gradmesser: Es ist die Art und Weise, wie wir auf Überraschungsbesuche reagieren.

✓ *Je weniger Gedanken Ihnen beim Anblick des unangekündigten Besuches durch den Kopf rasen, warum es nun gerade so gar nicht passt, desto näher kommen Sie dem Ideal des idealen Gastgebers.*

Je eher Sie Ihre Überraschungsgäste mit einem ebenso herzlichen wie ernst gemeinten »Das ist ja eine schöne Überraschung!« begrüßen, desto wahrscheinlicher wird der gelungene Aufenthalt – für beide Seiten. Und für Essen ist ja gesorgt: Der Fisch liegt schon im Kühlschrank!

Eines möchte ich den Gästen im Übrigen ganz explizit raten, um des lieben Friedens willen: Sie können vergessen, ein Geschenk mitzubringen, Sie können Ihren Aufenthalt um einen Tag verlängern oder mit Verständigungsschwierigkeiten kämpfen wie mein Bekannter in Ulan Bator, eines sollten Sie jedoch nicht versäumen:

✓ *Halten Sie Augen und Ohren offen, um sich ein Bild von den*
   Gepflogenheiten im gastgebenden Haushalt zu machen.

Oder heißen Sie Schneider, Merkelkamp oder Huber? Noch etwas: Wechseln Sie beizeiten die Rollen! Gute Gastgeber sollten
gern gesehene Gäste sein …

»WIR FREUEN UNS AUF SAMSTAG!« –
EINLADEN UND EINGELADEN WERDEN

»›Wir müssen eine Gesellschaft geben, wir sind es dem und
dem und jenem schuldig‹, sagt die Frau Kommerzienrätin.
Sie ist es verschiedenen Bekannten ›schuldig‹, sie einzuladen,
weil diese sie eingeladen haben; aus diesem Grunde erfolgt
die Einladung an Hauptmann A.s, Dr. B.s, Kapellmeister C.s,
Assessor D.s u.s.w.« Für Marie Calm standen in ihrem Buch
»Die Sitten der guten Gesellschaft. Ein Ratgeber für das Leben
in und außer dem Hause« aus dem Jahre 1886 bezüglich der
Einladung zwei Fragen im Mittelpunkt ihrer Betrachtung über
die Sitten der guten Gesellschaft:

1. Wen sollten wir einladen?
2. Wie sollen wir einladen?

Und natürlich freuen auch wir uns nicht immer – wie in der
Überschrift suggeriert – auf Samstag. Da die Benimmliteratur
jedoch nicht nur im ausgehenden 19. Jahrhundert, sondern
auch zu Beginn des 21. Jahrhunderts ausreichend Empfehlungen bereithält, mit den Aspekten »Müssen« und »Sollen«
zurechtzukommen, die sich rund um offizielle Einladungen

ergeben, behalte ich mir vor, mich mit dem Aspekt des »Wollens« zu beschäftigen (ohne dem naiven Glauben anzuhängen, mich damit des »Sollens« für alle Zeiten zu entledigen).

Für alle also, die ohnehin keinen Hauptmann im Bekanntenkreis haben oder den Kapellmeister nicht zu ihrem Geburtstag, ihrer Hochzeit, der Taufe ihres Kindes oder zu einer zünftigen Karnevalsfeier einzuladen gedenken, sind die folgenden Zeilen gedacht. Für alle, die nicht wissen, dass ein Brunch zwischen elf und zwölf Uhr beginnt oder die dritte Druckzeile einer persönlichen offiziellen Einladung mit einem »zu« beginnt, dem seien die Seiten 78 ff. aus Franziska von Aus »Der neue Knigge« ans Herz gelegt. Für mich stehen hingegen zwei Fragen im Mittelpunkt der Betrachtung:

1. Wen wollen wir einladen?
2. Wie wollen wir einladen?

Wie soll man sich auf Samstag freuen, wenn man nicht einmal weiß, was man selber will? Bevor wir also unsere Einladungen an den sogenannten sozialen Zwängen ausrichten und darüber nachdenken, ob wir Natascha und Johannes einladen, weil »die uns schließlich auch zu ihrer Hochzeit eingeladen haben«, oder Sascha doch Bescheid sagen, »obwohl der selbst nie einlädt«, wäre es doch hilfreich zu überlegen, wen wir auf jeden Fall dabei haben wollen, aus welchen Gründen auch immer!

Ich halte mich diesmal mit meinen Antworten zurück. Das hat seine Gründe. Denn manchmal sprechen die Dialoge und inneren Monologe im Vorfeld einer Einladung für sich. Hören wir doch einmal rein. Und vielleicht wissen wir dann für die nächste Einladung, was wir und unsere Gäste wirklich wollen …

»Wie soll man sich auf Samstag freuen, wenn man nicht weiß, ob man eingeladen wird? Wollen die mich vielleicht nicht dabeihaben? Nur weil ich das letzte Mal nicht abgesagt habe, weil ich auf meinen eigenen Geburtstag nicht viel gebe, weil ich enttäuscht war, nicht Taufpate geworden zu sein, und das auch deutlich zum Ausdruck gebracht habe oder meine Flasche Sekt als Mitbringsel nicht gut angekommen ist? Keine Ahnung! Wird wahrscheinlich eh wieder ein ›gesetztes Essen‹. Ich habe aber keine Lust, mich wieder mit wildfremden Leuten zu unterhalten, und außerdem stehe ich nicht auf diesen Pünktlichkeitsterror. Vielleicht ist Johannes ja immer noch sauer, dass ich die Hochzeit damals abgesagt habe und ihm am selben Tag auf den Anrufbeantworter gesprochen habe, um zu fragen, ob er am Abend Lust hätte, um die Häuser zu ziehen. Mein Gott, das kann doch mal passieren! Der hat aber auch ein Elefantengedächtnis! Na, mal schauen, vielleicht gehe ich ja trotzdem hin; ich rufe mal Mattes an, möglicherweise hat der ja Lust mitzukommen, der kennt die Uli ja auch noch von früher!«

»Jetzt haben wir René und Nina vergessen! Mist. Die Einladungen sind schon raus. Aber ich fände es schon schön, wenn die beiden kämen. Weißt Du was, ich schreibe ihnen einfach eine SMS.« »Also, eine Einladung zu einer Hochzeit per SMS habe ich auch noch nie bekommen! Eine schriftliche Einladung zu einem solchen Anlass halte ich schon für angemessen.« »Merkwürdig, finde ich auch, aber das soll uns nicht davon abhalten, trotzdem hinzugehen, was meinst Du?«

»Jetzt beeil Dich mal, es ist schon zwanzig nach!« »Ja und? Auf der Einladung steht doch ab 20.00 Uhr.« »Ja, kann schon sein. Ich habe aber mit Astrid im Vorfeld gesprochen, die hat extra etwas zu essen vorbereitet. Wenn da jetzt alle im Abstand von zehn Minuten ankommen, ist das doch auch blöd!«

»Natürlich machen wir eine Tischordnung! Sonst hängen doch eh immer dieselben Leute zusammen! Katrin und Robert?« »Das würde passen!« »Konrad und Jessica«? »Die sehen sich ohnehin jeden Tag. Setzt doch Konrad neben Tanja, sie stramme Karrierefrau, er freischaffender Künstler, das könnte interessant werden.« »Kasper setzen wir auf jeden Fall zu Susanne, die kennen sich nicht, fahren aber beide Motorrad!«

»Heute hat Frau Schäfer angerufen und sich für die Einladung bedankt, die Ackermanns haben uns einen kurzen Brief geschrieben, können aber leider nicht kommen. Er ist geschäftlich in Düsseldorf. Aufsichtsratssitzung, glaube ich. Und Peter und Marlies kommen höchstwahrscheinlich ein wenig später, melden sich aber noch mal.«

»Ich bin echt stinksauer! Jedes Mal haben wir die beiden eingeladen. Taufe von Carlotta, Taufe von Linus, zu unserer Hochzeit, zu unseren Geburtstagen. Und jetzt? Feiern die angeblich im kleinen Kreis. Dabei kommen über 70 Gäste; das hat Lothar mir gesteckt. Ich bin schon enttäuscht genug, dass wir nicht eingeladen sind, aber die Ausrede ›kleiner Kreis‹ macht mich richtig wütend!«

»Also, so langsam hätte ich schon gerne eine Einladung! Ist die Hochzeit nicht schon nächsten Monat?« »Schon, aber wir wissen doch, wer wo heiratet, was wir schenken und dass Du Trauzeuge bist …«

»Ein bisschen überkandidelt ist die Karte schon, oder? Hört sich ja an wie die Einladung zur Trauung des englischen Thronfolgers. Nun gut, immer noch besser als diese lieblose unpersönliche Karte, die Saskia und Mario letztes Jahr verschickt haben. Aber da standen wenigstens alle wesentlichen Fakten drauf: Anreise, Übernachtungsmöglichkeiten, zeitlicher Ablauf und erwünschte Kleidung. Bei Kati und Olli kannst Du Dir wieder alles selbst zusammenreimen! Was soll das überhaupt heißen, ›smart casual‹? Ich rufe die beiden einfach mal an.«

»Also, gibt es jetzt heute Abend was zu essen, oder müssen wir sogar wieder unsere Getränke selbst mitbringen? Ich bin ja froh, dass uns Rudi nicht noch für seine erhöhten Stromkosten zur Rechenschaft zieht ...«

»Ich bin es, Marianne. Du, Uli, ich wollte mich nur noch mal ganz herzlich für den schönen Samstagabend bedanken. Entschuldige noch mal, dass wir erst so kurzfristig zusagen konnten. Wir haben uns jedenfalls sehr gefreut, dabei gewesen zu sein. Rolf und ich haben uns ganz köstlich amüsiert. Peter und Karin sind ja wirklich ganz reizend. Schön, dass wir die beiden mal kennengelernt haben, das war ja eine gute Idee mit der Tischordnung. Und das Essen war wie immer wunderbar. Aber dass der Mike tatsächlich einfach vorbeikommt und dann auch noch den Mattes mitschleppt, das ist wirklich ohne Worte. Der hat den Knall offenbar nicht gehört ...«

»MIR FÄLLT AUCH NICHTS EIN!« – SCHENKEN UND BESCHENKT WERDEN

Am Anfang war das Geschenk, und das Geschenk war bei Gott: »Gebt, dann wird auch euch gegeben werden. In reichem, vollem, gehäuftem, überfließendem Maß wird man euch beschenken; denn nach dem Maß, mit dem ihr messt und zuteilt, wird auch euch zugeteilt werden.« Dieses Gotteswort finden wir im Evangelium des Lukas. Und tatsächlich ist das Geschenk auch über 2000 Jahre nach Christi Geburt nicht aus unserem Leben wegzudenken. Genauso wenig wie die Herausforderung, stets das richtige Maß zu finden, nach dem wir über unsere Zuteilungen befinden sollen. Hört sich ja erst mal ganz einfach an, was uns der Schöpfer in der Heiligen Schrift mit auf den Weg gibt: ein verheißungsvolles Versprechen, das uns nicht mehr abverlangt, als zu geben! Aber um das unüberschaubare Sammelsurium an Fragen, das sich aus diesem so scheinbar einfachen Appell ergibt, darüber schweigt sich der Vater im Himmel beharrlich aus:

»Verpackt man nun seine Geschenke oder nicht?«

»Darf man ein Geschenk ablehnen oder zumindest seinen Unmut über die Einfallslosigkeit des Schenkenden zum Ausdruck bringen?«

»Muss man sich überhaupt etwas zu Weihnachten schenken?«

»Kann es sein, dass ich dem anderen mit meinem Geschenk eine unangenehme Verpflichtung auferlege?«

»Wäre die hässliche Krawatte, die ich von Omi bekommen habe, nicht etwas für Onkel Karl?«

»Reicht es eigentlich aus, wenn ich mich bedanke, oder erwartet Monika von mir auch ein Geschenk zu Weihnachten?«

Auf diese und andere konkrete Fragen gibt uns die Bibel zwar keine konkreten Antworten – unsere Haltung, etwas geben zu wollen, prägt sie jedoch bis heute. Denn noch immer verbirgt sich in jedem Geschenk ein tief religiöses Element – da mag die Krawatte noch so hässlich oder der alljährliche »Fresskorb« noch so einfallslos erscheinen. Repräsentieren sie doch immer den religiösen Opferritus längst vergangener Zeiten.

Nun haben die Worte »Opfer« und »Ritus« in unserer postmodernen säkularen Gesellschaft erheblich an Stellenwert eingebüßt. Und so mancher denkt wohl eher an die satanischen Opferrituale pubertierender schwarz gekleideter und weiß geschminkter Jugendlicher auf dem lokalen Friedhof als an den schönen Satz des französischen Philosophen und Knigge-

Vorläufers La Bruyère: »Es ist schön, den Augen dessen zu begegnen, dem man soeben etwas geschenkt hat.« Dabei sind uns die Worte von La Bruyère sehr vertraut. Jedes Jahr zu Weihnachten hört man von allen Seiten, mit wem man auch spricht: »Also, ich schenke ja viel lieber, als dass ich etwas geschenkt bekomme!« Ganz so schlecht scheint es also um unsere »Opferbereitschaft« nicht bestellt zu sein. Nur mit der Umsetzung hapert es so manches Mal, oder wissen Sie vielleicht spontan, was ich dieses Jahr meinem Neffen schenken soll?

Dass es sich beim Weihnachtsfest um ein Ritual handelt – unabhängig davon, ob der Weihnachtsmann den heiligen Nikolaus als Schokoladenfigur verdrängt hat –, darüber gibt es wohl ohnehin keine unterschiedlichen Auffassungen. Nun ist das Weihnachtsfest ja nicht das einzige Ritual, das uns im Jahresverlauf Kopfzerbrechen bereitet. Im Grunde genommen können wir uns gar nicht retten vor lauter Opfern und Ritualen: Geburtstage, Firmenjubiläen, Taufen, Hochzeiten, Verlobungen, Konfirmationen, Einladungen, Spendenaufrufe und viele andere Anlässe.

Wissen Sie, wie viele Geschenke Sie im letzten Jahr bekommen bzw. verschenkt haben? Sehen Sie, ich auch nicht. Aber eines weiß ich ganz sicher: Ich habe schon so manches Ritual verflucht, weil mir keine zündende Idee kam. Und deshalb habe ich jedes Jahr aufs Neue darüber nachgedacht, wie ich diesem »Geschenkterror« entgehen könnte. Auch Sie freuen sich, wenn Ihnen dann doch eine gute Idee gekommen ist? Auch Sie streben danach, das Geben und Nehmen im Gleichgewicht zu halten? Recht haben Sie. Wer würde sich auch schon mit einem »feuchten Händedruck« und einem einfachen »Dankeschön« zufriedengeben oder den Eindruck hinterlassen wollen, immer nur »einzusacken«? Ein ausgeglichenes Konto ist noch immer das A und O. Opfer gegen Opfer, Soll und Haben im Gleichgewicht, der Saldo stimmt. Jahresabschluss! So, als würden wir uns wünschen, das reiche, volle, gehäufte und überfließende Maß des göttlichen Kelchs möge bloß an uns vorbeigehen, weil nichts auf Dauer kostspieliger ist, als ständig beschenkt zu werden! Da spricht unsere kaufmännische Seele.

Und so überrascht es wenig, dass sich der Pfarrer in der Weihnachtsmesse, die ich letztes Jahr besucht habe, bemüßigt fühlte, das göttliche Wort der Heiligen Schrift durch einen leidenschaftlichen Appell zu ergänzen, um unsere Seelen vor einem fatalen Irrtum zu bewahren: »Man muss aber auch bereit sein, ein Geschenk annehmen zu können, ohne direkt an eine mögliche Gegenleistung zu denken.« Wie wir im nächsten Jahr unsere Fähigkeiten im Geben und Nehmen vervollkommnen können, davon handeln die nun folgenden irdischen Zeilen:

✓ *Wenn es Ihnen nicht gelingen sollte, Ihre fixe Idee der ungebrochenen Gegenleistung in Sachen Geschenken zu den Akten zu legen, dann verfallen Sie wenigstens nicht in den Wahn, einander ständig zu überbieten. Sonst halten Sie zwar Ihre Bilanz im Gleichgewicht, rutschen aber immer tiefer in die »roten Zahlen«!*

In unserem Bürgerlichen Gesetzbuch ist der Begriff der Schenkung in Paragraf 516 eindeutig geregelt. Dort heißt es in Absatz eins: »Eine Zuwendung, durch die jemand aus seinem Vermögen einen anderen bereichert, ist Schenkung, wenn beide Teile darüber einig sind, dass die Zuwendung unentgeltlich erfolgt.« Bei der Art von Geschenken, über die ich zu sprechen gedenke, besteht weitestgehend Einigkeit darüber, dass das

jeweilige Geschenk im Zuge der Überreichung in das Vermögen des anderen übergeht, ohne dass geldliche Forderungen
erhoben würden. Eine Ausnahme ist jedoch geläufig: Wenn Sie
eine Schere oder ein Messer verschenken, dann will es der Aber-
glaube, dass der Empfänger Ihnen einen symbolischen Cent
aushändigt, um die Gefahr zu bannen, dass die geschenkten
Schneidewerkzeuge die Freundschaft zerschneiden.

Nun mögen nüchterne Gesetzestexte verhindern, dass die
»buckligen« Teile der Verwandtschaft auf die Idee kommen,
für ihre Geschenke eine geldwerte Gegenleistung einzufordern. Das Gefühl, in der Schuld unseres schenkenden Gegenübers zu stehen, verhindern sie jedoch keineswegs! Es liegt
an uns, uns von der vermeintlichen Pflicht zur Gegenleistung
freizumachen, untergräbt sie doch die grundlegende Idee des
Schenkens: seine unbedingte Freiwilligkeit! Sollte Sie jedoch
das Gefühl beschleichen, der andere verfolge mit seiner »mil-
den Gabe« ganz andere Ziele als mildtätige, wie es mitunter in
geschäftlichen Beziehungen vorkommen kann, dann heißt es:
Obacht!

✓ *Lassen Sie sich nicht kaufen, Sie wären nicht der Erste!*

Aus diesem Grund reduzieren im Übrigen viele Unternehmen
zunehmend die Verführungspotenziale ihrer Mitarbeiter, in
dem sie die Geschenke von Kunden und Lieferanten auf den
»Index« setzen.

✓ *Verpacken Sie Ihre Geschenke!*

So schwierig ist es wirklich nicht, und Sie machen sich selbst
und dem Empfänger eine Freude. Was gibt es Schöneres als die

kurze Zeitspanne der freudigen Erwartung, die Schenkenden und Empfänger im Moment des Auspackens ergreift? (»Ob es Ihr wohl gefällt?« »Du wirst doch nicht …?«). Natürlich gibt es schöneres und weniger schönes Geschenkpapier, natürlich gibt es Verpackungskünstler mit erlesenem Geschmack und Menschen mit zwei linken Händen. Ob Sie jedoch Zeitungspapier, Handtücher oder gar Plastiktüten als Blickfang verwenden – berauben Sie sich und andere nicht des freudigen Moments, der durch den Auspackvorgang noch gesteigert wird!

Ihr Vater hat schon 235 Krawatten, und die Hälfte davon stammt aus Ihrer »Geschenk-Kreativitäts-Fabrik«? Das letzte Parfüm, an das Sie sich bei Ihrer Freundin erinnern können, ist längst vom Markt genommen, und Ihre Freunde haben nun mal keine Hobbys? Ich will Ihnen nicht zu nahetreten, aber die Einfallslosigkeit bei Geschenkideen hat zumeist einen einfachen Grund: Trägheit!

✓ *Wer schenken will, der muss sich bemühen, der sollte seine Mitmenschen und deren Vorlieben kennen.*

Insbesondere bei Menschen, die uns nahestehen, hilft es, sein Gedächtnis nach gemeinsamen Gesprächen und Aktivitäten zu durchforsten und sich auf die Suche nach den tatsächlichen Interessen und Leidenschaften zu machen und nicht bereits im ersten Schritt auf Altbewährtes zurückzugreifen oder das nächste auf Geschenkartikel spezialisierte Geschäft aufzusuchen.

Doch ich warne Sie: Auf der Suche nach den wahren Vorlieben des zu Beschenkenden hat sich schon so mancher das beschämende Zeugnis ausstellen müssen, wenig bis gar nichts über die eigenen Eltern, Freunde, Verwandte oder Kollegen zu wissen. Diese Erkenntnis mag ernüchternd sein, auf der Suche nach einem Geschenk ist sie jedoch enorm zielführend:

✓ *Verschenken Sie eine Einladung für ein gemeinsames Essen, holen Sie die in letzter Zeit versäumten Gespräche nach, und stellen Sie die Fragen, die sie schon immer einmal stellen wollten! Ich verspreche Ihnen, die nächsten Weihnachtsgeschenke sind gerettet!*

Wenn Sie, wie ich, jedes Jahr aufs Neue bei den Weihnachtseinkäufen unter Zeitdruck geraten, ist es an der Zeit, Ihre Strategie zu ändern: Ich habe es mir in den letzten Jahren angewöhnt, meine Augen das ganze Jahr nach passenden Geschenken offenzuhalten. Ist es Ihnen noch nie passiert, im April plötzlich vor einem Buch zu stehen, das Ihrer besten Freundin gut gefallen würde? Ich kann nur raten: kaufen und verwahren.

Unter Zeitdruck am 23. Dezember nach originellen Geschenken zu fahnden, ist wahrlich kein Vergnügen, das Gefühl dagegen, Anfang Dezember schon alles beisammen zu haben, wirklich beruhigend!

✓ *Jedes Geschenk sollte etwas mit seinem Empfänger zu tun haben.*

Vermeiden Sie daher zumindest im privaten Bereich »Gattungsgeschenke«. Tun Sie sich keinen Zwang an: Verschenken Sie Krawatten, Parfüm, Schlafanzüge, Schals, Pralinen und Blumen, so viel Sie wollen. Eine wirkliche persönliche Note erfahren Geschenke jedoch nur, wenn Sie dem Geschmack des anderen möglichst nahekommen. Über die farblichen Vorlieben des Empfängers kann man sich informieren, indem man genauer hinsieht oder sich erkundigt, ein Marzipanfan freut sich möglicherweise auch über Champagnertrüffel, dass Nugat ihm verhasst ist, hätten Sie aber wissen können. Mit ein wenig Aufmerksamkeit lässt sich von allen genannten Gütern ein Lieblings-... erfahren, und im Handumdrehen haben Sie aus einer Gattung ein maßgeschneidertes Geschenk gemacht: »Mensch Gregor, das ist ja mein Lieblingsparfüm. Da hast Du ja mal richtig zugehört!«

Die schwedische Schriftstellerin Selma Lagerlöf sagte einmal: »Schenken heißt, einem anderen das geben, was man selber behalten möchte.« Mit dieser Einschätzung betont sie die Ernsthaftigkeit, die uns bei unserer Suche nach angemessenen Geschenken umtreiben sollte. Nimmt man ihre Aussage hingegen allzu wörtlich, dann würden wir unsere Mitmenschen nur mit dem beschenken, was uns selbst gefällt. Auch das kann im Einzelfall durchaus angebracht sein, als Regel erinnert es jedoch eher an jene Väter, die ihre Söhne zum dritten Geburtstag mit einer Modelleisenbahn beglücken und ihnen gleichzeitig das Spielen mit selbiger verbieten, um bloß nicht den »eigenen Jugendtraum« der kindlichen Zerstörungswut zum Opfer fallen zu lassen!

✓ *Sie tragen sich mit dem Gedanken, eigene Geschenke weiterzuverschenken? Hüten Sie sich!*

Geschenke sind keine Bestandteile eines virtuellen Warenkorbs, der bei eBay nach meistbietenden Abnehmern sucht. Denken Sie daran, mit welcher Begeisterung Sie selbst einen Christstollen aus seiner Verpackung befreit haben, wohl wissend, dass die Kollegin, die Ihnen das Geschenk überreichte, selbst keine Rosinen mag, oder erinnern Sie sich an Ihre

Freudensprünge anlässlich der unverpackten Sektflasche, die
Ihnen ausgerechnet Ihr Freund Thomas spendierte, der für
seine Champagnerleidenschaft bekannt ist! Vorsicht also mit
den »Wanderpokalen«: Es soll ja sogar Menschen geben, die
beim »Weihnachtswichteln« erfahren mussten, wie es sich an-
fühlt, wenn man sich für ein Geschenk bedanken muss, das
man bereits selbst einmal verschenkt hat, während der Tischnachbar mit großen Augen auf das Geschenk seines Neben-
manns blickt, das er eigentlich in unserem Besitz wähnte …

✓ *Ihnen gefällt Ihr Geschenk nicht? Pech gehabt!*

Es gibt nichts Unwürdigeres, als sich über die Wertigkeit eines
Geschenkes zu äußern oder es gar zurückzuweisen. (Es sei
denn, Sie fühlen sich bestochen. Aber das hatten wir ja schon.)
Beweisen Sie »Nehmerqualitäten«: Schlucken Sie Ihren Ärger
hinunter, verbannen Sie etwaige Revanchegelüste aus Ihrem
Kopf, und belassen Sie es bei einem Kopfschütteln in den eigenen vier Wänden!

»Was schenken wir denn eigentlich dem Tommy?« Eine Frage,
die immer im Vorfeld des »Gemeinschaftsgeschenks« auftaucht
und deren Übersetzung folgendermaßen lautet: »Du, ich habe
mich wie immer um nichts gekümmert. Kann ich mich noch
bei Euch beteiligen?« Nun kommt es darauf an, auf welcher
Seite Sie stehen. Für den Fragenden habe ich nur einen Tipp:

Kümmern Sie sich ein einziges Mal selber um ein Geschenk!

Bei den Befragten handelt es sich eigentlich immer um denselben Personenkreis: Menschen, die sich selbst für arme Teufel halten, »an denen immer alles hängen bleibt«, die in den

Augen ihrer Mitmenschen eben gerne organisieren und die Fäden in der Hand behalten. Für den Beschenkten ist es ohnehin kein Hexenwerk, wer für die Geschenkidee verantwortlich zeichnet. Entweder, weil er sich sonst selbst gerne an Geschenken beteiligt oder weil sich Handschrift und verbale Einlassungen zum überreichten Geschenk eindeutig auf den »Organisator« zurückführen lassen. Sie fühlen sich angesprochen? Gut, dann habe ich auch für Sie einen Tipp:

✓ *Akzeptieren Sie Ihre Rolle als »Organisator«, oder legen Sie Ihr Amt nieder, aber hören Sie auf, sich über die anderen und ihre Faulheit zu mokieren!*

Sie leiden ohnehin unter mangelnder »Opferbereitschaft«? Sie »schenken sich nichts mehr zu Weihnachten«, und auch zu anderen Anlässen ist Ihnen das gegenseitige Verpflichten ein Dorn im Auge? Dann muss Ihnen ja nichts mehr einfallen. Eine Sorge weniger! Aber auch einer Erfahrung haben Sie sich demnach freiwillig beraubt: der schönen Begegnung mit den Augen desjenigen, dem man soeben etwas geschenkt hat!

FESTE FEIERN, WIE SIE (GE-)FALLEN – WORAUF KOMMT ES DABEI AN?

»GANZ IN WEISS« – DIE HOCHZEIT

Es gibt nicht wenige, die behaupten, die härteste Bewährungsprobe einer Ehe bestünde in der Organisation der Hochzeitszeremonie. Ich glaube, das ist wahr. Viele Paare durchleben im Vorfeld ihrer Hochzeit zum ersten Mal den Ausgang aus der selbst gewählten Unverbindlichkeit. Damit ist jetzt Schluss, jetzt wird es ernst! Kompromissbereitschaft und Konsensfähigkeit der zukünftigen Eheleute stehen auf dem Prüfstand. Da hat man sich Zeit seines Lebens um alle möglichen Riten und Kulte herumgedrückt, um sich nun mit einem Batzen von Anforderungen und Herausforderungen herumzuschlagen!

Kein Wunder, dass so mancher noch im Vorfeld die Brocken hinschmeißt und das Aufgebot abbestellt oder sich aufs »Wesentliche« konzentriert: auf ins Standesamt, keinem Bescheid sagen, der Standesbeamtin kurz erläutern, dass »Der kleine Prinz« heute Pause habe und Trauzeugen nicht vonnöten seien. Dann schnell die Heiratsurkunde eingesteckt, für zwanzig Euro ein Familienbuch erworben und raus an die frische Luft. Erstmal durchatmen! So weit die graue Theorie.

Doch die Ansprüche aus dem Umfeld der frisch Vermählten lassen sich nicht so einfach auf Eis legen. Eltern, Freunde, Verwandte und Bekannte haben sich das schon ein wenig anders vorgestellt. Und was zunächst hinter vorgehaltener Hand an Vorhaltungen gemacht wird, bahnt sich irgendwann den Weg in die Gehörgänge der Eheleute: »So einfach kommt Ihr nicht davon, wann wird denn gefeiert?«

Wer sich hingegen ganz bewusst für Glanz und Gloria entscheidet und fest entschlossen ist, die eigene Trauung zur unvergesslichen Traumhochzeit werden zu lassen, der ist in der Pflicht: Da müssen Einladungen inhaltlich gestaltet und gedruckt, im Falle einer kirchlichen Trauung Traugespräche geführt, liturgische Programme gestaltet und gelayoutet, Gästeliste und Tischordnungen verabschiedet, Trauzeugen und Fürbittensprecher bestimmt, Brautkleider und Bräutigamgarderobe ausgesucht, festliche Räumlichkeiten gefunden, DJs geordert, Geschenkwünsche definiert und, last but not least, Hochzeitsreisen geplant werden. Selbst erfahrene Mitarbeiter aus Eventagenturen, zu deren täglichem Brot es gehört, größere Veranstaltungen zu organisieren und deren reibungslosen Ablauf zu gewährleisten, ächzen bisweilen unter der Last des bevorstehenden Jawortes!

Und nicht immer ist es damit getan, die obige Liste Schritt für Schritt abzuarbeiten. Meinungsverschiedenheiten sind in allen Bereichen vorprogrammiert, was nicht zuletzt mit der unfassbar großen Erwartungshaltung zusammenhängt, die die beiden Brautleute – jeder aus seiner Warte – mit dem »großen Tag« verbinden. Für den einen ist eine kirchliche Trauung ein Muss, für den zweiten ein romantisches Sahnehäubchen, während der nächste mit Kirche auch an diesem Tag nichts am Hut zu haben gedenkt. Während die Braut einen kleinen Kreis an Gästen bevorzugt, können es für den Bräutigam gar nicht genug Menschen sein. Dafür könne man gerne am Essen sparen: »Die kommen doch nicht zu unserer Hochzeit, um gut zu essen!« Und so gibt ein Wort das andere, bis alle Argumente ausgetauscht sind, eine Krise nach der nächsten durchlebt und am Ende im besten Fall ein tragfähiger Konsens erzielt wurde.

Um diesen wahrscheinlicher zu machen, die darauf folgende Zeremonie ohne seelische Blessuren zu überstehen und am frühen Morgen gemeinsam selig einzuschlafen, bräuchte es eigentlich einen professionellen »wedding planner«. Eine Hochzeitsplanerin wie Mary Fiore aus dem gleichnamigen amerikanischen Film aus dem Jahre 2001, das wär's! Da Jennifer Lopez jedoch momentan nicht zur Verfügung steht, müssen Sie mit meinen Empfehlungen vorliebnehmen:

✓ *Laden Sie rechtzeitig ein, scheuen Sie sich nicht, baldige Ab- oder Zusage einzufordern, legen Sie eine Anfahrtsskizze bei, reservieren Sie Hotelkontingente für Ihre auswärtigen Gäste, stellen Sie kurz den geplanten zeitlichen Ablauf dar, äußern Sie sich bei Bedarf zum gewünschten Dresscode, und teilen Sie mit, was Sie sich wünschen.*

Sie fragen sich, ob es in Ordnung ist, sich zur Hochzeit lediglich Geld zu wünschen? Ich kann nichts Schlimmes daran erkennen, schließlich ersparen Sie sich und anderen leidiges Kopfzerbrechen.

✓ *Einen konkreten Verwendungszweck sollten Sie jedoch angeben. Sei es Ihre Hochzeitsreise, eine neue Couchgarnitur oder die Neugestaltung der beiden Kinderzimmer.*

Vergessen Sie aber nicht diejenigen Gäste, die sich scheuen, Geld zu verschenken, weil Sie es für zu unpersönlich halten. (Da ich selbst dazu gehöre, gestehe ich mein eigennütziges Motiv gerne ein.) Als eleganter Zwischenweg eignet sich eine Hochzeitsliste in einem Kaufhaus oder bei einem Inneneinrichter. Als Einladender können Sie angeben, was Sie sich wünschen, und die Gäste haben die Gelegenheit, die Geschenke auszuwählen, die Sie sich auch wirklich wünschen. Beim nächsten gemeinsamen Abendessen wird Ihnen dann vielleicht aus der Suppenschüssel serviert, die Sie selbst verschenkt haben, das ist doch nett …

Sie heiraten kirchlich, kennen aber kein einziges, dem Anlass angemessenes Kirchenlied? Keine Scheu, hören Sie sich im Freundes- und Bekanntenkreis um, kramen Sie die liturgischen Programme bereits vergangener Hochzeitsfeste heraus und schauen nach, wofür sich andere Brautpaare entschieden haben.

Auf zwei Lieder, die man getrost als zeitlose Klassiker bezeichnen darf, werden Sie bei Ihrer Recherche immer wieder stoßen: »Lobe den Herren« von Joachim Neander und »Großer Gott, wir loben Dich« von Peter Ritter. Einer meiner Favoriten ist Paul Gerhards »Geh aus mein Herz und suche Freud«. Natürlich können Sie auch den Pfarrer im Traugespräch fragen, da dieser Sie ohnehin bitten wird, mit ihm gemeinsam die Liturgie für den Traugottesdienst festzulegen.

✓ *Je weniger Ihnen und Ihren Gästen die Liturgie vertraut ist, desto gezielter sollten Sie Lieder aussuchen, deren Melodie sich spätestens nach der zweiten Strophe mitsummen lässt.*

Nichts stört das Gelingen einer kirchlichen Trauung mehr, als wenn der Pfarrer zum Solisten mutiert. Vielleicht kennen Sie ja auch jemanden, der im Chor singt und bereit wäre, mit einigen Mitstreitern Ihrer zaghaften Hochzeitgesellschaft stimmlich ein wenig auf die Sprünge zu helfen.

✓ *Wenn Sie die Kirche gemeinsam verlassen, stellen Sie sicher, dass Sie sich weit genug vom Eingang postieren, um die Glückwünsche entgegenzunehmen.*

Da Ihnen jeder Ihrer Gäste persönlich gratulieren möchte, ist die Schlange je nach Gästeanzahl sehr lang. Stellen Sie sicher, dass alle Gäste die Kirche relativ zügig verlassen können. Nicht etwa, weil es nicht erträglich wäre, sich noch eine Zeit lang wartend in der Kirche aufzuhalten, wohl aber, weil frische Luft immer guttut und das erste Gläschen Champagner die Wartezeit versüßen hilft!

War das Blitzlichtgewitter in früheren Tagen den Prominentenhochzeiten vorbehalten, sind Digitalkameras und Camcorder nicht mehr aus unserem Alltag wegzudenken.

✓ *Überlegen Sie im Vorfeld, wie viel Blitzlichtgewitter Ihnen selbst lieb ist. Sprechen Sie mit Pfarrer oder Pfarrerin, welche Anzahl an rasenden Reportern er oder sie als angemessen empfindet.*

Oft ist eine Person, die ihr Handwerk auch tatsächlich versteht, die bessere Wahl als Dutzende passionierte Amateure und deren verwackelte und unscharfe Bildershow. Im Übrigen ist nichts unromantischer als ein laienhafter Videofilm. Wenn Sie sich für einen »Profi an der Linse« entscheiden, stellen Sie sicher, dass dieser auch die abschließende Party fotografisch begleitet. Ich habe es jedenfalls oft genug erlebt, dass der Bilderstrom noch vor der losgelösten nächtlichen Heiterkeit abrupt abbricht. Wäre doch schade drum!

Keine Hochzeit ohne lustige Spielchen. Machen Sie sich auf ein buntes Potpourri gefasst, verhindern können Sie es ohnehin nicht. Ich rate auch davon ab, bereits im Vorfeld nichts unversucht zu lassen, die kreativen Bestrebungen der Hochzeitsgäste im Keim zu ersticken. (»Und kommt bloß nicht auf die Idee, irgendwelche Spielchen zu organisieren!«)

✓ *Lassen Sie die jeweiligen Aufführungen lieber mit einem wohlwollenden innerlichen Kopfschütteln über sich ergehen, als vehement und miesepetrig dagegen einzuschreiten. Halten Sie im Vorfeld engen Kontakt zu Ihren Trauzeugen, und wirken Sie bei Bedarf auf diese ein, Umfang und Inhalt des geplanten Entertainments in akzeptablen Grenzen zu halten.*

Den Trauzeugen und ausführenden Gästen sei gesagt, dass auf jeder Hochzeit das Brautpaar im Mittelpunkt stehen sollte und daher von allzu selbstverliebten Darbietungen oder gar persönlichen Abrechnungen dringend Abstand genommen werden sollte!

Noch ein Wort zur Kleidung der Gäste. Sie wissen, was ein Cut ist und dass der Smoking in der Kirche, gelinde gesagt, unüblich ist? Sie wissen, dass die Farbe Weiß der Braut vorbehalten ist? Sie haben aber noch weitergehende Fragen zum Thema Kleidung? Dann lade ich Sie herzlich ein, sich im Kapitel »Wie aus dem Ei gepellt! – Was ziehe ich an?« ein Bild über meine weiterführenden Antworten zu machen!

Sie wissen, dass der Hut in der Kirche Frauen vorbehalten ist, die bereits »unter der Haube« sind, und freuen sich als Junggeselle über die geringe Hüteanzahl unter den weiblichen Besuchern? Vorsicht, passen Sie auf, dass Ihr »Jagdtrieb« nicht mit Ihnen durchgeht: Wer keinen Hut trägt, ist noch lange nicht »zu haben«. Erstens handelt es sich um eine nicht allseits bekannte Konvention und zweitens: Vergessen Sie nicht die verlobten Frauen. Die sind zwar noch nicht unter der Haube, aber dennoch behütet, auch ohne Hut!

Sie wollen oder müssen eine Rede halten? Dann empfehle ich Ihnen, einen intensiven Blick auf das folgende Kapitel zu werfen.

»DARF ICH KURZ UM IHRE AUFMERKSAMKEIT BITTEN?« – ÜBER DAS REDEN HALTEN

»Immer war für die Redekunst das Verständnis des Publikums maßgeblich. Denn alle, die Beifall finden wollen, haben die

Einstellung der Zuhörer im Auge, richten sich ganz nach ihr und passen sich dem Urteil und dem Willen der Hörer an.« Hätte sich Dr. Eddie Fitzgerald, der Titelheld der Krimifernsehserie »Für alle Fälle Fitz«, die Mahnung Ciceros zu Herzen genommen, dann wäre es ihm erspart geblieben, seiner weinenden Tochter hinterherzulaufen und sich für sein »Missgeschick« in aller Form zu entschuldigen. Was war passiert?

Extra aus dem fernen Australien angereist, um der Hochzeit seiner Tochter in Manchester beizuwohnen, hat es sich der für seine beißende Ironie bekannte Polizeipsychologe Fitz nicht nehmen lassen, als Brautvater eine Rede zu halten: »Er ist wirklich ein wunderbarer Mann, er hat alles, was Du an Deinem alten Vater vermutlich immer vermisst hast. Er ist selbstbewusst, klug, charmant, sensibel und einfühlsam und bringt wirklich alles mit, was man als liebender Vater seiner Tochter wünschen kann. Was ich nur nicht verstehe, warum Du ihm letztes Jahr den Laufpass gegeben hast und nun Peter heiratest …«

Statt eines herzhaften Lachers in der Zuhörerschaft sah sich der »liebende Vater« mit betretendem Schweigen im Auditorium und einer vom Brauttisch flüchtenden Tochter konfrontiert. Dumm gelaufen! Selbst den für ihren skurrilen Humor bekannten Briten ging der Auftritt von Fitz doch ein Stück zu weit. Statt Verständnis nichts als Unverständnis. Rednerprüfung nicht bestanden!

Damit steht der gute Fitz alles andere als allein da. Ganze Seminarkataloge sind gespickt mit dem Versprechen, aus nervösen, sich verhaspelnden, unstrukturierten, langatmigen Amateurrednern charismatische Profis zu machen. Und die Erfahrung zeigt, dass dies für den beruflichen Bereich durchaus Früchte trägt. Schwitzige Hände und trockener Mund gehören für viele Seminarbesucher tatsächlich der Vergangenheit an. Die Ansprache gegenüber Mitarbeitern und Führungszirkeln wird zur leichtesten Übung, und der Auftritt auf Tagungen und Kongressen gerät zum umjubelten rhetorischen Meisterwerk.

Doch wehe, es wird persönlich! Kerzenschein und gedeckte Tafeln, viele nette Menschen zu Mamas Sechzigstem, Jonas' Taufe oder Nataschas Hochzeit. Gelöste Stimmung, Stimmengewirr, lautes Lachen, Gläserklirren und Wiedersehensfreude werden jäh durch den Messerschlag ans Weinglas unterbrochen, gespanntes Gemurmel und plötzlich Totenstille, wenn wir uns von unserem Stuhl erheben, den Anzug oder das Kleid zurechtrücken und mit einem kurzen Räuspern unsere vorbereitete Rede beginnen ...

Was nun folgt, liegt ganz in Ihrer Hand. Um jedoch den Schlüssel zum Verständnis Ihrer Zuhörerschaft in den Händen halten zu können, sollten Sie nichts dem Zufall überlassen:

✓ *Ruhen Sie sich nicht auf den Lorbeeren Ihrer Erfolge als Kongressredner aus, sondern vergegenwärtigen Sie sich die Spielregeln für die Redekunst bei privaten Anlässen.*

Jede Rede anlässlich von Geburtstagen, Hochzeiten, Taufen oder sonstigen familiären Zeremonien ist unweigerlich mit der Unterbrechung der laufenden Gespräche verbunden. Jeder Ihrer Zuhörer weiß, dass das Glas erklingen wird, doch mindestens die Hälfte fürchtet sich vor Ihrem Auftritt. (»Hoffentlich redet die nicht so lange wie Carolins Vater!«, »Und bitte nicht wieder einen zwanzig Minuten dauernden Ausflug in die seligen Kindheitstage; Teddybären, erste Worte und Zähne, das brauche ich jetzt wirklich nicht!«) Kurzum: Ihre

Zuhörer haben Angst vor einem peinlichen Auftritt, und sie sind sehr sensibel …

✓ *Reden sollten kurz sein!*

Zwanzig Minuten? Um Himmels Willen. Was immer Sie vorbereitet haben, werfen Sie die Hälfte Ihrer Rede in den Mülleimer!

✓ *Eine Rede sollte alle unterhalten. Vermeiden Sie daher »Insidergeschichten«.*

Insbesondere Väter, Trauzeugen und engste Freunde neigen dazu, besonders witzige oder anrührende Geschichten aus der »Kreidezeit« auszugraben, deren Pointen 99 Prozent der Zuhörerschaft nicht folgen kann. Sobald es Ihnen gelingt, einen Tisch zum Lachen zu bringen, während an den anderen fünfzehn Tischen ein gequältes Schmunzeln vorherrscht, können Sie Ihre Chancen auf ein gutes Zeugnis als Redner begraben!

✓ *Bedanken Sie sich bei den Menschen, die einen wesentlichen Beitrag zum Gelingen des Festes beigetragen haben, aber übertreiben Sie es nicht – zehn Minuten sind schnell um!*

✓ *Verzichten Sie auf anzügliche Geschichten, und drücken Sie nicht zu stark auf die Tränendrüse. Die Emotionsdichte im gesamten Raum ist in der Regel hoch genug, da müssen Sie nicht noch künstlich nachhelfen.*

✓ *Spielen Sie nicht den lustigen Entertainer. Seien Sie Sie selbst. Niemand erwartet von Ihnen, mit den Unterhaltungskünsten eines Harald Schmidt oder Hape Kerkeling zu konkurrieren.*

Eine Bühne verleitet dazu, den eigenen Auftritt zur Selbstdarstellung zu nutzen. Das ist dann wirklich peinlich! Nehmen Sie sich zurück. Überprüfen Sie Ihre Rede im Vorfeld auf Ihre eigene Rolle. Überlassen Sie die Hauptrollen denen, die am jeweiligen Abend Ihren Ehrentag begehen.

Sie lieben es, Reden zu halten? Sagen Sie es bloß niemandem, Ihre Chancen, jemals wieder eine zu halten, sinken rapide. Ein guter Redner ziert sich, hat natürlich Lampenfieber und fügt sich am Ende doch in sein Schicksal! Wer sich anbiedert oder anpreist, ist mit Vorsicht zu genießen! Erinnern Sie sich noch an das gekonnte Understatement?

»Lieber eine gut abgelesene als eine schlechte freie Rede«, heißt es. Auf den bereits bekannten Tagungen und Kongressen mag das gelten.

✓ *Im privaten Rahmen sollten Sie in der Lage sein, Ihre warmen, persönlichen Worte frei vorzutragen.*

Niemand wird Ihnen das eine oder andere »äh« übel nehmen, solange Inhalt und Länge stimmen. Machen Sie sich jedoch vorher Notizen, um Ihren Ausführungen Struktur zu verleihen und wesentliche Pointen nicht im Eifer des Gefechts zu vergessen!

Sie haben schon immer gerne gereimt und Gedichte geschrieben? »Thorsten und Sandra sind ein Paar, / und das finden wir wunderbar. / Heute, das ist Euer Tag, / doch hört noch meinen teuren Rat: / Seid Euch treu / und / erfindet jeden Tag die Liebe neu!« Prima. Schreiben und reimen Sie ruhig weiterhin, aber behalten Sie es für sich. Denn schon Cicero wusste, »dass man in allen Dingen sehen muss, wie weit man geht«.

So, jetzt wird es aber langsam Zeit, das Dessert wird gerade gereicht, und die Leute wollen ja auch noch das Tanzbein schwingen. Wenn Sie also kurz um Aufmerksamkeit bitten würden …

»Noch eine Caipirinha?« – Richtig Party machen

»Sollen wir noch etwas mitbringen?« – »Gute Laune wäre schön!« Einem Mantra ähnlich gehört dieser kurze Dialog längst zu den festen Ritualen im Vorfeld eines Ereignisses, das wir Party nennen. Da mit steigendem Alter die Wesensmerkmale einer Party – lebhafte Gespräche, herzhaftes Lachen, reichlich Alkoholkonsum, laute Musik und gut gefüllte Tanzflächen – abhanden zu kommen scheinen, ist die Aussage »Gute Laune wäre schön!« eine versteckte Beschwörungsformel des frommen Wunsches der Generation Ü30, noch einmal richtig ausgelassen zu feiern. Meist bleibt es jedoch beim frommen Wunsch. Statt lauter Gespräche und herzhaftem Lachen gedämpfte ernsthafte Unterhaltung, statt Alkohol ein Gläschen Weinschorle und statt lauter Musik und schwingenden Tanzbeinen entspannte Lounge-Berieselung. Vorbei die Zeiten der rauschenden Feste! Und so gibt es nur zwei Möglichkeiten: Entweder Sie akzeptieren den nagenden Zahn der Zeit und fügen sich in das selbst gewählte Schicksal der gemütlichen Chill-Out-Zonen, oder Sie tun etwas dagegen und lassen es noch einmal richtig krachen!

✓ *Sehen Sie so wenige Stühle wie möglich vor. Wer erst mal sitzt, kommt schwerer wieder hoch.*

✓ *Nehmen Sie Ihre Rolle als Gastgeber ernst, besonders auf Steh-*
   partys. Stellen Sie Ihre Gäste einander vor, sorgen Sie für Essen,
   von dem sich jeder selbst nehmen kann, lassen Sie keinen Gast
   allein, aber scheuen Sie sich nicht weiterzuziehen.

Es gibt keinen Grund, sich an einen Gast fest zu binden. Es ist
ganz natürlich, sich mit möglichst vielen Menschen zu unterhalten. Das gilt im Übrigen auch für Ihre Gäste: Jede gelungene Party ist ein Gemeinschaftsprojekt, auf der sich niemand
genötigt fühlen sollte, zu schlechten Entschuldigungen (»Ich
hole mir kurz ein Getränk.«) greifen oder aber die beleidigte
Leberwurst spielen zu müssen, wenn sich der Gesprächspartner anderen Gästen zuwendet!

Musik auf Partys ist keine emotionslose Nebensache. Im
Gegenteil, sie zielt auf unseren Bauch und nicht auf unseren Kopf. Sei es, dass sie uns in die Tage unserer Jugend zu-
rückführt, uns an unsere erste große Liebe erinnert oder die
Zeiten unverbrüchlicher Freundschaft und Verbundenheit
wieder auferstehen lässt. Geben Sie es zu, auch Sie wünschen
sich in Ihren heimlichen Träumen, noch einmal sechzehn
zu sein. Und natürlich ist das eine Illusion, aber das macht
doch nichts! Wer in gesetzterem Alter allerdings nicht die
Bereitschaft mitbringt, sich – wenigstens für einen Abend –
selbst zu betrügen, wer sich scheut, sich »zum Affen machen
zu lassen«, der sollte konsequenterweise seine Partyträume
begraben.

✓ *Machen Sie es doch so wie ein Freund von mir: Bitten Sie jeden*
   Ihrer Gäste, seine zehn Lieblingsplatten einzustecken und am
   Abend selbst aufzulegen. Sie werden sehen, laute Musik und
   eine volle Tanzfläche bleiben nicht länger ein frommer Wunsch!

✓ *Falls Sie einen professionellen DJ anheuern, tun Sie ihm und*
  sich selbst einen Gefallen, und stellen Sie im Vorfeld sicher, dass
  er kein Problem damit hat, sich der ausgelassenen Stimmung der
  Gäste und einer vollen Tanzfläche zu verschreiben.

Prosecco, Becks Gold, Rioja und Grauburgunder? Vergessen
Sie's! Wer dem Alkohol nicht ganz entsagt, der weiß, dass das
Trinken von Cocktails selbst langweiligste Partys in rauschende
Feste verwandelt hat. Das gemeinsame Zubereiten von Caipi-
rinhas oder ähnlichen »Erfrischungsgetränken« fördert die
Kommunikation und führt zu spontaner Heiterkeit. Das er-
scheint Ihnen zu gewollt? Ich habe nichts anderes behauptet.
Aber die spontane Euphorie, die einen befällt, wenn man sich
beschwipst dem Plattenteller nähert, um sein Lieblingsstück
aufzulegen, ist es allemal wert!

✓ *Machen Sie keine Kompromisse bei Ihrer Gästeauswahl! Party-*
  muffel, Spaßbremsen und andere Bremsklötze müssen sich an
  diesem Wochenende anderweitig beschäftigen.

Die Einladungskriterien sind diesmal andere: Erinnern Sie
sich an alte Schulfreundinnen, Kommilitonen und Arbeitskollegen, mit denen man immer gut feiern konnte. Geben Sie
den Spaßvögeln in Ihrer Bekanntschaft, deren gut gelaunte
Oberflächlichkeit zwar für eine Konversation am Essenstisch
ungeeignet ist, für eine zünftige Party aber eine Bereicherung
darstellen könnte, mal wieder eine Chance. Laden Sie Menschen ein, die keine einsamen Seelen vertragen und jedem die
Möglichkeit geben, sich ins Gespräch einzuklinken. Verzichten Sie schon im Vorfeld auf Gäste, die Schwierigkeiten haben,
auf andere zuzugehen und andere Gäste mit ihren langwei-

ligen persönlichen Erfolgsgeschichten behelligen. Ersetzen Sie diese durch Small-Talk-Heroen und geistreiche Possenreißer!

✓ *Verzichten Sie auf »bürgerliche Standardbüfetts«.*

Tomaten mit Mozzarella, Rucolasalat und Sushihäppchen sind schmackhaft, keine Frage. Aber an eine Party erinnert man sich nicht des Essens wegen. Scheuen Sie sich daher nicht, sich dem Vorwurf der Zünftigkeit auszusetzen: Nudel- oder Kartoffelsalate, Frikadellen, Brötchen und Schweinemett sind nicht umsonst die Renner in den lokalen Brauhäusern meiner Wahlheimat Düsseldorf. Sie sind eine gute Grundlage für sich anbahnende alkoholische Exzesse und helfen einem, sich auf das Wesentliche einer guten Party zu konzentrieren!

Sie haben Angst davor, dass Ihnen der exzessive Abend am nächsten Morgen nicht nur einen dicken Kopf, sondern auch ein Sammelsurium an Peinlichkeiten bescheren könnte, weil Sie die Hauptrolle in Geschichten gespielt haben, an die sich selbst nicht mehr erinnern können?

✓ *Vertrauen Sie Ihren wohlerzogenen Gästen! Es gehört sich nicht, die Partyereignisse des vergangenen Abends ans Licht zu zerren. Freuen Sie sich stattdessen auf die dankbaren Anrufer, die Ihnen zur Party des Jahres gratulieren!*

Teil V
Familie und Freunde

BENJAMIN UND METHUSALEM –
WIE VERMEIDE ICH GENERATIONENKONFLIKTE?

Der Ärger über die nachfolgenden Generationen ist wohl genauso alt wie die Menschheit selbst. Da wir es jedoch gewohnt sind, uns an schriftliche Quellen zu halten, beginnen wir unsere kulturhistorische Betrachtung über den ewig währenden Generationenkonflikt etwas später: in der griechischen Antike. Lesen wir in Platons »Staat«, was der große Sokrates über das Verhältnis zwischen Alt und Jung sagt, dann begegnet uns eine Argumentationsfigur, die uns auch im beginnenden 21. Jahrhundert seltsam vertraut vorkommt: »Der Lehrer fürchtet und hätschelt seine Schüler, die Schüler fahren den Lehrern über die Nase und so auch ihren Erziehern. Und überhaupt spielen die jungen Leute die Rolle der alten und wetteifern mit ihnen in Wort und Tat, während Männer mit grauen Köpfen sich in die Gesellschaft der jungen Burschen herbeilassen.«

Der Altmeister des vernünftigen Denkens verurteilt den Sittenverfall, der sich aus einem Übermaß an Freiheit ergibt, und geißelt die mangelnde Disziplin der Autoritäten! Ein Argument, dessen sich über 2000 Jahre später auch der ehemalige Internatsleiter von Salem, Bernhard Bueb, in seiner Streitschrift »Lob der Disziplin« bedient. Seinem Buch stellt er einige Verse Theodor Fontanes voran, die seinen eigenen erzieherischen Anspruch unterstreichen: »Freiheit freilich. Aber zum Schlimmen / Führt der Masse sich selbst Bestimmen, / Und das Klügste, das Beste, Bequemste, / Das auch freien Seelen weitaus Genehmste / Heißt doch schließlich, ich hab's nicht Hehl: / Festes Gesetz und fester Befehl!« Sie sehen, viel hat sich nicht geändert im Laufe der Jahrhunderte.

Doch wir wollen ja an dieser Stelle keine pädagogische Grundsatzdiskussion führen oder gar nach Sündenböcken für den uralten Generationenkonflikt suchen. Ob Sie selbst – wie die Herren Sokrates, Fontane und Bueb – in der Disziplin das Tor zum selbstbestimmten Paradies wähnen oder eher das Tor zur fremdbestimmten Hölle, das überlasse ich Ihnen. Welches Maß an Freiheit und Einsicht hingegen vonnöten ist, um das Zusammenleben zwischen Alt und Jung zur Zufriedenheit beider Seiten zu gestalten, dazu hätte ich wohl auch etwas zu sagen.

»WAREN WIR DAMALS EIGENTLICH AUCH SO?« – ÜBER DIE VERLOTTERTE JUGEND

»Mögen wir, wenn wir alt und senil geworden sind, mit Stolz sagen können, auch ich wurde einmal angebetet!« Dieses wunderbare Zitat aus dem Kinofilm »Vier Hochzeiten und ein Todesfall« möchte ich gerne durch eine selbst gewonnene Lebensweisheit ergänzen: »Mögen wir, wenn wir alt und senil geworden sind, noch ehrlich sagen können, wir waren doch genauso!«

Es gibt wohl kaum jemanden, der sich nicht ab einem gewissen Alter die Frage gestellt hätte, ob er die Jugend noch verstehe. Natürlich hat man auch Unsinn gemacht, merkwürdige Musik gehört und die Engstirnigkeit der älteren Generationen verspottet oder gar verflucht. »Aber so …«, hört man allenthalben, »… so waren wir doch wirklich nicht, oder?« Alles eine Frage der Perspektive, würde ich sagen. Und wer wäre besser für einen Perspektivwechsel geeignet als jene, die sich von Berufs wegen mit der »ach so verlotterten Jugend« tagtäglich auseinandersetzen müssen? Die Lehrer. Jene, die sich seit der

Antike über die Nase fahren lassen müssen und ihre Schüler im schlechtesten Fall hätscheln und fürchten!

»Weißt Du was?«, sagte einmal ein guter Freund von mir. »So groß sind die Unterschiede gar nicht im Vergleich zu unserer Schulzeit. Gut, die Kommunikation ist direkter geworden. Die Schüler kommen eher mit ihren Anliegen auf einen zu. Während wir uns früher Ewigkeiten vor dem Lehrerzimmer herumgedrückt haben, klopfen die kurz und stellen ihre Fragen. Nicht alles, was auch viele meiner Kollegen und Kolleginnen als unverschämt empfinden, ist in Wirklichkeit grenzüberschreitend. Was sich hingegen verändert hat, ist die Wertschätzung, die man selbst den unterschiedlichen Schülern entgegenbringt. Diejenigen, denen man früher aufgrund ihrer Strebsamkeit aus dem Weg gegangen ist, von denen man zwar gerne die Hausaufgaben abgeschrieben hat, aber jeglichen privaten Kontakt vermied, die sind einem heute – aus der Lehrerperspektive – die Liebsten!«

Genau hier vermute ich den Schlüssel für den Dialog zwischen den Generationen. Ein Schlüssel, der wahrlich nicht leicht zu finden ist. Verdeckt von eigenen Lebenserfahrungen, fristet er ein unentdecktes Dasein in den Schubladen der Älteren! Wer von diesen Lebenserfahrenen ihn wiederfinden möchte, dem mögen auf der Suche die Worte Adolph Freiherr Knigges weiterhelfen: »Sie denken sich nicht in ihre eigenen Jugendjahre zurück; Greise verlangen von Jünglingen dieselbe ruhige, nüchterne, kaltblütige Überlegung, Abwägung des Nützlichen und Nötigen gegen das Entbehrliche, dieselbe Gesetztheit, die ihnen Jahre, Erfahrung und physische Herabspannung gegeben haben.«

Da Dialoge keine kommunikativen Einbahnstraßen sind, müssen natürlich auch die Jüngeren etwas beitragen, wenn sich die Türen der Älteren öffnen sollen. Machen wir uns also an die wechselseitigen Spielregeln eines gelungenen Dialogs zwischen den Generationen:

✓ *Vergessen Sie bloß nicht, dass Sie auch mal jung waren.*

Erinnern Sie sich noch an Ihren gröbsten Unfug, das konflikt-geladene Aufbegehren gegen Ihre Eltern, die unendlich große emotionale Überspanntheit, die Sie bei Ihrem ersten Liebes-kummer, dem ersten Verliebtsein, existenziellen Streitigkeiten mit Ihrer besten Freundin, Ihrem ersten Konzert, der ersten eigenen Wohnung oder dem Hören Ihrer Lieblingsplatten überkam? Und verzichten Sie um Himmels willen auf Sätze wie: »Komm Du erst mal in mein Alter!«

✓ *Vergessen Sie bloß nicht, dass Sie auch einmal alt werden.*

Stellen Sie sich vor, wie es ist, wenn Sie das Gefühl haben, alles schon einmal gesehen, gehört und gefühlt zu haben. Mode, Musik oder politische Diskussion. Stellen Sie sich vor, wenn die ersten Freunde sterben, wenn Körper und Geist nicht mehr so mitspielen oder die gesellschaftlichen und technischen Veränderungen für Sie unüberwindbare Herausforderungen bedeuten. Aber werden Sie nicht depressiv, freuen Sie sich lie-ber auf die Gelassenheit im Alter, die Ihnen heute als zynische Ignoranz erscheint.

✓ *Freuen Sie sich mit Ihren jüngeren Mitmenschen.*

Haben Sie Teil an deren Entdeckungs- und Veränderungs-willen. Ertragen Sie deren Flausen im Kopf, und lassen Sie sich anstecken von der unbändigen Energie, die sie bei sich selbst schon längst verloren glaubten. Suchen Sie den Kontakt zu Jüngeren, lassen Sie diese wiederum an Ihren Erfahrungen teilhaben, an dem, was Ihnen gelungen, aber auch an dem, was Ihnen im Leben misslungen ist! Verzichten Sie auf Heldengeschichten, bieten Sie stattdessen den Blick auf die Sprungschanzen, aber auch die Falltüren des Lebens.

✓ *Begegnen Sie den Älteren mit Respekt.*

Natürlich stehen Sie im Bus zugunsten betagter Fahrgäste auf, selbstverständlich kaufen Sie für die fünfundachtzigjährige Frau Schriewer aus dem zweiten Stock ein und helfen alten Damen und Herren über die Straße. Sie wägen ihre moralischen Urteile ab, auch Sie selbst können ja nicht wirklich wissen, wie Sie sich damals verhalten hätten. Aber Sie bleiben am Ball. Sie wollen sich ein Urteil darüber bilden, wie es damals war, warum jenes getan wurde und anderes nicht. Sie sind im höchsten Maße kritisch, aber nicht hochmütig. Zeit ist vergänglich, nutzen Sie sie! Die Zeitzeugen einer jeden Epoche werden täglich rarer.

✓ *Wer sich mit dem jeweils anderen beschäftigt, der gewinnt etwas für sein Leben hinzu!*

Er tauscht Erfahrungen aus und weiß um die Dinge, die seine jüngeren oder älteren Mitmenschen wirklich beschäftigen. Das ist ein hohes Gut. Es hilft uns, der Fülle menschlicher Perspektiven gewahr zu werden. Es hält uns jung und bewahrt uns vor Altersstarrsinn, genauso wie es die Angst vor dem Alter nimmt, die Freuden der Jugend zu schätzen lehrt, ohne deren Wahn zu erliegen!

Sie wollten gerade Ihre Oma Frieda, Ihren Enkel Leopold oder Ihren Vater Rolf anrufen und sich zum Essen, zum Kino oder für einen Wochenendtrip nach Hamburg verabreden? Tun Sie sich keinen Zwang an! Ich bin ohnehin ein wenig in Eile; ich treffe mich gleich mit meiner Mutter, wir machen einen Spaziergang!

»LASSET DIE KINDER ZU MIR KOMMEN!« – ÜBER GROSSE UND KLEINE NERVENSÄGEN

Als Jesus sprach: »Lasset die Kinder zu mir kommen und wehret ihnen nicht; denn solchen gehört das Reich Gottes«, da waren Kevin, Marie-Sophie und Henry Kurt noch gar nicht geboren. Vermutlich wäre Gottes Sohn dann mit seinem Versprechen ein wenig vorsichtiger gewesen.

Und mal unter uns, Jesus sitzt ja auch nicht im Café Schröder in der Hoffnung, seinen freien Tag in Ruhe bei einem Milchkaffee und Sonntagszeitung zu genießen, wenn Kevin einen Tobsuchtsanfall bekommt, Marie-Sophie Spaß daran gefunden hat, alle Tischdecken herunterzureißen oder Henry Kurt einen erwachsenen Freund sucht, weil seine Eltern sich nicht um ihn kümmern! Vielleicht wollte Jesus die kleinen Erdenbürger und ihre Eltern mit seinem Versprechen auf das Paradies ja auch nur über die ersten Jahre hinwegtrösten, in der jeder Wildfremde meint, dem hilflosen Säugling Joshua die Wange tätscheln zu müssen, der Mutter von Clea zu erklären, dass sie ihre Kleine doch bitte zu Hause stillen solle, oder den Vater von Anne darauf hinzuweisen, dass die eigenen Kinder in dem Alter aber noch kein Eis bekommen hätten!

Es ist ein wahrlich kompliziertes Dreiecksverhältnis zwischen Eltern, Kindern und Dritten, so viel steht fest. Und da Jesus nicht nur ein mutiger, sondern überaus kluger Mann war, musste er Kevin, Marie-Sophie, Henry Kurt, Joshua, Clea und Anne auch gar nicht persönlich kennen, um zu wissen, dass er sie einmal zu sich bitten würde, um ihnen das Reich Gottes zu versprechen. Er wollte uns lediglich deutlich machen, dass wir es sind – die Erwachsenen –, die noch ihre Tauglichkeit nachweisen müssen, in Gottes Reich eintreten zu dürfen. Und an dieser Mahnung hat sich nach über 2000 Jahren nichts geändert. Nun, da die Kinder jetzt gerade in besten Händen sind, sollten wir die Zeit nutzen, unser Zusammenleben im Dreieck »Eltern-Kind-Andere« einmal zu überdenken. Aber beeilen wir uns – ewig wird Jesus auch keine Zeit haben, sich um unsere kleinen Nervensägen zu kümmern!

»Es braucht ein ganzes Dorf, um ein Kind zu erziehen!« Hört sich ja nicht schlecht an, aber sagen Sie das mal den Eltern! Der Umgang mit den Kindern anderer ist ein Minenfeld. Als Spielkamerad oder Babysitter ist man womöglich erwünscht, aber wehe, Sie maßregeln ein fremdes Kind. Da Blicke jedoch Gott sei Dank nicht töten, überlebt man zwar den versteckt oder offen ausgetragenen Konflikt, überlegt sich jedoch beim nächsten Mal genau, ob man sich ein weiteres Mal die Rolle des Dorfbewohners zumuten möchte. Alle Eltern kann ich nur ermuntern, Einmischung zuzulassen, insbesondere dann, wenn sie den disziplinarischen Eingriff befürworten.

✓ *Sie müssen ja nicht gleich eine ganze Dorfgemeinschaft ermuntern, aber die besten Freunde oder eigenen Eltern, Menschen also, denen Sie vertrauen, sollten Sie ins »Erziehungsboot« holen.*

Sie werden sehen, es entlastet ungemein, und Ihr Kind merkt schnell, dass nicht nur die eigenen Eltern bescheuert sind, sondern Oma, Opa, Anke, Verena und Carsten ebenfalls ...

In öffentlichen Räumen, sei es im Restaurant, im Café, auf dem Spielplatz oder im Supermarkt, verhält es sich mit dem Einmischen natürlich weitaus schwieriger. Sollte es stimmen, dass Eltern heute weniger an der Erziehung ihrer Kinder als vielmehr an deren bedingungsloser Beschützung gelegen ist, ist der Konflikt vorprogrammiert! Wer selber Kinder hat, weiß, wie dünnhäutig man bisweilen auf die Einmischung Fremder reagiert.

✓ *Bleiben Sie daher freundlich, aber bestimmt, wenn Sie den Vater darauf hinweisen möchten, dass das ununterbrochene Geplärre seines dreijährigen Sohnes die Unterhaltung aller anderen Gäste unmöglich macht.*

✓ *Oft erweist es sich als sinnvoll, statt Mutter oder Vater das Bedienungspersonal zu bitten, für reduzierte Lautstärke zu sorgen oder sogar den kleinen Quälgeist direkt anzusprechen. Die überraschten großen Augen und der vor Staunen offene Mund des »Delinquenten« lassen darauf schließen, dass von nun an wieder Unterhaltungen möglich sind.*

✓ *Nutzen Sie auch die Möglichkeiten der versteckten Einmischung. Eine Mutter kommt Ihnen mit ihrem Kinderwagen entgegen, der kleine Spross heult wie am Spieß, flehentlich in Richtung Süßigkeitenregal blickend. Sie haben nun zwei Möglichkeiten, um für Ruhe zu sorgen: den strafenden und den freudigen Blick. Die Entscheidung liegt bei Ihnen. Welchen Blick Sie auch wählen – zehn Sekunden auf den plärrenden Boris gerichtet, wird er jegliches Heulen verstummen lassen.*

Es ist Kleinkindern relativ früh zuzumuten, grundlegende Höflichkeitsregeln zu beherzigen. Es ist nicht zu viel verlangt, wenn Oma und Opa zu Besuch kommen, Spielsachen Spielsachen sein zu lassen, die Großeltern zu begrüßen und sich für eventuelle Mitbringsel zu bedanken. Ihr Kind wird auch keinen psychischen Schaden davontragen, wenn Sie ihm erklären, dass Sie sich gerade mit Martha unterhalten wollen und die Bewohner der Legoburg sich kurz gedulden müssen, bevor Sie sich die Ehre geben. Kein kleines Kind der Welt sollte bei einem häuslichen Essen vier Stunden am Tisch sitzen bleiben müssen, aber eine kurze Einbindung in die Unterhaltung der Erwachsenen schadet ja nichts, bevor man sich wieder in sein Kinderzimmer begibt.

✓ *Kinder wollen ernst genommen werden, geben Sie ihnen die Möglichkeit dazu.*

✓ *Je kleiner die Kinder sind, desto weniger sollten wir uns bemüßigt fühlen, mangelndes Erziehungsgeschick oder gar Absicht zu vermuten, wenn der Säugling einen Schreikrampf erleidet, und uns daher Kommentare gegenüber den ohnehin schon nervlich strapazierten Eltern verkneifen.*

Gut, ein Restaurant oder den Gottesdienst kann man verlassen, um die Nerven aller Beteiligten zu schonen, aber auf einem Langstreckenflug auf die Antillen oder der Bahnfahrt nach Dresden sind sämtliche Appelle zum Scheitern verurteilt, wenn nicht schlicht dämlich (»Na, das hätten Sie sich ja mal vorher überlegen können!«).

✓ *Machen Sie es Ihren Eltern und Freunden einfach, sich um ihre Kinder zu kümmern. Überhäufen Sie diese nicht mit Vorschrif-*

ten, Empfehlungen und Tipps, wie Klein-Anna am besten bei-zukommen sei.

Vergessen Sie nicht, Ihre Eltern haben mindestens ein Kind großgezogen. Und auch Sie wurden bei Ihren eigenen Groß-eltern mehr verwöhnt als zu Hause. Vertrauen Sie Ihren Freun-den! Wenn alle Stricke reißen, gibt es ja Handys. Freuen Sie sich, dass Ihr Kind nicht nur von Ihnen lernt und beeinflusst wird, und machen Sie sich endlich mal wieder einen gemütli-chen Abend zu zweit!

Best friends – Was muss eine Freundschaft aushalten?

»Man pflegt zu sagen: das sicherste Mittel, Freunde zu haben, sei, keiner Freunde zu bedürfen; aber jeder Mensch von Ge-fühl bedarf Freunde – und sollte es denn wirklich so schwer sein, in dieser Welt treue Freunde zu finden?«, schrieb mein Ahnherr. Auch wenn ich Sie nicht kenne, so halte ich Sie doch für einen Menschen mit Gefühl! Daher nehme ich mir das Recht heraus, Sie zu denen zu rechnen, die Freunde brauchen und sich gleichzeitig glücklich schätzen dürfen, treue Freunde gefunden zu haben. Und mit der Stimme Adolph Freiherr Knigges möchte ich Ihnen zurufen: »Hast Du einen solchen treuen Freund gefunden, so bewahre ihn auch!« Wer sich also von mir Antworten auf die Frage erhoff-te: »Wie finde ich einen guten Freund?«, den muss ich enttäu-schen. Wem hingegen daran gelegen ist, seine guten Freun-de auch zukünftig als solche bezeichnen zu können, dem vermag ich vielleicht noch den einen oder anderen Anstoß zu geben.

Womit sollte ein Kapitel über Freundschaft anders beginnen, als mit einer Ode an jene zwischenmenschliche Verbindung, die für Epikur »von allen Geschenken, die uns das Schicksal gewährt«, das größte Gut ist. Für den griechischen Philosophen bedeutete nichts größeren Reichtum und Freude als die Freundschaft.

Geschenk, Gut, Reichtum und Freude? Epikur zeichnet ein Bild der Superlative. Doch dessen irdische Entsprechung sieht bisweilen ganz anders aus. Da meldet sich die beste Freundin eine ganze Woche nicht, der beste Freund hat nur noch seine Familie im Kopf, da gehen Freundschaften in die Brüche, ziehen lieb gewonnene Menschen in andere Städte oder bringen uns mit ihrer Unzuverlässigkeit zur Weißglut. Von wegen Geschenk! Zumutung! Freundschaften fordern uns oft so sehr, dass wir uns schon so manches Mal dabei ertappten, das so hoch gelobte Geschenk des Schicksals umtauschen zu wollen oder bei eBay zu versteigern! »Irgendwann ist auch mal Schluss! Ich lass mich jedenfalls nicht mehr zum Narren halten!«

Doch bevor Sie etwas Unüberlegtes tun, lesen Sie doch lieber die folgenden Zeilen oder schlafen eine Nacht drüber, bevor Sie ein so hohes Gut Ihrem – sicherlich nachvollziehbaren – Ärger opfern! Haben Sie denn wirklich die nächtelangen Gespräche, als Sie eine tröstende Schulter benötigten, die gemeinsamen Partys und Konzertbesuche, den gemeinsamen Humor, mit dem sich auch schwierige Situationen meistern ließen, die Besuche am Krankenbett, das Gefühl, jederzeit anrufen zu können, die Komplimente für Ihr neues Kleid, die gemeinsamen Abenteuer, Urlaube und Dummheiten vergessen? Und das wollen Sie wegwerfen? Nur, weil der/die andere unpünktlich ist, zu viel redet, einen unsympathischen Freund oder eine zickige Ehefrau hat, den Hintern nicht hochkriegt, Sie auch mal wieder zum Essen einladen könnte, einen Karrieresprung gemacht hat und keine Lust hat, im Urlaub das Forum Romanum, den Vatikan und die Engelsburg an einem Tag abzuklappern?

»WIE WAR DER URLAUB?« – DIE BEWÄHRUNGSPROBE

Es gibt Menschen, die behaupten steif und fest, mehr als einen, maximal zwei gute Freunde habe man nicht im Leben. Ich finde, so pauschal kann man das nicht sagen. Lautete der Satz hingegen, es gebe nur ein oder zwei Menschen, mit denen ich in Urlaub fahren würde, dann wäre ich zur Pauschalierung bereit. Der gemeinsame Urlaub ist eine Herausforderung für jede Freundschaft, er wird sogar zur Existenzbedrohung, wenn man beschließt, statt einer gleichgeschlechtlichen Zusammensetzung die Variante des Pärchenurlaubes zu wählen! Und selbst Loriot, der des Machogehabes gänzlich unverdächtige Grandseigneur des deutschen Humors, wusste ja zu berichten, dass Frauen und Männer einfach nicht zusammenpassen. Vermutlich machte er diese Aussage kurz nach einem missglückten Pärchenurlaub, denn schließlich ist er selbst bereits seit 55 Jahren mit der gleichen Frau verheiratet! Doch so pauschal sollte man den Urlaub zweier oder mehrerer Paare nicht verdammen.

Unbestritten ist hingegen, dass Ausflüge von reinen Männer- oder Frauengesellschaften in der Regel erheblich reibungsloser verlaufen als die von gemischt geschlechtlichen

Reisegruppen. Bevor ich mich jedoch der Geschlechter-Apart-
heid verdächtig mache und beginne, den pittoresken süd-
europäischen Dorfplätzen zu huldigen, auf denen die männlichen Dorfbewohner rauchend und Karten spielend auf
der einen Seite sitzen und ihre Ehefrauen es sich in ange-
regter Unterhaltung hundert Meter entfernt auf der gegenüberliegenden Seite bequem gemacht haben, möchte ich
doch lieber zum Kern des Kapitels vorstoßen: Ja, ich glaube, dass Urlaube unter Freunden eine Bewährungsprobe sind! Ich glaube aber auch, dass sich Vorsorgemaßnah-
men ergreifen lassen, um nachhaltige Katastrophen zu verhindern.

✓ *Bevor Sie sich für einen gemeinsamen Urlaub entscheiden, sollten Sie annähernd wissen, mit wem Sie es zu tun haben.*

Haben Sie mit den »Auserwählten« schon einmal längere Zeit
verbracht, Übernachtung inklusive? Sind Ihnen Dinge aufgefallen, die sich in einem zweiwöchigen Urlaub potenzieren
könnten? Fahren Sie doch mal zwei Tage gemeinsam nach
Holland oder an die Nordsee, und scheuen Sie sich nicht,
das Ganze als Test zu deklarieren, schließlich dürften Ihre potenziellen Reisepartner ähnliche Sorgen und Befürchtungen
haben wie Sie selbst.

✓ *Vergessen Sie nicht: Im Urlaub gibt es kein eindeutiges Gast-
geber-Gast-Verhältnis.*

Selbst wenn Sie in Ihr Ferienhaus fahren, sollte sichergestellt
sein, dass man sich die gemeinsamen Arbeiten teilt. Wer nach
drei Tagen bereits das Gefühl hat, der andere könnte ja auch

mal mit anpacken, der riskiert die eigene, so dringend notwendige Erholung! Es ist Ihr Ferienhaus, Ihre Küche, Ihr Garten? Wenn Sie auch so auftreten, werden Sie weder in den Genuss von Jens' Kochkünsten kommen noch von Miriams grünem Daumen profitieren. Nehmen Sie Abstand von Ihrer Gastgeberrolle! Lernen Sie Neues kennen und Ihre Art zu kochen, zu putzen, den Rasen zu sprengen und einzukaufen nicht als den einzigen Weg zu betrachten. Entspannen Sie sich, Sie haben Urlaub!

✓ *Wählen Sie ein Urlaubsziel, das allen Beteiligten ausreichend Freiräume gewährt, und machen Sie bereits im Vorhinein deutlich, dass Freiräume dazu da sind, selbige zu ergreifen.*

Wer es gewohnt ist, sich mit Trekking, Mountainbiking oder Ähnlichem zu beschäftigen, der wird es wenig angebracht finden, den ganzen Tag lesend am Strand zu verbringen oder jede Dorfkirche auf ihren kulturellen Gehalt zu überprüfen und umgekehrt! Wenn Sie mit einem oder mehreren Pärchen und Kindern unterwegs sind, sorgen Sie für freie Tage. Passen Sie auf die Kinder – wenn das Alter es zulässt – auf, und ermöglichen Sie Pärchen –, Männer- und Frauenabende! Das ständige Suchen und Finden des kleinsten gemeinsamen Nenners ist selten ein erstrebenswertes Ziel; im Urlaub gefährdet es sogar den inneren Frieden.

✓ *Unterschätzen Sie besondere Lebenssituationen nicht!*

Wer zum ersten Mal mit Kindern verreist, noch nie mit einer größeren Gruppe unterwegs war oder Großstädte nur aus dem Fernsehen kennt, der wird sich erst mal mit den neuen

Herausforderungen abfinden müssen. Erwarten Sie nicht, dass alles stillschweigend glattläuft. Ich halte zwar nichts von schriftlichen Rechte- und Pflichtenkodizes, grundsätzliche Absprachen sind jedoch immer dann zu empfehlen, wenn sie sich selbst als konfliktscheu bezeichnen würden und Ihre Mitreisenden als extrem sensibel einstufen würden! Wenn bereits die leiseste Kritik oder gar angebotene Hilfe auf vehementen Widerstand treffen könnte, dann regeln Sie bestimmte Dinge lieber im Vorfeld, bevor das Kind in den Brunnen gefallen ist.

✓ *Jede Beziehung ist Krisen unterworfen. Doch wenn es zwischen Ihnen und Ihren Freunden oder gar zwischen Jens und Miriam bereits im Vorfeld kriselt, nehmen Sie Abstand von Ihrem gemeinsamen Vorhaben!*

Nichts wäre törichter, als den gemeinsamen Urlaub als Friedensmission zu betrachten, nichts anstrengender als eine angeschlagene Ehe, deren Partner sich bemühen, die Fassade zu wahren, zu kitten oder, im schlechtesten Fall, die eigenen Konflikte offen auszutragen.

✓ *Klären Sie im Vorfeld, wie Sie die finanziellen Dinge regeln wollen.*

Gibt es eine gemeinsame Urlaubskasse? Was soll davon bezahlt werden? Was wird im Nachhinein wieder herausgerechnet, weil Antje keinen Käse mag, Luigi keine Nudeln isst, Jean keinen Rotwein trinkt oder Dörte sich vor Fischen ekelt? Wie Sie es auch machen, welche Toleranzen Sie auch gewähren, gewöhnen Sie sich an, im Ausland auf getrennte Rechnungen im

Restaurant zu verzichten, auch wenn Dominiks Hauptspeise drei Euro teurer war als Ihre.

✓ *Gemeinsamer Urlaub bedeutet Anpassung und gegenseitige Unterstützung. Zügeln Sie Ihr Ego!*

Sie glauben gar nicht, wie sehr »asoziales« Verhalten im Urlaub den Ruf der betreffenden Person auf Dauer zu schädigen vermag. Sie wussten nicht, dass die anderen auch gerne Croissants zum Frühstück essen? Sie sehen gar nicht ein, den Käse mitzubezahlen, wo Sie doch selbst keinen mögen? Selbstredend nehmen Sie Ihr mitgebrachtes Nutella wieder mit nach Hause? Ach, Sie dachten, die anderen kaufen gerne ein, und übertreiben müsste man es mit dem Aufräumen auch nicht? Warum jetzt niemand mehr mit Ihnen in den Urlaub fahren will? Keine Ahnung, das kann ich mir auch nicht erklären …

»BEIM GELD HÖRT DIE FREUNDSCHAFT AUF!« – VON KLEINEN SCHULDEN UND GEMEINSAMEN RECHNUNGEN

Geld und Freundschaft in einem Atemzug? Das gehört sich doch nicht. Wie kann man nur. Ist doch die Freundschaft das letzte zweckfreie Refugium, in das der schnöde Mammon noch nicht eingedrungen ist. Da mögen ehemalige Motivations- und Erfolgsheroen wie der unvergessene Bodo Schäfer noch so sehr dazu raten, uns von den Freunden zu trennen, »die uns nichts bringen«.

Doch so ganz »unschuldig« ist auch die innigste Freundschaft nicht. Wenn es ums Geld geht, wurde schon so manche langjährige und unverbrüchliche Beziehung großen Herausforderungen unterworfen. Wenn der ohnehin als geizig bekannte Vorgesetzte wieder mal kein Trinkgeld gibt, Utes sowieso merkwürdiger Lebensabschnittsgefährte sich jeder Gemeinschaftsrechnung verweigert, die gut situierte Frau Dr. Schikedanz aus dem Golfklub noch nie in ihrem Leben eine Runde geschmissen hat und Kollege Graudörfer ständig mit seinen neuen Errungenschaften protzt, dann ist das ärgerlich. Doch was tun, wenn die beste Freundin die Karriereleiter hinauffällt? Carsten immer zwei Getränke weniger vom Gemeinschaftsdeckel bezahlt? Marianne ständig vergisst, ihre kleinen Schuldenbeträge zurückzubezahlen oder Andreas einem ständig wegen der zwei Euro in den Ohren liegt, mit denen er uns ausgeholfen hat? Von Connie ganz zu schweigen, die ständig nur über Geld redet. Sie wissen, wovon ich spreche?

Für alle Dinge, die einem auf der Seele liegen, gilt immer und überall eines, ich sollte besser sagen zweierlei:

> ✓ *Machen Sie entweder Ihrem Ärger Luft, oder lernen Sie, mit den kleinen Unzulänglichkeiten der anderen zu leben!*

In einer intakten freundschaftlichen Beziehung sollte es doch möglich sein, zwischen großen und kleineren Ärgernissen zu unterscheiden und gleichermaßen die eigenen Unzulänglichkeiten zu berücksichtigen. Machen Sie also nicht aus jeder Mücke einen Elefanten, wenn Sie nicht Gefahr laufen wollen, selbst eine stattliche Liste von eigenen Versäumnissen vorgehalten zu bekommen.

Sie haben noch kleinere Schulden vom letzten Wochenende? Weil Sie wieder zu wenig Geld mithatten, aber wussten, dass Fred das Gott sei Dank nie passiert? Zahlen Sie Ihre Schulden rechtzeitig zurück, warten Sie nicht, bis Fred Sie darauf anspricht. Vermutlich ist es ihm unangenehm. Es liegt an Ihnen, die Situation zu bereinigen.

✓ *Verlassen Sie sich ruhig auf Ihre Freunde, aber geben Sie Ihnen bloß nicht das Gefühl, Ihre Großzügigkeit auszunutzen.*

Wer sich einmal den Ruf als Wiederholungstäter erworben hat, der läuft beim nächsten Mal zum Geldautomaten, wenn er wieder ohne Geld an der Kinokasse steht, oder muss sich auf das wochenendliche Fernsehprogramm verlassen!

Es ist Ihnen unangenehm, dass Klaus und Suse Ihnen immer so prächtige Geschenke machen, Sie regelmäßig in ihr Ferienhaus auf die Bahamas einladen oder in das beste Restaurant der Stadt? Natürlich ist es nicht einfach, wenn sich die finanziellen Spielräume im Freundeskreis erheblich unterscheiden. Aber erfinden Sie bitte kein Problem! Meinen Sie nicht, Suse und Klaus wüssten nicht um das »Vermögensgefälle«? Na also: Man muss Einladungen auch annehmen können!

✓ *Lassen Sie sich einfach verwöhnen, aber fangen Sie nicht an, mit Ihren wohlhabenderen Freunden zu konkurrieren.*

Klaus und Suse und Ihr Bankkonto werden es Ihnen danken! Bleiben Sie bei Ihren »Leisten«. Nichts setzt eine Freundschaft mehr aufs Spiel als der Verlust an Glaubwürdigkeit, und schon so mancher Bordeaux-Verwöhnte hat sich über ein kühles Pils samt zünftiger Brotzeit mehr gefreut als über sich abstrampelnde Freunde, die meinten, in derselben Preisklasse boxen zu müssen! Ich verspreche Ihnen, die gemeinsame Freundschaft wird dauerhaft währen. Es sei denn, Sie betrachten sie als behagliche Hängematte. Dieter und Uschi sind ja auch plötzlich aus dem inneren Kreis verschwunden. War es nicht Uschi, die meinte: »Na ja, gut, Klaus und Suse können es sich ja auch leisten! Die sollen uns ruhig mal auf die Bahamas einladen.«?

✓ *Hören Sie auf, Ihren Freunden Fragen zu stellen, die Sie selbst beantworten können! Niemand sollte besser wissen als Sie selbst, wie viel Bier Sie getrunken haben, was die Vorspeise gekostet hat oder ob es fair wäre, diese extra zu bezahlen, wenn alle anderen auf selbige verzichtet haben.*

Ich wiederhole mich gerne: Ich bin ein unbedingter Freund der gemeinschaftlichen Rechnung, wie hoch der eigene Anteil daran ist, darüber sollte jeder fraglos selbst Bescheid wissen. Und wenn Sie es wirklich nicht wissen, dann zahlen Sie eben als Letzter in den gemeinsamen »Pott«. So viel Vertrauen haben Sie doch, oder?

✓ *Unterlassen Sie jede Form der ritualisierten Abwehrhaltung, wenn jemand Sie einladen möchte.*

Karla möchte Sie zu Kaffee und Kuchen einladen? Siggi zu Currywurst und Pommes? Schön, stecken Sie Ihr Portemonnaie wieder ein, sagen Sie Danke, und freuen sich über Ihre tollen Freunde! Kein »Aber, das ist doch nicht nötig«, »Ach, lass doch!« und vor allen Dingen kein: »Wofür das denn?« Sparen Sie Ihre »höfliche Energie«, um sich bei Gelegenheit zu revanchieren.

✓ *Verschleppen Sie nichts! Nichts beschert gewachsenen Freundschaften einen quälenderen Tod als aufgestauter Ärger.*

Wer sich immer wieder über dasselbe ärgert, der muss sich irgendwann äußern. Schließlich hat uns der liebe Gott unseren Mund nicht nur zum Essen gegeben. Wir sind nun einmal unterschiedlich, und das betrifft auch unseren Umgang mit den anerkannten Zahlungsmitteln. Und wenn der andere nicht weiß, was uns an seinen monetären Gepflogenheiten stört, dann sieht er auch keinen Grund, etwas zu ändern. Sie haben die zehn Euro für Cordulas Geschenk noch nicht erhalten? Sprechen Sie Ihre Freundin einfach darauf an! Oder vertrauen Sie darauf, dass sich ohnehin alles im Leben ausgleicht. Immerhin sind Sie seit 25 Jahren befreundet. Wer wird denn da kleinlich werden?

»KANN MAN SICH JA NICHT AUSSUCHEN!« – FREUNDE UND FREUNDINNEN VON FREUNDINNEN UND FREUNDEN

»Also dieser Manfred, ich weiß ja nicht!« – »Wie man mit so einer Frau sein Leben verbringen kann, wird mir auf ewig verschlossen bleiben!« Ihnen fallen sicher noch andere, gar drastischere Formulierungen für die Herausforderung ein, sich mit den Entscheidungen des besten Freundes oder der besten Freundin hinsichtlich des jeweiligen Lebenspartners zu arrangieren. Ich glaube, dass eine Freundin von mir einen sehr weisen Satz sprach, als sie die Lebensgefährten – gleich welchen Geschlechts – für die größte Bedrohung hielt, der jede Freundschaft ausgesetzt ist!

Da meint man jemanden in und auswendig zu kennen, seine Stärken und Schwächen, geht in seiner oder ihrer Familie ein und aus, teilt Leid und Freud, und dann so was! Plötzlich drängt sich jemand in das gemeinsame Leben und stellt alles in Frage, was bisher als unumstößliche Wahrheit galt: »Du, Gregor, darf ich Dir die Anna vorstellen?« Gibt es etwas Schöneres als die Freundinnen, Freunde, Ehefrauen und Ehemänner der eigenen Freunde zu mögen, nicht zu dulden, nein, zu mögen? Als eigenständige Persönlichkeiten, als Glücksgriffe – nicht nur für die eigene Freundin oder den eigenen Freund. Nein, als Bereicherung für sich selbst und den gesamten Freundeskreis! Nein, es gibt nichts Schöneres. Wer würde da nicht freiwillig auf die eine oder andere Stunde gemeinsamer Treffen verzichten?

Doch wehe, wenn sich dieses Glücksgefühl nicht einstellt! Was tun, wenn uns diese merkwürdige Mischung aus persönlicher Eifersucht und Beschützerinstinkt ergreift, an deren Ende die »natürlich ganz objektive und ungetrübte« Einschätzung steht, »dass die Anna dem Eckart einfach nicht guttut«?

Bevor wir uns überhaupt irgendwelchen Verhaltensempfehlungen widmen, sollten wir stets bedenken, dass wir uns auf dem dünnsten Eis bewegen, das die Umgangsliteratur mit sich bringt. Nirgendwo anders lauern dermaßen viele Gefahren, Dinge falsch ein- und sich selbst zu überschätzen, wie auf dem glatten Parkett des Themas »Freunde und Freundinnen von Freundinnen und Freunden«. Jeder Schritt will wohlüberlegt sein, wollen wir nicht am Ende selbst das Opfer unserer »gut gemeinten« Einschätzungen werden!

Bevor Sie also beginnen, Eckart den Fängen Annas zu entreißen, indem Sie mit ihm ein ernstes Wort reden oder Anna im Umfeld diskreditieren, sollten Sie sich ein umfassendes Bild über Ihre eigenen Motive machen! Tut Anna eigentlich Eckart nicht gut oder Ihnen? Stehen Sie mit Ihrer Meinung im Freundeskreis nur deswegen alleine da, weil die anderen einfach zu feige sind, ihre Bedenken zu äußern, oder unterliegen

Sie möglicherweise doch einer subjektiven Fehleinschätzung? Geben Sie sich und Anna und Eckart Zeit, bevor Sie Ihre Rettungsaktion starten.

✓ *Tun Sie alles, um sich ein wirklich objektives Bild zu machen. Und bedenken Sie – selbst wenn Sie jede Form der persönlichen Betroffenheit ausgeschlossen haben –, dass jeder Mensch die Freiheit besitzt, sich unglücklich zu machen.*

Haben Sie sich dennoch entschlossen, aus dem jungen Glück kein altes werden zu lassen? Wenn Sie sich ernsthaft bemüht haben, Anna kennenzulernen, sie nicht als Nebenbuhlerin zu betrachten und ausreichend »Beweise« dafür gesammelt, dass sich Ihr Freund auf dem besten Wege befindet, sich einer unheilbaren Gehirnwäsche zu unterziehen, irreparable Wesensveränderungen inklusive, dann handeln Sie!

✓ *Suchen Sie ein Gespräch mit Eckart, und schildern Sie ihm ganz unumwunden Ihr Problem mit Anna.*

Alle Rückversicherungen – wie zum Beispiel ähnliche Meinungen im Freundeskreis – sollten nicht zum Thema gemacht werden. Im Mittelpunkt steht Ihre ganz persönliche Wahrnehmung! Enthalten Sie sich darüber hinaus jedweder Anklagen (»Ich weiß einfach nicht, welcher Teufel Dich da geritten hat!«), Drohungen (»Du weißt schon, dass Du dabei bist, unsere Freundschaft zu zerstören?«) und freundschaftlicher Tipps (»Auch andere Mütter haben schöne Töchter!«). Fragen Sie den Freund nach seinen Empfindungen hinsichtlich Ihrer gemeinsamen Freundschaft: »Hat sich nach Deiner Meinung etwas zwischen uns verändert?«, und bitten Sie ihn ganz konkret, über Vorschläge nachzudenken, durch die alle Beteiligten bestmöglich mit der schwierigen Situation umgehen können.

✓ *»Die oder ich« gilt nicht! Jede gute Freundschaft muss Krisen aushalten, auch wenn diese von nun an von Dauer sein sollte. Treffen Sie sich allein mit Ihrem Freund, sparen Sie das Thema Anna aus, suchen Sie nach dem, was sie beide noch teilen, nicht nach dem, was sie trennt. Bauen Sie ein neues, möglicherweise kleineres Fundament Ihrer Freundschaft, anstatt alles einzureißen!*

Wissen Sie eigentlich, wie gut Ihnen Ihre Frau/Ihr Mann tut? Fragen Sie doch mal bei Gelegenheit Eckart …

»Du kennst Jamie Oliver nicht?« – Für Freunde kochen

Deutschland hat ein neues Hobby: Kochen! Kein Format hat in den letzten Jahren im deutschen Fernsehen ein vergleichbares exponentielles Wachstum verzeichnen können, wie es Kochsendungen momentan zuteil wird. Die »ZDF-Allzweckwaffe« Johannes Baptist Kerner lädt jeden Freitag die Crème de la Crème der deutschen Fernsehköche und Köchinnen ins Fernsehstudio, um sich und seine Gäste im Studio und die Millionen vor den heimischen Fernsehschirmen mit den neuesten kulinarischen Ideen vertraut zu machen, Tim Mälzer – der deutsche Jamie Oliver – ist praktisch auf jedem Kanal zu Hause. Johann Lafer, Alfons Schubeck, Rainer Sass, Vincent Klink, Lea Linster sind alle mit eigenen Sendungen ausgestattet. Dazu Dokusoaps wie »Das perfekte Dinner« und der Evergreen »Alfredissimo«. Bis zu zehn Kochsendungen flimmern täglich über Deutschlands Mattscheiben. Nichts scheint uns Deutschen zurzeit mehr im Magen zu liegen als ein gutes Essen!

Zwar sind im gleichen Zeitraum die Ausgaben pro Haushalt für Tiefkühl- und Fertiggerichte im selben Ausmaß gestiegen, doch derlei irritierende Meldungen sollen uns im Moment nicht weiter stören. Auch solche ketzerischen Thesen, dass die Menschen nur deswegen mehr Kochsendungen schauen würden, um sich beim einsamen Verzehr ihrer Fertigpackung »Tortellini a la panna« nicht ganz so einsam zu fühlen, gehören nicht hierher. Ich jedenfalls koche gerne für Freunde und kann nur jedem raten, der ein wenig Spaß am Kochen hat, dasselbe zu tun. Damit Sie sich hierfür nicht einen kompletten Tag freinehmen und mit schwitzenden Händen, dem Kreislaufzusammenbruch nahe, zwischen Herd, Ofen und Tisch hin- und herspringen müssen, sollten Sie sich an einige einfache »Rezepte« halten:

✓ *Machen Sie sich nicht verrückt!*

Kaufen Sie sich ein Kochbuch. Jeder kann nach Rezept kochen, selbst wenn ihm spontan nicht einmal der Name für jenes Gemüse einfallen sollte, das es in grüner, roter und gelber Farbe gibt. Halten Sie sich an das, was Sie können, selbst wenn Sie gar nichts können! Suchen Sie sich ein Rezept heraus, das Ihnen gut gefällt, machen Sie eine Einkaufsliste, und gehen Sie diese Punkt für Punkt durch. Sie werden von sich selbst und Ihren Kochkünsten überrascht sein! Die Gefahr, den schönen Abend mit Ihren Freunden zu »versauen«, besteht

immer nur dann, wenn Sie als Amateur vergessen, dass Sie ein
Amateur sind.

> ✓ *Keiner erwartet von Ihnen, dass Sie mit Dieter Müller oder Lea*
> *Linster konkurrieren.*

Freunde würden das nie tun, und Snobs haben Sie ja wohl
nicht eingeladen! Halten Sie sich an das, was Sie können, und
stellen Sie sicher, dass Sie alle Utensilien im Hause haben, die
Sie benötigen. Man kann alles kaufen. Fangen Sie mit einem
scharfen Messer an. Nichts verleidet den Spaß am Kochen
mehr als stumpfe Messer!

> ✓ *Halten Sie sich an Gerichte, deren Zutaten die jeweilige Jah-*
> *reszeit hergibt. Je mehr Sie sich an Standards orientieren, desto*
> *geringer ist die Wahrscheinlichkeit, in schwierige Situationen zu*
> *geraten!*

Je spezieller das ausgesuchte Rezept, desto länger die Wege,
desto expansiver die Ausgaben und desto höher die Wahrscheinlichkeit, mit dem eigenen Anfängerstatus konfrontiert
zu werden! Ihnen hat das Viergangmenü von Sarah Wiener
so gut gefallen? Wann kommen Ihre Gäste? Morgen? Fangen
Sie ruhig schon mal an …

> ✓ *Wählen Sie Gerichte, die Ihnen ein schlechtes Timing ver-*
> *zeihen!*

Gulasch, Tafelspitz oder Eintopf haben den Vorteil, dass sie
eine fünf oder zehn Minuten längere Garzeit vertragen, ohne

dem ins Mark treffenden Vergleich mit der Schuhsohle trotzen zu müssen.

Sie mögen Fisch? Filets kaufen, Butter in die Pfanne, zweimal wenden, fertig. Gemüse und ein Kartoffelgericht dazu, guten Appetit! Kochen Sie Nudeln in Brühe, und Sie haben weniger Druck bei der angemessenen Würze der Soße. Passieren Sie Ihre Suppen durch ein Sieb: So machen Sie aus rustikalen Erbsen- oder Linsensuppen feine »neue Erfahrungen« ohne großen Aufwand. Was erzähle ich, probieren Sie es einfach mal. Warum starten Sie nicht mit Ihrem Lieblingsgericht?

✓ *Fragen Sie, was Ihre Gäste mögen. Nichts ist unangenehmer, als gnadenlos am Geschmack vorbeizukochen!*

Wie sollen sich Heinz und Jutta an Ihrem ersten Schnitzel Wiener Art erfreuen, wenn sie Vegetarier sind, wie Frauke und Hannes an Ihrer gemischten Fischplatte, wenn beide nichts zu sich nehmen, was mit »mehr als der Hälfte des Körpers unter Wasser lebt«? Fragen Sie vorher, kostet ja nichts.

Ihre beste Freundin ist eine begnadete Köchin, und Sie sind ein wenig nervös ob ihres zu erwartenden Urteils? Keine Panik! Egal, wie Ihnen das Essen gelingt: Als wahre Freundin wird Sie Ihnen ein faires Urteil ausstellen, Ihnen den einen oder anderen wertvollen Tipp geben können, sich freuen, dass sie beide nun ein neues Hobby teilen und überrascht sein über den wohlschmeckenden Braten, den sie selbst seit über zehn Jahren nicht mehr zubereitet hat …

Im Zentrum sollte das gemeinsame Essen stehen. Je weniger Zeit Sie mit Ihren Freunden am Tisch verbringen, desto mehr haben Sie falsch gemacht.

✓ *Wählen Sie Gerichte, die sich gut vorbereiten lassen. Verzichten Sie auf überkandidelte Aperitifs wie individuelle Cocktails mit Sonnenhütchen und Dekorwettbewerbe auf den zu reichenden Tellern. (Auch die schönsten Dekorationen sind ungeeignet, den Ärger über kalt gewordenes Essen zu mildern!)*

Zwischen den Gängen und nach dem Essen helfen Ihnen Ihre Freunde gewiss gerne, den Tisch für den weiteren Verlauf des Abends »freizuschaufeln«. Wer gemeinsam Ordnung schafft, hat danach umso mehr Zeit, gemütlich zusammenzusitzen und das eine oder andere Fläschchen zu öffnen …

✓ *Verzichten Sie auf jede Art der Rechtfertigung!*

Sätze wie »Das ist mir auch schon mal besser gelungen!«, »Ich habe das heute zum ersten Mal gemacht!« oder »Da fehlt noch ein wenig Salz, findet Ihr nicht?« sind im besten Fall unnötig, im schlechtesten werden sie als unangenehmes »fishing for compliments« missverstanden! Überlassen Sie Ihren Gästen das Wort. Sagen die nichts, ist es Ihnen wirklich schon besser gelungen, sagen sie was, wird es ein Lob sein. Und dann wäre jede Entschuldigung wirklich fehl am Platz …

Teil VI
Die grundlegenden Fragen

WIE AUS DEM EI GEPELLT! –
WAS ZIEHE ICH AN?

»Mein junger Freund«, sagte der entlassene Häftling Vautrin
in spöttischem Ton zu dem ehrgeizigen Eugène de Rastignac,
»wenn Sie in Paris eine gesellschaftliche Rolle spielen wollen,
dann brauchen Sie am Morgen drei Pferde und ein Tilbury,
am Abend ein Coupé, das macht im ganzen 9000 Francs für
Pferde und Wagen. Sie wären Ihres Schicksals nicht würdig,
wenn Sie nicht 3000 Francs beim Schneider, 600 Francs beim
Barbier, 100 Taler beim Schuster und die gleiche Summe beim
Hutmacher ausgeben würden. Und für Ihre Wäscherin müssen
Sie auch 1000 Francs rechnen.«

Die Zeiten mögen sich seit Honoré de Balzacs Sittengemäl-
de »Le père Goriot« geändert haben – die Notwendigkeit, sich
um eine angemessene Garderobe zu bemühen, bleibt jedoch
auch im 21. Jahrhundert bestehen. Zumindest für diejenigen,
die sich darüber bewusst sind, dass unser Äußeres in den Augen unserer Mitmenschen einiges über unser Inneres verrät.
Denn noch immer gilt: Der erste Eindruck zählt! Noch immer
machen Kleider Leute, ob uns das gefällt oder nicht, ob wir
das für spießig und gnadenlos oberflächlich halten.

Doch so sehr unser weltliches Schicksal auch durch den
kritischen Blick unserer Mitmenschen auf unser Äußeres bestimmt sein mag, so liegt es doch an uns zu entscheiden, welchen Eindruck wir bei ihnen hinterlassen wollen. Letztlich sind
wir unseres eigenen Glückes Schneider. Wir halten die Fäden
in der Hand, aus denen unsere Garderobe genäht ist. Unsere
Freiheit ist grenzenlos: Niemand kann uns davon abhalten,
in Jeans bei einer Hochzeit aufzutauchen, keine Geschmackspolizei steht Gewehr bei Fuß, um uns unserer weißen Socken

zu berauben. Und doch, so möchte ich behaupten, bleibt den kompromisslosen Individualisten die eine oder andere Tür verschlossen, die sich im Handumdrehen öffnen ließe, wenn wir unsere »Freiheit als Einsicht in die Notwendigkeit« begriffen, wie es Georg Wilhelm Friedrich Hegel einmal formulierte (allerdings in einem etwas umfassenderen Zusammenhang …).

Wer also tatsächlich darauf bedacht ist, als der Schneider seines eigenen Glückes durchs Leben zu gehen, der achtet zumindest auf die modischen Kontexte, in denen er sich bewegt. Denn unabhängig davon, ob sich über Geschmack nun streiten lässt oder nicht – noch immer gilt das bereits bekannte Diktum Adolph Freiherr Knigges: »Man ist in Gesellschaft verstimmt, sobald man sich bewusst ist, in einer unangenehmen Ausstaffierung aufzutreten.« Egal, wie wir uns letztlich entscheiden, egal, ob wir bestrebt sind, uns anzupassen oder unseren eigenen Weg zu gehen – das Bewusstsein für die jeweils herrschenden Konventionen hat noch keinem geschadet, wenn es darum ging, die Chancen und Risiken, die sich aus der eigenen Ausstaffierung ergeben, vernünftig abzuwägen! Denn tatsächlich ist doch nichts unangenehmer, als im Nachhinein erkennen zu müssen, dass die Investition des einen oder anderen Talers bei unserem Schuster, Schneider oder Hutmacher eine lohnende gewesen wäre!

Machen wir uns nichts vor: Die Codierungen, die wir in unserer Gesellschaft hinsichtlich der »richtigen« Kleidung finden können, sind mittlerweile so vielfältig und komplex, dass wir kaum noch von *der* Gesellschaft sprechen können. Zu ausdifferenziert sind die kulturellen Eigenheiten der jeweiligen gesellschaftlichen Gruppen, als dass man einen einheitlichen Regelleitfaden aufstellen könnte. Daher werde ich diesen hoffnungslosen Versuch auch gar nicht erst unternehmen.

Wer sich in den Szenekneipen in Berlin Mitte umtreibt, der wird wissen, welche Kleidung eine vollwertige Mitgliedschaft symbolisiert, wer an der Kunstakademie in Düsseldorf studiert, der ist sich bewusst, dass Bundfaltenhosen nicht dem aktuellen künstlerischen Zeitgeist entsprechen (oder gerade?), wer bei der örtlichen Bank seine Ausbildung macht, der ist sich klar darüber, dass dunkle Anzüge und schlichte Kostüme erwünscht sind. Und wer würde beim Kundenbesuch auf seine Krawattennadel verzichten wollen, wo doch der Großteil der Einkäufer und Kollegen auch eine trägt?

Sie sehen, diese Aufzählung ließe sich wohl noch über einige Seiten weitertreiben. Ich verzichte jedoch darauf. Erstens lässt die angestrebte Länge dieses Kapitels eine ausführlichere Betrachtung nicht zu, und zweitens reichen meine Kenntnisse der jeweiligen Kleidungscodierungen für eine tiefer gehende Analyse schlichtweg nicht aus. Ich beschränke mich daher auf traditionelle – wenn Sie so wollen konservativere – Kleidungskonventionen. Zeigt doch die Erfahrung, dass die meisten Unsicherheiten bestehen, wenn schriftliche Einladungen versendet werden, auf denen Adjektive wie smart, casual, ländlich, festlich, angemessen oder Substantive wie Abendgarderobe, Frack, Cut, Smoking oder Uniform auftauchen. Diese Unsicherheiten dürften sich leicht aus der Welt räumen lassen:

    ✓ *Zu Polterabenden, aber auch zu Geburtstagen wird traditionell gerne eine »ländlich-festliche« oder eine »sommerlich-festliche« Garderobe ausgerufen. Kann man im ersten Fall davon ausgehen, dass auch auf dem Land gefeiert wird, beispielsweise in einer Scheune, verweist das Wörtchen sommerlich im zweiten Fall eher auf eine städtische Lokalität. Für beide Feste gelten jedoch*

dieselben Erwartungen in punkto angemessener Erscheinung.
Festlich zeigt den Herren an, dass Krawatte, Fliege oder Hals-
tuch den Hals schmücken sollten. Den Damen, dass die Rock-
länge nicht allzu kurz, das Dekolletee nicht allzu tief und das
Kleid nicht schwarz sein sollte. Männer in hellen Baumwoll-
anzügen, Moleskin- oder Cordhosen, Sakko oder Janker haben sich
selten unangenehm ausstaffiert gefühlt. Graue Hose und blaues
Jackett sowie knielange farbige Sommerkleider gehen ohnehin
immer.

✓ *Für die angemessene Kleidung bei einer kirchlichen Trauung*
  gilt für Männer die einfache Faustregel: Entweder Sie orientie-
  ren sich an der gängigen Tradition – Cut für den Herrn –,
  oder Sie orientieren sich am Bräutigam: Trägt dieser einen Cut,
  können Sie dies auch tun, trägt dieser einen Anzug, tragen Sie
  auch einen.

✓ *Ob Cut oder Smoking, dass entscheidet im Übrigen nicht allein*
  der Anlass, sondern auch die Tageszeit. Ab 17.00 Uhr – so heißt
  es – hat der Cut seine Schuldigkeit getan und wird vom Smo-
  king, dunklen Anzug, Frack oder von der Uniform abgelöst.

✓ *Für die angemessene Kleidung bei einer kirchlichen Trauung*
  gilt für Frauen: kein Weiß, kein Schwarz! Alles andere obliegt
  der Geschmackssicherheit des weiblichen Geschlechts. Und auf
  diese ist in der Regel ohnehin Verlass.

✓ *Die Fliege zum Smoking? Immer gern. Welche Farbe? Schwarz,*
  aber auch bunt ist möglich. Weiß bleibt jedoch dem Servicepersо-
  nal vorbehalten! Es sei denn, Sie wollen diesem Ihre tatkräftige
  Hilfe anbieten …

Nichts hat in den letzten Jahren so viel Verwirrung gestiftet wie
das kleine Wörtchen »casual«. Menschen, die sich jahrelang
keine Gedanken über ihre Garderobe machen mussten, da der

Anzug in konservativeren beruflichen oder privaten Umfeldern gesetzt war, mussten plötzlich überlegen, was sie anziehen sollen. Wie anstrengend! Der Vorsatz »smart« versucht nun, die um sich greifende textile Orientierungslosigkeit insbesondere auf männlichem Terrain zu beenden.

✓ *Merken muss man sich allerdings nur eines: Verzichten Sie auf Jeans und Turnschuhe!*

Auch auf die Gefahr hin, mich zu wiederholen. Eine Sache kann ich Ihnen gar nicht oft genug anraten:

✓ *Sollten Sie trotzdem unsicher sein, rufen Sie einfach Ihre Gastgeber oder andere Gäste an, und erkundigen Sie sich, wie schön Sie sich machen dürfen!*

»Sieht doch gut aus!« – Mein persönlicher Geschmack

Eine Benimmexpertin hat mir auf ihrer Homepage einmal den »Fettnapf des Monats« verliehen, weil ich rote Strümpfe tragen und damit nicht den Benimmregeln meines Vorfahrens entsprechen würde! Als Träger des Namens Knigge steht man nun einmal unter besonderer Beobachtung, dessen muss man sich bewusst sein. Und warum sollte es mir in dieser Hinsicht anders gehen als meinem berühmten Vorfahren?

So las ich vor einiger Zeit in einer lokalen Zeitung unter der Rubrik »Wussten Sie schon …?« Folgendes: »dass Freiherr Adolf von Knigge, der später sein Buch der Benimmregeln herausgab, als Hofjunker am landgräflichen Hof zu Kassel arbeitete und dort wegen schlechten Benehmens entlassen wurde?«. Und wie heißt es so schön? Ist der Ruf erst ruiniert, dann lebt es sich ganz ungeniert! Daher trage ich immer noch rote Strümpfe, während mein Urahn trotz seines schlechten Benehmens doch tatsächlich die Dreistigkeit besaß, ein Buch über den Umgang mit Menschen zu schreiben. Ganz in der Tradition dieses »ungenierten Verhaltens«, scheue ich mich an dieser Stelle nicht, Ihnen nun meine radikal subjektive Sicht der gelungen Garderobe näher zu bringen. Über Geschmack lässt sich nicht streiten? Gut so! Das ist meiner:

– Zum Cut trage ich eine beige Weste und ein kariertes Hemd.
– Ich bin kein Freund des Kummerbundes.
– Ich bin ein Freund der Krawatte und würde niemals ein Button-Down-Hemd dazu tragen oder den obersten Hemdknopf aufmachen und den Knoten der Krawatte lockern.
– Manschettenknöpfe sind für Männer ein schönes Schmuckstück.
– Ich würde keine Budapester zum Smoking tragen.
– Eckige, quadratische oder spitze Schuhe besitze ich nicht, Turnschuhe natürlich.
– Ich liebe Einstecktücher. Sie sollten jedoch immer aus einem anderen Stoff sein als die Krawatte.
– Ich trage Anzüge, wenn es der Anlass erfordert, ziehe jedoch die Kombination vor.
– Ein Leben ohne karierte Jacketts kann ich mir nicht vorstellen.
– Ich schätze maßkonfektionierte Hemden, Jacketts und Anzüge.

»DAS GEHT GAR NICHT!« – DIE SIEBEN TODSÜNDEN BEIM OUTFIT

»Nennen Sie bitte sieben Sünden, die bei der Wahl des persönlichen Outfits niemals begangen werden sollten«, bat mich einmal mein journalistischer Gesprächspartner am Ende unseres Interviews. Das Wort Sünde schien es ihm besonders angetan zu haben. Ich beschloss daher, mir selbst die Frage zu stellen, ob sich wohl die sieben christlichen Todsünden auf den Gegenstand des »richtigen« Umgangs mit der eigenen Kleidung und der Kleidung anderer anwenden ließen. Mit dem alleinigen Ziel, allen Beteiligten ein möglichst angenehmes Klima im Umgang untereinander zu ermöglichen. Hier das Ergebnis meiner Analyse:

Eitelkeit. Das »Leben und Sterben vor dem Spiegel« mag die Devise des Dandys sein, in weniger prätentiösen sozialen Kontexten werden Sie auf Widerstände stoßen und Missgunst provozieren. Verzichten Sie als Abteilungsleiter darauf, Ihren Geschlechtsgenossen im Vorstand ästhetisch den Rang ablaufen zu wollen, verkneifen Sie sich im Kreis Ihrer Freundinnen den Anspruch, in modischen Dingen einen Alleinvertretungsanspruch zu besitzen. Ein makelloses Äußeres ruft sündige Neider auf den Plan, und die können einem das Leben wirklich zur Hölle auf Erden machen.

✓ *Vermeiden Sie allzu dandyhaftes Auftreten, kleiden Sie sich nicht prächtiger, als es der jeweilige Anlass erlaubt.*

Neid. Selbst wenn Sie Gucci-Taschen scheußlich finden, sollten Sie sich jeglichen Kommentar sparen! Man wird Sie immer für neiderfüllt halten, so sehr Ihre Abneigung gegenüber dem jeweiligen modischen Detail auch Ihrem ästhetischen Bewusstsein entspringen mag. Allein der Umstand, dass Sie in der Lage sind, Marken wie Prada, Bulgari, Hermes, Gucci, Burberry oder Stone Island zu benennen, wird Ihnen zum Nachteil gereichen und Ihren Ruf als neidische Person unterstreichen.

✓ *Es ist unwürdig, seinen Mitmenschen ihre modischen Accessoires zu neiden, so luxuriös und verschwenderisch diese auch anmuten mögen.*

Zorn. Nichts zeugt von weniger Klugheit, als sich auf Kosten anderer zu amüsieren oder diese aufgrund ihres geschmacklosen Äußeren zu kompromittieren.

✓ *Enthalten Sie sich geringschätziger, spöttischer oder gar wütender Kommentare über das äußerliche Erscheinungsbild anderer, selbst dann, wenn Sie sich für eine Koryphäe des guten Geschmacks halten.*

Maßlosigkeit. Nicht jedem ist das Aussehen und der Körper eines Jude Law oder einer Keira Knightley in die Wiege gelegt worden. Kein Grund zu verzweifeln! Ab und zu schadet es nicht, sich mit seiner Unvollkommenheit abzufinden und sich auf das zu konzentrieren, was zu einem passt, was Ihnen steht. Wer sagt eigentlich, dass Kleidergröße 34 das Maß aller Dinge ist? Kein Grund, einen dicken Hals zu bekommen. Und wer ohnehin schon einen hat, der muss eben zum Maßkonfektionär und seinen Kragen weiter machen lassen!

✓ *Finden Sie das richtige Maß für sich.*

Trägheit. Natürlich wird niemand zu einem »besseren« Menschen, weil er chic oder gar individuell gekleidet ist, und es muss ja nicht gleich der silberne Handschuh eines Karl Lagerfeld sein. Aber dessen verbaler Einwurf im Rahmen eines Interviews mit dem »stern« zum gegenwärtigen urbanen Einheitsbrei ließe sich durchaus als Anregung zu etwas mehr modischem Esprit verstehen: »Heute sehe ich Wintersportmode in der Stadt. Die haben alle lila oder grau-grüne Anoraks an. Man bekommt das Gefühl, dass ein großer Bergsteigerverein die Stadt besichtigt.«

    ✓ *Achten Sie auf Ihr Äußeres. Sie müssen ja nicht eine Modelkarriere anstreben, aber so ganz sorglos sollten Sie mit Ihrem eigenen Erscheinungsbild auch nicht umgehen.*

Wollust. In einem Interview mit der Modezeitschrift »Vanity Fair« sagte der Top-Modedesigner Tom Ford über Angelina Jolie, sie sähe mit ihren gigantischen Lippen und Brüsten aus wie eine Comicfigur. »Wir haben angefangen zu vergessen, wie echte Brüste aussehen«, so Ford weiter. Der Wunsch nach dem perfekten Äußeren treibt uns zu Höchstleistungen an. Vor lauter wollüstigen Anstrengungen vergessen wir bisweilen, dem wahren Schönen auf die Spur zu kommen. Einem Schönheitsideal, das sich hinter aufgespritzten Lippen, aufgeblasenen Brüsten, aufgepumpten Bizeps und ausgesaugten Oberschenkeln nicht verstecken muss. Als Wolfgang Joop einmal in einem Interview gefragt wurde, welcher Comic-Figur er sich am nächsten fühle, antwortete er, dass ihm dazu eigentlich nur die Figuren von Zille einfielen: »Die können alle über sich selbst lachen.«

    ✓ *Solange auch wir über uns selbst lachen können, allen zu großen oder zu kleinen Brüsten zum Trotz, solange ist unsere Suche nach wahrer Schönheit nicht vergebens.*

Geiz. Geiz ist geil? Hierbei handelt es sich wirklich um eine neumodische Erkenntnis! Noch nie in der Menschheitsgeschichte war der Geiz eine Tugend, sondern immer ein Laster. Zeitzeugen aller Jahrhunderte können dies bestätigen: sei es der Apostel Paulus, der im Geiz die Wurzel allen Übels wähnte oder Adolph Freiherr Knigge, der im Geiz eine der schändlichsten menschlichen Eigenschaften erblickte. Auch in Sachen Kleidung haftete dem Geizigen immer etwas Diabolisches an. Nach Balzac lebt ein solch unglückliches Wesen »am Rande der Genüsse seiner Zeit«, trägt »vergilbte Gehröcke, deren Garn an den Nähten glänzt« und schäbige Westen.

✓ *Geiz ist und bleibt das Gegenteil von Großzügigkeit, und Letztere ist und bleibt ein maßgebliches Zeichen für gute Manieren!*

Wem ständig alles zu teuer, als nicht funktional genug erscheint, wer nicht bereit ist, seine Taler zum Schuster, Schneider oder Hutmacher zu tragen und Preise abseits des Schnäppchens zu zahlen, der mag ein guter Kaufmann sein, dem seine Ausstaffierung nicht einmal unangenehm ist – wie aus dem Ei gepellt wird er niemals aussehen!

PRUNKEN STATT PROTZEN – WIE WEIT DARF ICH MICH IN DEN MITTELPUNKT STELLEN?

Um sofort einem bekannten Missverständnis entgegenzutreten: Zu prunken bedeutet nicht zu protzen. Wer, wie in der bekannten Werbung, seine Karten allzu plump auf den Tisch

legt, der mag einen kurzfristigen weltlichen Erfolg als Platz-
hirsch im Wettstreit um prall gefüllte Konten feiern, zu prunken
versteht er damit noch lange nicht. Vermutlich ist das Missverständnis darin begründet, dass wir der Lust, Aufwand zu betreiben eher skeptisch gegenüberstehen. Wer würde denn tatsächlich auf die Frage, was er unter Luxus und Prunk versteht,
die Antwort der in Frankfurt lebenden chinesischen Zeichne-
rin Ying Zhou Cheng wählen, die im Magazin »How to spend
it« der »Financial Times Deutschland« Folgendes zum Besten
gab: »Luxus ist für mich die Kunst, in Maßen zu genießen«?

Maßhalten statt Verschwenden? Sich zurückhalten statt vergeuden? Wahrer Genuss statt überflüssigen Konsums? Das
deckt sich nun so gar nicht mit unseren Vorstellungen über
Luxus und Prunk! Und tatsächlich ist es abgesehen von obigem
Zitat fast unmöglich, im Zusammenhang mit Luxuriösem neu-
trale Begrifflichkeiten zu entdecken. Selbst im sonst so neutra-
len Duden schwingt eine gewisse protestantische Strenge mit,
die den Luxus in wenig schimmerndem Licht erscheinen lässt:
»Lu|xus, der; -: Aufwand, der den normalen Rahmen [der Le-
benshaltung] übersteigt; nicht notwendiger, nur zum Vergnügen betriebener Aufwand; Verschwendung; Prunk«, heißt es
dort.

Doch wie kommt es eigentlich zu den immer wieder auf-
tretenden impliziten und expliziten Vorbehalten gegenüber
dem Prachtvollen? Der Ökonom und Soziologe Thorstein
Veblen erklärt die Missbilligung des Luxus in seinem 1899
erschienenen Hauptwerk »Theorie der feinen Leute« äußerst
einleuchtend: »Im Licht der ökonomischen Theorie ist diese Art des Aufwandes (die wir häufig recht unglücklich mit
Vergeudung oder Verschwendung gleichsetzen) genauso berechtigt oder unberechtigt wie irgendeine andere Art des Kon-

sums. Dass die Verschwendung jedoch so allgemein missbilligt wird, heißt, dass der ›normale Mensch‹, um mit sich selbst in Frieden zu leben, in jeder Leistung und in jedem Vergnügen einen Beitrag zur Verbesserung des gesamten Lebens sehen muss.«

Ein Leben, das wir uns selbst nicht leisten können oder wollen, gerät demnach natürlicherweise schnell unter Generalverdacht. Ausgedrückt in der bekannten Redewendung »Das ist doch nicht nötig!«, kommt diese Haltung auch heute immer wieder zum Ausdruck. Luxus und Prunk fangen jedoch genau dort an, wo etwas nicht nötig ist. Wer nach wahrem Genuss strebt, der nimmt sich ja gerade die Freiheit, auf das Nötige zu verzichten und sich stattdessen – aus welchen Gründen auch immer – mit dem Möglichen zu beschäftigen, frei von den Zwängen des Nötigen.

Das ist reizvoll, da möchte man mitmachen, und die dramatische Steigerung der privaten Insolvenzen in unserem Land deutet darauf hin, dass immer mehr Menschen aufs materielle Spielfeld drängen, die eigentlich auf die Tribüne gehören. Deren Prunken komme zur »Unzeit«, wie es Baltasar Gracián einmal so trefflich in seinem »Handorakel der Weltklugheit« ausdrückte: »Mehr als jeder andere Vorzug muss es frei von Affektation sein« (und was wäre affektierter als »Mein Haus, mein Auto, meine Jacht« zu brüllen?), »an welchem Übelstande es allemal scheitert, weil es nahe an der Eitelkeit grenzt und dieses an das Verächtliche: Es muss sehr gemäßigt sein, damit es nicht gemein werde, und sein Übermaß steht bei den Klugen schlecht angeschrieben.«

Wer prunken will, der sollte also die Regeln kennen, um bei den Klugen anschreiben zu dürfen! Und die Grundregeln sind einfach: »Kenne Deine Möglichkeiten, und verstehe sie zu nutzen!« Denn selbst wenn ich vergeuden und verschwenden kann, sollte ich mir bisweilen Gedanken darüber machen, auf welche Weise ich dies tue. Missbilligung und Neid kann ich zwar ignorieren oder missbilligen, und doch trüben sie die allgemeine Lebensfreude bisweilen erheblich!

Ich kenne keine schönere Illustration der maßvollen Lust, Aufwand zu betreiben, als die Fabel Baltasar Graciáns über den prachtvollen, aber eitlen Pfau. In dieser leiht der scharfsinnige und gleichermaßen scharfzüngige Jesuit Gracián dem schlauen Fuchs im Prozess über die künftige Selbstdarstellung des Pfaus im Tierreich seine Stimme. Der Fuchs hat im Tierreich das Amt des Richters inne und spricht in dieser Funktion die folgenden Worte: »Ich empfinde es so, dass es eine unmögliche Zumutung wäre, dem Pfau die Schönheit zuzugestehen und gleichzeitig ihre Darstellung zu verweigern.« Um jedoch der stets drohenden Gefahr der geltungssüchtigen Eitelkeit und Verschwendungssucht Einhalt zu gebieten, fährt der Fuchs fort: »Jedes Mal aber, wenn der Pfau die Vielfalt seines Glanzes im Wind entfaltet, habe er den Blick auf die Hässlichkeit seiner Füße zu richten, so dass das Aufrichten seiner Federn und das Senken der Augen in eins gehen – ich garantiere, dass dies allein genügen wird, um seine Selbstdarstellung einzuschränken.«

Wer den Kopf neigt, ohne auf die Freiheit seiner Möglichkeiten zu verzichten, »der trägt wirklich in jeder Leistung und in jedem Vergnügen seinen bescheidenen Beitrag zu Verbesserung des gesamten Lebens bei«, wie Thorstein Veblen mutmaßte. Wer hingegen seinen Kopf allzu hoch erhebt, der sollte darauf achten, wie weit er seine Scherze treibt, ohne dass ihm am Ende selbst das Lachen im Halse stecken bleibt.

Ob der junge Mann, dessen Foto ich letztlich sah, noch nicht vom Urteil des schlauen Fuchses gehört hatte oder ob es ihn schlichtweg nicht interessierte, weiß ich nicht – eine Erwähnung hat er sich in unserem Zusammenhang jedenfalls verdient. Stolz wie Oskar am Bug seiner Jacht, braun gebrannt und freundlich vor karibischer Kulisse lächelnd, wies er mit der rechten Hand auf den Namen seiner luxuriösen Nussschale: »Hartz IV« stand dort schwarz auf weiß! Nicht jeder hört eben auf den schlauen Fuchs und richtet pfauengleich seinen Blick auf seine segeltuchbeschuhten hässlichen Füße …

Aber geschmunzelt haben Sie schon, geben Sie es ruhig zu!

»ÜBER GELD SPRICHT MAN NICHT, DAS HAT MAN.« – VON DER GROSSZÜGIGKEIT

Man kann den Euro drehen und wenden, wie man will: Das Geld hat uns fest im Griff. Entweder wir haben zu wenig davon (was man getrost als Normalzustand in einer kapitalistischen Ordnung annehmen darf, die auf Wachstum und Vermehrung angewiesen ist und kein Genug kennt) oder gar zu viel des schnöden Mammons! Man denke nur an so manchen unglückseligen Lottogewinner, der zwar auf einmal genug Geld hatte, aber so lange darüber sprach, bis auch der letzte Cent wieder verschwunden war.

Es wäre also wahrlich naiv, das, was Ökonomen als Tauschmittel bezeichnen, auszuklammern, wenn man sich mit den klugen und weniger klugen Strategien des zwischenmenschlichen Umgangs auseinandersetzt. Dabei geht es mir weniger um die Stützung der populären These, dass man nur dann was ist, wenn man was hat, sondern vielmehr um den notwendigen

Hinweis darauf, dass der jeweilige Umgang mit unseren kleineren oder größeren Vermögen einen nicht zu unterschätzenden Einfluss auf die Wertschätzung besitzt, die wir von unseren Mitmenschen erwarten dürfen. Nicht das, was wir haben, sondern wie wir damit umgehen, sagt etwas darüber aus, ob wir die Regeln der Lebensklugheit verinnerlicht haben und in der Lage sind, sie zum Leben zu erwecken.

In einem der zahlreichen Interviews, die ich im Rahmen der Recherche für meine Bücher führte, entgegnete mir ein guter Freund auf die Frage, was einen Menschen mit Manieren ausmache: »Darauf gibt es aus meiner Sicht eine denkbar einfache Antwort: Vor allen anderen Dingen ist es die Großzügigkeit, die die unhöfliche Spreu vom höflichen Weizen trennt. Ich habe letztens ein Interview mit einem Psychiater gelesen, in dem dieser den Mangel an Großzügigkeit als Symptom für schwere psychische Krankheiten ins Feld führte. Ich bin kein Psychologe, aber mir erschien das schlüssig! Großzügigkeit ist etwas Großartiges. Ich erinnere mich heute noch an einen Urlaub, in dem mir ein völlig unbekanntes Pärchen einen recht üppigen Geldbetrag lieh, ohne auch nur im Ansatz ein Pfand zu verlangen. Das Einzige, was sie verlauten ließen, war, dass ich ihnen ja das Geld überweisen könne, sobald ich wieder zu Hause sei! Das hat mir imponiert. Und wenn man sich schon auf das zweischneidige Bewerten in Kosten-Nutzen Kategorien einlässt, wie wir es im Umgang mit Geld gewohnt sind, was wäre eine schönere Belohnung als auch noch zwanzig Jahre nach seiner großzügigen Geste im Gedächtnis des Empfangenden fest verankert zu sein? Da lohnt sich doch das Risiko eines möglichen Geldverlustes allemal!«

Diese, seine Ausführungen haben mir imponiert. Grund genug, weiteren Möglichkeiten, sich großzügig zu verhalten, auf die Spur zu kommen und dem schnöden Mammon zu wirklicher Ausstrahlung zu verhelfen.

Kein Anstandsbuch, das ohne eine kurze Lektion über Trinkgelder auskäme. Das ist so, und das war scheinbar auch schon vor über hundert Jahren so. In »Spemanns goldenem Buch der Sitte – Eine Hauskunde für jedermann« von Wolf Graf und Eva Gräfin von Baudissin in der Erstauflage von 1901 steht zu lesen: »Ebenso wie wir für unser Geld gutes Essen zu beanspruchen berechtigt sind, können wir auch eine nicht nur aufmerksame, sondern auch gute Bedienung für das schwere Trinkgeld, das wir geben müssen, verlangen!« Hier schwingt schon im Tonfall ein so weitreichender Mangel an Großzügigkeit mit, dass wir den beiden Autoren nicht wünschen wollen, im Verlauf ihres Lebens an einer schweren psychischen Krankheit gelitten zu haben. Über das, was Sie selbst zu verlangen zu gedenken, darüber vermag ich nichts zu sagen, eines möchte ich Ihnen jedoch raten:

✓ *Setzen Sie Ihr Trinkgeld gezielt ein, und zeigen Sie sich großzügig, wenn das Servicepersonal einem gelungenen Abend nicht im Wege stand.*

Sie selbst hatten einen tollen Abend? Gut so, ermöglichen Sie Ihren Mitmenschen doch selbigen! (Aber darüber sprachen wir ja bereits.)

Als ich kürzlich in London war, trafen wir uns mit einem mir nicht näher bekannten Freund eines guten Freundes von mir. Nun sagt man den Engländern ja ohnehin nach, sie verstünden etwas von wahrer Höflichkeit. Und nach dieser Erfahrung gelebter Großzügigkeit habe ich keinen Grund daran zu zweifeln. Was war passiert? Nun, besagter Engländer mit

Namen Jamie hatte sich mit uns in einer Bar getroffen und war bereits vor uns anwesend. Als wir eintrafen, erhob er sich von seinem Stuhl, begrüßte uns freundlich, zückte sein Portemonnaie, fragte uns, was wir trinken wollen und verschwand zur Theke. Nachdem er uns die Getränke serviert hatte, überreichte er uns jedem ein kleines »schokoladiges« Geschenk, das er für uns besorgt hatte, als Erinnerung an unseren Aufenthalt in London. Besser kann man das Feld für einen gelungenen Abend nicht bereiten!

✓ *Also: Haben wir den Mut, mit großzügigen Gesten in Vorleistung zu treten!*

Der Großzügigkeit ist eine gewisse Nachlässigkeit eigen. Sie ist, wenn Sie so wollen, der exemplarische Gegenentwurf zur doppelten Buchführung der »Beziehungskonten«, die allzu oft unser Miteinander bestimmt. Großzügige Menschen holen in der Kneipe auch dann die nächste Runde, wenn sie nicht an der Reihe sind. Ja, sie wissen nicht einmal, dass sie an der Reihe wären. Großzügige Menschen machen in ihren Gesten und Handlungen keinen Unterschied zwischen den Empfängern ihrer Wohltaten, und sie rühmen sich weder ihrer Taten, noch würden sie sich jemals öffentlich über die »Nehmerqualitäten« ihrer Mitmenschen beschweren. Ob und wie viel Geld sie wirklich besitzen, das spielt keine Rolle, sie reden ja nicht darüber, sondern lassen ihre Taten für sich sprechen.

Überhaupt sind großzügige Menschen schweigsam. Sie fragen nicht, ob die anderen noch etwas benötigen, sie wissen, wem es an was fehlt, und beseitigen diesen Mangelzustand. Sie fragen nicht, wer noch was trinken möchte, sie besorgen, was es zu besorgen gilt. Und sie zahlen, was bezahlt werden muss!

Jeder, der schon jemals an der Abrechnung einer gemeinsamen Rechnung beteiligt war, weiß, dass der zuletzt Bezahlende mindestens ein Getränk mehr bezahlen muss, als er selbst getrunken hat. Der Großzügige nimmt das in Kauf, er würde niemals als Erster sein Portemonnaie zücken, um den Schwarzen Peter weiterzureichen. Er würde zwar darauf achten, wer dies besonders häufig tut, ohne es jedoch zu thematisieren. Was bleibt dem sprachlosen Großzügigen auch anderes als die Hoffnung, der andere würde beizeiten beim Blick in den Spiegel der eigenen Kleinmütigkeit begegnen und sich eines Besseren besinnen?

✓ *Seien wir großzügig ohne viel Aufhebens!*

Großzügigen Menschen ist jede Art des Aufrechnens fremd. Sätze wie »Ich hatte ja gerade schon …«, »Der Ralf könnte ja auch mal …«, »Es kann doch nicht sein, dass immer dieselben …«, »Ich glaube, Du bist jetzt dran …« oder »So, jetzt wäre ich so weit!« kommen den Großzügigen nicht über die Lippen. Das bedeutet nicht, dass ihnen das Kleinmütige nicht auffiele und nicht zuwider sei. Aber allein die Vorstellung, genau dies anzusprechen oder durch rhetorische Winkelzüge zu entlarven, erscheint ihnen als mindestens ebenso falsch!

Großzügige Menschen haben ihr Geld nach einer gemeinsamen Taxifahrt umgehend zur Hand und wühlen nicht erst nach Ankunft quälend langsam in ihren Taschen, bis die anderen bezahlt haben. Großzügige Menschen wundern sich zwar immer wieder über leidenschaftliche Raucher, denen mal wieder auf der Hochzeitsfeier um 22.00 Uhr die Zigaretten ausgehen, helfen aber gerne ohne zu Murren bereitwillig aus. Wer großzügig ist, der lässt andere Menschen an seinem Leben

teilhaben, der lädt gerne ein, verleiht Bücher, CDs und selbst
seine Lieblingskleidungsstücke.

✓ *Großzügigkeit kennt kein Aufrechnen!*

Was nicht großzügig ist: Kleinmütige Menschen kämen nie auf
die Idee, die gemeinsame Rechnung im Restaurant allein zu
bezahlen und ihren verwunderten Mitmenschen zu eröffnen:
»Ich lade Euch heute ein!« Kleinmütige Menschen fordern
geliehenes Geld umgehend zurück, wenn sie überhaupt jemals
etwas verleihen. Sie hängen an den weltlichen Dingen. Ihre
Devise lautet »Haben statt Sein«. Das macht sie ängstlich und
missgünstig gegenüber dem Mut der Großzügigen und ihren
»großen Zügen«. Während sie ständig über Geld sprechen,
geben es die Großzügigen ohne große Worte aus. Einfach so!

»Ene, mene, muh, raus bist Du!« – Seinen Stellenwert unterstreichen

Der englische Sänger und Songwriter Steven Patrick Morrissey singt in dem Song »How soon is now« eine gleichermaßen
zeitlose wie anrührende Textzeile: »I am human and I need to
be loved!« Ohne den menschlichen Wunsch nach Liebe und
Anerkennung durch seine Mitmenschen und die Angst davor,
diese Sehnsucht nicht erfüllt zu bekommen, würde das gute
Benehmen ein wohl noch trostloseres Schattendasein fristen,
als es ihm ohnehin schon 90 Prozent unserer Mitmenschen
attestieren.

In allen Werken zur Lebensklugheit werden stets dieselben Fragen zum Ausgangspunkt der moralphilosophischen

Betrachtung gemacht: Wie gelingt es mir als einzelnes Individuum bestmöglich, mich und meine Interessen zur Geltung zu bringen, und welche Strategien benötige ich, um mir die Anerkennung meiner Mitmenschen zu sichern? Schon immer waren sich die unterschiedlichen Autoren über die Jahrhunderte darüber einig, dass neben die Vervollkommnung des eigenen Charakters ein formvollendeter Auftritt gehöre. Dabei ging es nicht immer um Liebe, aber mindestens um Achtung. So wusste Adolph Freiherr Knigge zu berichten, dass »es nicht immer in unserer Willkür steht, geliebt, aber immer von uns abhängt, nicht verachtet zu werden«.

Wir wissen, diese Achtung ist nicht nur von unseren »inneren Werten« abhängig! Ein wenig Make-up darf es schon sein, wenn wir die Kunst beherrschen wollen, uns und unsere Vorzüge zur Geltung zu bringen. Und da keiner von uns dem anderen in den Kopf gucken kann und ja bekanntlich der erste Eindruck zählt, sollten wir unsere eigenen Vorurteile und die unserer Mitmenschen nicht unterschätzen. Ein wenig Schein darf schon sein, um das Sein zu unterstreichen!

Denn natürlich sagt alles – unsere Kleidung, das Auto, das wir fahren, der Beruf, den wir ausüben, die Musik, die wir hören, die Hobbys, die wir haben, die Menschen, die wir kennen, die Restaurants und Klubs, die wir besuchen, das, was wir essen, trinken oder lesen – etwas über unseren Stellenwert aus, den wir in den Augen unserer Mitmenschen für uns beanspruchen dürfen und den wir ihnen zugestehen.

Jede Gruppe besitzt ihre eigenen Regeln und Zeichen, denen nachzugehen den Rahmen dieses Kapitels, ja, des gesamten Buches sprengen würden. Statussymbole sind nun einmal gruppenspezifisch und abhängig vom Zahn der Zeit, der beständig an ihnen nagt. Aber so leicht – da haben Sie recht –

kann man sich natürlich nicht aus der Verantwortung stehlen.
Ein paar ausgesuchte »Schminktipps«, wie es uns gelingen
könnte, uns wenn schon nicht die Liebe, dann wenigstens die
Anerkennung unserer Mitmenschen zu erwerben, möchte ich
Ihnen daher nicht vorenthalten.

Zu diesem Zweck habe ich mich gezielt auf die Suche nach
Regelkatalogen gemacht, die ganz unverblümt zum Ausdruck
bringen, welche Zeichensprache sie von ihren jeweiligen Mitgliedern erwarten. Denn wer die Kunst zu erwerben trachtet,
seinen eigenen Status zu unterstreichen und zu erhalten, der
sollte eines ganz bestimmt beherrschen: das aufmerksame Studium seiner selbst und der Umgebung, in der er sich bewegt.
(Für Interessierte an einer umfassenden soziologischen Analyse des Statusphänomens verweise ich an dieser Stelle noch
einmal auf Pierre Bourdieus fast 900 Seiten starkes Werk »Die
feinen Unterschiede«. Viel Spaß dabei!) Einer der wohl amü-
santesten »individuellen Statusleitfäden« ist mir auf den Inter-
netseiten des Herrenausstatters »Chelsea Farmers Club« in die
Hände gefallen, doch urteilen Sie selbst! Unter dem einleiten-
den Satz »Damit das hier auch alles seine Ordnung hat, haben
wir ein paar Regeln aufgestellt« fand ich die folgenden:

»1. Trage niemals kurzärmelige Hemden!
  2. Bedecke im Sommer Deine Füße!
  3. Verwirre einmal im Monat Deine Mitmenschen!
  4. Benutze niemals einen Elektrogrill!
  5. Bist Du im Besitz eines großvolumigen Autos, lächle dem
     Tankwart unaufgefordert zu!
  6. Bereite Dir und Deinen Freunden einmal im Monat eine
     Dose Ravioli oder ein Vollkornbrot mit Sardinen in Oliven-
     öl zu!

7. Lou Rawls, der wohl auf der gesamten Erde größte Entertainer aller Zeiten, sollte
   a) einmal auf Deinem Geburtstag aufgetreten sein und
   b) gerahmt in Deinem Gästeklo hängen!
8. Verhalte Dich ruhig, sollte sich herausstellen, dass Deine Tanzpartnerin nicht mithalten kann!
9. Besuche in Hallenbädern sind vollkommen indiskutabel!
10. Durchquere einmal im Leben Deine Heimat mit dem Wohnwagen oder auf dem Rücken eines Pferdes!
11. Respektiere zu jedem Zeitpunkt die Schönheit und Vergänglichkeit der Natur!«

Zugegebenermaßen ein eher männliches Manifest, aber eines, dass die Haltung seiner Verfasser und die damit verbundenen Erwartungen an die Klubmitglieder sowohl hinsichtlich ihres Verhaltens als auch ihres Auftretens mit dem gebotenen Augenzwinkern zum Ausdruck bringt.

Sie sind kein Mann, benutzen Elektrogrills, tragen sehr wohl offene Schuhe im Sommer, hassen Sardinen und wissen weder, wer Lou Rawls ist, noch, warum Hallenbäder indiskutabel sein sollen? Gut, dann ist der »Chelsea Farmers Club« für Sie die falsche Adresse! Aber vielleicht machen Sie sich einfach mal den Spaß und stellen Ihren eigenen »Statuskatalog« für Ihre sozialen Kontexte auf, sei es im Privaten oder im Beruflichen! Oft hilft es ja zu wissen, was man nicht will, um sich bewusst zu machen, was einem selbst wichtig ist und wie das eigene Urteil über andere zustande kommt. Nehmen Sie dabei sich und Ihre eigenen Ansprüche nicht zu ernst, geben Sie auch »Sardinenliebhabern« und »Hallenbadmuffeln« eine Chance, kaufen Sie eine Lou-Rawls-CD, und vergessen Sie bei der Suche nach Ihren persönlichen Statussymbolen niemals die Worte von Steven Patrick Morrissey: You are human and you need to be loved, like anybody else!

»Flieg nicht zu hoch, mein kleiner Freund!« – Das gekonnte Understatement

Unser Ausflug in die Kunst der Untertreibung kann natürlicherweise nur in Großbritannien beginnen. Wo anders als im Vereinigten Königreich – vernachlässigen wir an dieser Stelle bewusst das eher »extrovertierte« Verhalten von Fans der englischen Fußballnationalmannschaft oder britischen Mallorca-Urlaubern – vermuteten wir die formvollendete Kunst der Untertreibung? Wo ließe sich eine vergleichbare Fähigkeit zur Selbstbeherrschung, Diskretion und maßvollen Zurückhaltung feststellen? Wo anders finden wir ein so umfangreiches Aufkommen an pädagogischen Traktaten über die Kunst des Understatements?

Als Beispiel seien hier die Schriften des Earl of Chesterfield genannt, der in seinen Briefen an den Patensohn und späteren Nachfolger Philip Stanhope diese Kunst zu vermitteln versuchte (»Versuche nicht, geistreicher zu erscheinen, als Du bist – eher weniger!«) und nicht müde wurde, im Rahmen dieses Briefwechsels immer wieder auf die Notwendigkeit hinzuweisen, die eigene Person so wenig zum Gegenstand der Unterhaltung zu machen als möglich, wenn Philip daran gelegen sei, seinen Mitmenschen zu gefallen – trotz oder gerade wegen des eigenen Wissens um die Gefahren der menschlichen Neigung zur Eitelkeit entfesselter Selbstliebe. Um diesem Laster bereits im Vorhinein den »Wind aus den Segeln« zu nehmen, empfiehlt der »Steuermann« Earl of Chesterfield

seinem »Schiffsjungen« Philip an anderer Stelle die vollstän-
dige Negierung der eigenen Person im Gespräch mit seinen
Mitmenschen: »Sei darauf bedacht, niemals über Dich, für
Dich, noch gegen Dich zu sprechen; lass Deinen Charakter für
Dich sprechen: Was immer der sagt, wird man glauben; aber
was Du über ihn sagst, wird man nicht glauben, es wird Dich
nur abstoßend und lächerlich machen. Sei daher unablässig
auf der Hut vor den vielerlei Fallstricken von Eitelkeit und
Selbstliebe.«

Und Fallstricke gibt es ja tatsächlich mehr als genug, sich
selbst und seine Taten in ein heroisches Licht zu rücken. Wem
also daran gelegen ist, seinem eigenen Auftritt eine britische
Note zu verleihen, dem seien die folgenden Empfehlungen
ans Herz gelegt, um den Bestien der Selbstliebe und Eitelkeit
Einhalt zu gebieten. Manege frei!

Doch halt! Sprachen wir nicht an anderer Stelle vom englischen Premierminister Disraeli, der es ungeachtet seiner
wenig zurückhaltenden Ausstaffierung und vollmundigen An-
kündigung zu den höchsten politischen Weihen brachte? Und
richtig, ist nicht der Dandy eine ebenso britische Erfindung
wie die bedingungslose Selbstdisziplin eines Earl of Chesterfield oder die Nützlichkeitsphilosophien eines Adam Smith?
Gehört nicht neben der puritanischen Strenge auch der – so
nachzulesen bei Oda Schaefer – durch die Straßen Londons
flanierende Oscar Wilde, »in seinem Kniehosenanzug aus
schwarzem Samt mit flatternder Lavallière-Krawatte unter dem
flachen Kragen, eine Lilie oder Sonnenblume priesterlich in
der Hand«, zu den festen Bestandteilen der englischen Kultur? Jener Mann, der bereits im Versuch, sich nützlich zu machen, den sichersten Weg vermutete, nichts über das Leben zu
erfahren? Absolut!

Doch so sehr sich Disraeli und Wilde auf der einen und Chesterfield und Smith auf der anderen Seite in ihrer Bewertung eines fleißigen und gleichermaßen gefälligen Erdenlebens fundamental unterscheiden, so ähnlich waren sie sich in ihrer Überzeugung, dem persönlichen Auftritt ein Höchstmaß an Selbstverständlichkeit zu verleihen. Während der wahrhafte Dandy, wenn es ihm gefällt, 24 Stunden mit dem Ankleiden verbringt, aber den dazu nötigen Aufwand nach Beendigung seiner Prozedur umgehend vergisst, durchlebt der wohlerzogene Konversationskünstler mühsame Anstrengungen in der Unterwerfung von Eitelkeit und Selbstliebe, ohne diesen Kampf mit seinem »inneren Schweinehund« dem Gesprächspartner auch nur im Ansatz zu erkennen zu geben. Und so löst sich der vermeintliche Widerspruch zwischen bedingungsloser Disziplin auf der einen und Highlife auf der anderen Seite in einem Zitat Oscar Wildes auf wunderbare Weise auf: »Wichtigstes Gebot ist es, das Leben mit artistischem Raffinement zu führen. Das zweitwichtigste hat bisher noch niemand feststellen können.« Wilde ist natürlich mit ausreichend Raffinement ausgestattet, um uns die Mühen und das schweißtreibende Training hinter der wie selbstverständlich wirkenden Artistik zu verschweigen.

Ungeachtet des vermuteten Vorsprungs unserer europäischen Nachbarn im Hinblick auf die Kunst des gekonnten Understatements öffne ich zum zweiten Male den Vorhang. Es wäre doch gelacht, wenn sich nicht etwas von den Nachfahren der Angeln, Sachsen, Kelten und Normannen lernen ließe. Manege frei für die raffinierten Strategien der artistischen Untertreibung!

Im Gegensatz zum ungeliebten Pendant der Untertreibung, der Übertreibung, bedarf es einer Position, von der aus es sich überhaupt lohnt, seine Werte herunterzuspielen. Im Gegensatz zur gemeinen Angeberei, die ständig Talente, Eigenschaften, Wissen und Besitztümer hervorzaubert, die gar nicht oder nur unzureichend vorhanden sind, lässt sich die Kunst der gekonnten Untertreibung nur dort entfalten, wo wir etwas unser eigen nennen können, von wo aus es sich lohnt, es raffiniert herunterzuspielen.

So sollten wir zunächst wissen, was uns auszeichnet. Wer keinerlei Talente besitzt, wer nicht singen, malen, unterhalten, verhandeln, amüsieren, kochen, zuhören, teilen, tanzen oder Reden halten kann, wer wenig weiß, sich für nichts interessiert, sich nichts leisten kann oder will, der wird es schwer haben zu untertreiben.

✓ *Die Erfahrung zeigt, dass jeder Mensch etwas hat, das sich zum Herunterspielen eignet. Konzentrieren Sie sich genau darauf, und überlassen Sie die plumpe Aufschneiderei anderen!*

Die Grenze zwischen der gekonnten und gleichermaßen amüsanten Demutsbezeugung und dem hässlichen Gesicht der arroganten Herablassung ist oft fließend. Wer jahrelang einen alten VW-Polo fuhr und nun dem Freundeskreis eröffnet, er habe sich wieder einen Volkswagen gekauft, um dann im schmucken Touareg davonzufahren, der mag sich des wohlwollenden Kopfschüttelns seiner Freunde sicher sein. Wer dieselbe Geschichte in einem Kreis von Menschen zum Besten gibt, deren finanzielle Möglichkeiten begrenzt sind, gilt schnell als arroganter Schnösel!

✓ *Übertreiben Sie es nicht mit der Untertreibung, und achten Sie auf Ihr Publikum.*

Wer gekonnt untertreibt, der lässt sich ungern von seinen Mitmenschen auf einen Sockel heben. Schon allein, um die in ihn gesetzten Erwartungen nicht zu enttäuschen. Es ist eine hohe Kunst, mit dem Lob und der Huldigung seiner Mitmenschen verantwortungsvoll umzugehen. Denn so sehr die Gunstbezeugungen unserem Selbstwertgefühl schmeicheln und unsere Eitelkeit herausfordern, so sehr sollten wir darauf achten, ihnen nicht allzu sorglos nachzugeben. Da kocht der Thorsten plötzlich auf dem Niveau von Paul Bocuse, die Tanja muss sich hinter den Gesangskünsten einer Anna Netrebko nicht verstecken, Jan könnte heute Bundesliga spielen, wenn er damals nicht einen Kreuzbandriss erlitten hätte, und Kerstin sollte sich mit ihrer Wohnungseinrichtung doch mal bei »Schöner Wohnen« bewerben.

✓ *Scheuen Sie sich nicht, die Ihnen zugestandenen Talente dankbar anzunehmen und für die Menschen, die Ihnen lieb und teuer sind, zu kochen, ein Hauskonzert zu geben, Ihre Ballfertigkeit unter Beweis zu stellen oder darauf hinzuweisen, dass Ihnen das geschmackvolle Einrichten Ihrer Wohnung am Herzen liegt.*

✓ *Stimmen Sie jedoch niemals in die »ultimative Lobhudelei« ein! So schnell können Sie gar nicht gucken, wie Ihr Denkmal in sich zusammenbricht. Nichts ist verräterischer als das gesprochene Wort. Lassen Sie Taten sprechen!*

Wer gekonnt untertreibt, der weiß um die Nützlichkeit der maßvollen Untertreibung. Wer das Understatement beherrscht, der sichert den sozialen Frieden und bietet der Eigenliebe Einhalt, ohne jedoch seine Ziele aus den Augen zu verlieren. Wer nämlich zu viel herunterspielt, der lässt das Understatement zur abstrusen Farce verkommen. So sind aus den Zeiten vor der chinesischen Kulturrevolution eine Reihe amüsanter Anekdoten aus dem Reich der Mitte überliefert, in denen das konfuzianische Ideal der unbedingten Demut die Handelsbeziehungen zwischen Chinesen und Japanern erheblich belastete, weil schon der kleinste ersichtliche Funken von Selbstinteresse auf beiden Seiten als inakzeptables Laster galt. In den Verhandlungsgesprächen war demzufolge keine der beiden Parteien auch nur annähernd in der Lage, die eigenen Wünsche und Interessen zu artikulieren. Immer wieder wurde darauf verwiesen, dass der genannte Preis natürlich verhandelbar, der Liefertermin natürlich nur ein erster Vorschlag sei, dass man detaillierte Fragen gern zu einem späteren Zeitpunkt klären und selbstverständlich noch einmal Rücksprache gehalten werden könne …

✓ *Bei aller Angst, als Angeber, Aufschneider oder berechnender Egoist zu gelten, sollten wir es nicht versäumen, offene Worte zu sprechen. Denn so sehr wir uns auch für unsere Eigenliebe schämen mögen, verleugnen sollten wir ja auch sie nicht, lediglich mit artistischem Raffinement versehen.*

Jedes gelungene Understatement ist geistreich, im besten Falle amüsant. Dies hat einen einfachen Grund: Der Herunterspielende demonstriert eine gelassene Distanz zu sich und seinen Werten, ohne sich der Lächerlichkeit preiszugeben. Er verfügt über eine sprachliche Kompetenz, die sich zwar nicht ohne weiteres kopieren lässt, aber nach einigen festgeschriebenen Regeln zu funktionieren scheint:

✓ *Die Sprache der kunstvollen Untertreibung ist kurz und prägnant, sie kennt keine Phrasen, sie macht kein großes Aufhebens, ohne dabei nüchtern oder gar amtlich zu wirken.*

Es ist nicht von »bescheidenen Hütten« die Rede, in die die Gäste eingeladen werden, nicht von »Kleinigkeiten«, wenn ein Fünfgangmenü gereicht wird, oder von »zwangloser Kleidung«, wenn es festlich zugehen wird. Wer die Kunst der Untertreibung beherrscht, weiß, dass sich die Gäste selbst von der Großzügigkeit der Jugendstilvilla mit ihren fünfzehn Zimmern überzeugen können, wenn sie vor Ort sind, dass Foie Gras, Pata Negra, Seezunge und ausgesuchte Bordeauxweine noch jeden Gaumen zu überzeugen wussten und dass die Gastgeber selbst nie in Jeans erscheinen würden: »Wir möchten Euch gerne zu uns nach Hause einladen und würden uns freuen, wenn Ihr mit uns zu Abend essen würdet. Wir freuen uns auf ein festliches Beisammensein!«

Lässt sich jede peinliche Situation vermeiden? – Von Elefanten und Mäusen

Das Adjektiv peinlich leitet sich aus dem Substantiv Pein ab. Es bedeutet Strafe und den damit verbundenen Schmerz. Strafe und Schmerz, beides erleiden wir, wenn wir uns entweder durch unser eigenes Verhalten in peinliche Situation manövrieren oder uns das Benehmen unserer Mitmenschen vor Scham oder Zorn erröten lässt. Doch was ist uns eigentlich peinlich? Und wann schämen wir uns für das Verhalten anderer?

Schenkt man den vielfältigen uns umgebenden Regelwerken Glauben, dann ist die Welt voller Fettnäpfe, die selbst formvollendete Gentlemen und Damen in einen ewig währenden Slalomlauf zwingen. Das Sammelsurium an Etiketteregeln, geschriebenen und ungeschriebenen Konventionen wächst von Tag zu Tag. Da ruft die Zeitschrift »Focus« die »Renaissance der Fliege« aus, da werden Arbeitskreise und Knigge-Räte gegründet, stilvoller Erfolg und zeitgemäße Umgangsformen allenthalben propagiert. Da werden Zahnstocher zu »Dinner-Killern«, Unsicherheiten in der Anrede zum »Adels-Desaster« und kurzärmlige Hemden zum absoluten »No-go«. Da wird in blumigen Vorworten und Leitartikeln zwar immer wieder von natürlichem Respekt und Ungezwungenheit gesprochen, um dann in schöner Regelmäßigkeit den sprachlichen Duktus einer ganz und gar steifen Etikette zu bemühen. Dies ist korrekt, jenes tabu, dieses absolut zu vermeiden und jenes fatal! Da wird das gute Benehmen zum Hochleistungssport: die Profis ins Töpfchen, die Amateure ins Kröpfchen! Peinlich, Peinlich! Fürwahr.

Doch bevor ich mich aufrege und Sie sich entschließen, den Umgang mit Menschen abzubrechen, nur weil diese ihren Zahnstocher am Tisch benutzt haben, wie die »Benimmexperten« aus der »Focus«-Redaktion raten, sollten wir uns lieber auf die wahren Peinlichkeiten des Lebens konzentrieren und die steifen Nebensächlichkeiten anderen überlassen!

»Einfach ungehobelt!« – Menschen ohne Manieren

Natürlich gibt es Menschen, die Schwierigkeiten haben, ihr Besteck formvollendet zu bedienen, die beim Handkuss den Handrücken der Dame mit ihrem Mund berühren oder sich bereits nach der Vorspeise ihre Zigarette anstecken. Geschenkt! Aber wann fangen wir eigentlich an, auf solche oder ähnliche

»Fehltritte« zu achten? Doch nur dann, wenn uns unser Gegenüber ohnehin unsympathisch ist oder wir selbst ein Leben im goldenen Käfig der Tabus und Korrektheiten führen.

Das heißt im Umkehrschluss natürlich nicht, dass es keine ungehobelten Menschen gäbe oder wir selbst unsere eigenen Grobheiten gänzlich domestiziert hätten. Natürlich gibt es Menschen ohne Manieren, die uns und unseren Mitmenschen das Leben bisweilen erheblich verleiden können. Von diesen und den Möglichkeiten, mit ihnen umzugehen, soll nun die Rede sein. Auf den kunstvollen Umgang mit Zahnstochern, Erklärungen von Besteck-Codes oder Hinweise darauf, dass Männern das gleichgeschlechtliche »Busseln« verboten sei, verzichte ich hierbei jedoch bewusst.

Menschen ohne Manieren ist nichts peinlich! Sie scheren sich nicht um die Empfindungen ihrer Mitmenschen und scheinen selbst über keinerlei Schamgefühl zu verfügen. Sie ähneln dem berühmten Elefanten im Porzellanladen. Das Ausmaß der Verwüstung, für das sie selbst verantwortlich sind, ist ihnen nicht bewusst. Wäre es ihnen bewusst, dann wäre es ihnen egal. Diese Freibeuter auf den Weltmeeren der Höflichkeit interessieren sich nur für sich und ihre nächsten Beutezüge! Sie sind wie kleine Kinder, die das Chaos um sich herum erst dann wahrnehmen, wenn ihr Spielzeug in Gefahr ist.

Ungehobelten Menschen ist nichts heilig! Für sie ist jede Einschränkung ihrer persönlichen Maßstäbe ein Eingriff in ihre persönliche Freiheit: Warum soll ich mir nicht im Muscle-Shirt den Petersdom angucken dürfen und warum keine Fotos machen? Schwachsinn! Waren Sie schon einmal auf Mallorca? Da ist es im Sommer so heiß, da ziehe ich mir doch kein T-Shirt

über, wenn ich essen gehe! Wem das nicht passt, der kann ja
woanders hingehen. Also ehrlich, man kann sich auch anstellen. Und hören Sie mir bloß mit dem Vatikan auf, da stehen
meine Frau und ich eine geschlagene halbe Stunde an, damit
uns dann eröffnet wird, dass meine Frau ihre Schultern be-
decken soll! Ja, wo leben wir denn? So schnell sehen die uns
hier jedenfalls nicht wieder! Unfassbar!

Ungehobelte Menschen sind unaufmerksam! Nicht, dass sie
die sozialen Zusammenhänge, in denen sie sich bewegen, nicht
erkennen würden. Im Gegenteil! Sie wenden sich jedoch ausschließlich den Menschen, Situationen und Geschichten zu,
die ihnen wichtig erscheinen. Warum die nette junge Dame
begrüßen, die auf dem Stehempfang die Häppchen reicht,
wenn man weiter hinten bereits Dr. Schleicher erblickt hat?
Warum sich beim Mitarbeiter Schmitz erkundigen, ob es seiner Tochter wieder besser gehe, wenn der seine Arbeit ohnehin mit preußischer Gewissenhaftigkeit erledigt? Warum nicht
versuchen, den besten Freund mit eigenen Erfolgsgeschichten aufzumuntern, obwohl der gerade im Begriff ist, sich von
seiner Frau zu trennen? Warum nicht umgehend den freien
Stuhl in Beschlag nehmen, Frauen reden doch dauernd von
Gleichberechtigung?

Ungehobelte Menschen sind prätentiös! Nichts geschieht bei
ihnen beiläufig, stets wähnen sie sich in der Hauptrolle des ei-
gens für sie geschriebenen Stückes. Im Spitzenrestaurant ist ihnen plötzlich nach einem Spargelgericht, auch wenn Dezember
ist, und die Weinkarte wird nach dem angelernten Wissen aus
dem »Parker« mit einer ungebührenden Ernsthaftigkeit studiert. Ständig betonen solche Leute, mit welchen wichtigen Per-

sönlichkeiten sie verkehren. Jedes spezielle Interesse ist ihnen vollkommen fremd, sie interessieren sich weder für Fußball, Musik, Theater oder Film, haben aber schon mit Franz Beckenbauer den Raum geteilt, den drei Tenören aus ihrer Loge in der Schalke-Arena gelauscht, den »Jedermann« gesehen und mit Götz George gezecht!

Ungehobelte Menschen sind stolz darauf, ungehobelt zu sein! Menschen mit gutem Benehmen sind sich bewusst, dass das Wesen dieses guten Benehmens darin besteht, seine animalischen Triebe zu zügeln. Ungehobelten Menschen ist dieses Wesen fremd. Sie sehen keinen Sinn darin, irgendeine ihrer ach so menschlichen Eigenschaften zu zügeln und halten jeden, der seinen Affekten Einhalt gebietet oder dies zumindest versucht, für einen Heuchler oder ein Weichei. Warum kein Bordell besuchen, es handelt sich schließlich um das älteste Gewerbe der Welt? Warum keine Kraftausdrücke verwenden, das Leben ist eines der härtesten? Warum kein offenes Wort reden, sonst hören die Pappnasen den Knall doch sowieso nicht? Hinfort mit diesem ganzen Brimborium des guten Benehmens, zur Sache, meine Damen und Herren!

Ungehobelte Menschen sind davon überzeugt, dass ihre Mitmenschen genauso ungehobelt sind wie sie selbst! Sie sind Populisten, weil sie selbst an einfache Lösungen glauben und froh sind über jeden, der das eigene Gepolter lautstark unterstützt. Sie sind unfähig, irgendjemanden anzuerkennen oder ihm Respekt zu zollen. Sie scheuen sich nicht, Witze auf Kosten anderer zu machen und sämtliche Versprechen der Verschwiegenheit zu brechen, solange sich damit eine gute Geschichte erzählen lässt. Sie besitzen die Chuzpe, die Schuldfrage mit vorwurfsvollem Blick auf den Bloßgestellten mit dem Hinweis zu klären: »Also bitte! Ihr wisst doch, dass ich mein Plappermaul nicht halten kann!«

Ihnen wird bereits ganz unwohl ob dieses Feuerwerks an ungehobelten Verhaltensweisen? Mir auch. Deswegen breche ich an dieser Stelle ab. Aber hatte ich Ihnen nicht einige Strategien versprochen, die helfen, mit diesen »menschgewordenen Bremsklötzen« des guten Benehmens umzugehen? Sie haben recht! Auch auf die Gefahr hin, Sie zu enttäuschen:

✓ *Es gibt lediglich vier Strategien im Umgang mit dem Ungehobelten:*
   1. Hauen Sie ab!
   2. Nehmen Sie kein Blatt vor den Mund!
   3. Gehen Sie beharrlich mit gutem Beispiel voran!
   4. Bessern Sie sich …

»WIE UNANGENEHM!« – JEDER KOMMT MAL IN VERLEGENHEIT

Es gibt zwei Arten von Menschen. Die einen nutzen jeden öffentlichen Auftritt dazu, sich selbst ohne Rücksicht auf Verluste in den Vordergrund zu spielen. Die anderen sind froh, wenn sie im Hintergrund bleiben können. Sie fühlen sich wohl in der gesellschaftlichen Anonymität. Während Erstere sich wie der berühmte Elefant im Porzellanladen über das gesellschaftliche Parkett wälzen, tun Letztere alles dafür, den eigenen Kopf bloß nicht zu sehr aus der Menge herauszustrecken. Einem vorsichtigen Mäuschen gleich sitzen sie in ihrem Mauseloch und scheuen das Licht der Öffentlichkeit.

Sie wissen es selbst, so leicht ist das nicht mit den vereinfachenden Kategorisierungen – hier Elefant, da Maus. So dürften wir in Wirklichkeit wohl alle sowohl Elemente des Elefanten als auch des schüchternen Mäuschens in unserer Person vereinen! Über den Elefanten in uns sprachen wir ja bereits. Kommen wir also nun zum Mäuschen in uns, dessen größte Sorge darin besteht, bloß nichts falsch zu machen, wenn es sich aus seinem Mauseloch wagt. Folgen Sie mir, wir wagen uns mal gemeinsam vor …

Schauen Sie mal, der Mann da vorn im Eingangsbereich. Ja, genau der, der gerade so zögerlich die Frau begrüßt. So wie der seine Stirn in Falten legt, ist ihm bestimmt gerade ihr Name entfallen, obwohl die beiden sich schon einmal begegnet sind. Fettnapfgefahr!

✓ *Gar nicht dumm! Haben Sie gehört, was der gerade gesagt hat? »Schön, Sie wiederzusehen! Beim nächsten Mal geben Sie einen aus. Das ist ja bereits das dritte Mal innerhalb eines Monats. Erst auf der Messe, dann in der Galerie und nun hier. Ich heiße im Übrigen immer noch Finkelmeier.« »Freut mich, ich immer noch Sommer.«*

Sehen Sie den großen Tisch da hinten am Fenster? Ganz rechts die beiden Frauen. Haben Sie die Gesichter gesehen, als die gerade ihren Hummer serviert bekommen haben? Ich kann Ihnen sagen, der Adrenalinspiegel steigt. Die wissen nicht, wie sie dem armen Tier zu Leibe rücken sollen, wetten?

✓ *Was macht die eine denn jetzt? Die beugt sich zu ihrem Nebenmann und fragt ihn, ob er ihr behilflich sein kann. Der zuckt aber auch nur schmunzelnd mit den Schultern. Jetzt sind sie bereits zu dritt. Aber da kommt ja schon der Ober: »Selbstverständlich zeige ich Ihnen, wie Sie an Ihr Abendessen kommen!«*

Jetzt sind der Serviererin die ganzen leeren Gläser runtergefallen. Mitten im Raum. Na, für Publikum ist ja gesorgt.

✔ *Nett, dass sich einer der Herren von der Bar bequemt, ihr mit den Worten »Scherben bringen ja bekanntlich Glück« seine Hilfe anzubieten. Natürlich ist das kein origineller Spruch, aber immerhin sitzt das Mädchen nicht so völlig einsam in ihrem Fettnäpfchen!*

Nun, bisher haben sich ja alle vermuteten Peinlichkeiten »in Luft aufgelöst«. Aber es gibt natürlich auch echte »Fettnäpfe« …

Die Frau am hinteren Tisch scheint Stuttgart ja nicht besonders zu mögen. Merkwürdiger Einstieg in ein Gespräch, einer Landeshauptstadt direkt ihren Stadtstatus abzusprechen. Die haben sich doch gerade erst kennengelernt, oder habe ich das falsch beobachtet? Oh nein, haben Sie das gehört? Die Gesprächspartnerin der Frau kommt aus Stuttgart. Wie peinlich!

Was ist denn der jungen Frau über die Leber gelaufen, die gerade so fluchtartig das Restaurant verlassen hat? Sie haben es gehört? Ja, dann mal raus damit! »Sie hat Ihre Bekannte gefragt, wann sie und ihr Mann denn gedenken, Kinder zu bekommen.« Heikle Frage. Was hat sie geantwortet? Ist nicht Ihr Ernst! »Bernd ist unfruchtbar, aber vielleicht machen wir es ja wie Madonna!« Sehr unangenehm!

Vielleicht können wir uns ja in Zukunft noch weiter herauswagen, man lernt so einiges, wenn man seine Umgebung genau beobachtet, was meinen Sie? Sie hätten da gleich eine Frage? Bitte! Sie wollten schon immer wissen, wie Sie mich eigentlich richtig ansprechen? Ach, wissen Sie, solange Knigge in der Anrede vorkommt, fühle ich mich angesprochen.

»WELCHE ROLLE SPIELEN BENIMMKLASSIKER?« – DIE TOP TEN AUS MEINER SICHT

Wir sprachen bereits darüber: Etiketteregeln gehörten nicht zu den Lieblingsthemen Adolph Freiherr Knigges. Einen einzigen Satz finden wir im »Umgang«. Gut, ich gebe zu, dass dieser die üppige Länge von zwei Seiten hat. Interessant ist jedoch weder dessen Quantität noch dessen inhaltliche Sammlung »kleiner gesellschaftlicher Unschicklichkeiten«, sondern die grundlegende Empfehlung, die uns Knigge mit auf den Weg gibt. So lesen wir am Ende seiner Aufzählung über abgeleckte Löffel, das Schlafen während der Predigt, das krumme Sitzen am Tische oder das Flüstern in Gesellschaft Folgendes: »Nur erinnere ich, dass diese kleinen Dinge in mancher Leute Augen keine kleinen Dinge sind und dass oft unsere zeitliche Wohlfahrt in solcher Leute Hände ist.«

Wie könnte ich da auf die Idee kommen, diese kleinen Dinge aus meiner neuzeitlichen Betrachtung des zwischenmenschlichen Umgangs auszuklammern? Daher möchte ich Ihnen nun meine Benimmklassiker vorstellen. Meine persönlichen Top Ten von Empfehlungen, die einem immer wieder begegnen. Ich warne Sie! Ich werde nicht davor zurückschrecken, althergebrachte, gängige, moderne oder zeitgemäße Benimmregeln zu verwerfen, zu modifizieren oder für sinnvoll zu erklären, aber auch als ausgemachten Blödsinn zu entlarven. Ich werde mich jedoch ebenfalls darum bemühen, für jede einzelne eine vernünftige Begründung zu liefern.

1. **»Ladies first«.** Fatal sei es, wenn man zunächst die Assistentin und erst dann den Vorgesetzten begrüße. Na ja, so fatal wird es schon nicht sein. Immerhin haben Sie sich höflich verhalten. Und welcher höfliche Mensch gäbe sich nun die Blöße, Ihnen dies als Missachtung seiner hierarchischen Position auszulegen oder Sie gar offen auf Ihren Fauxpas anzusprechen? So ungehobelt ist selbst der Ungehobeltste nicht. Bleiben Sie also beim »Ladies first«! Sie müssen ja nicht gerade jeder Bedienung hinterherlaufen, die sich im selben Raum befindet, um diese formvollendet zu begrüßen, bevor Sie der Frau des Bundespräsidenten und ihrem Mann für die Einladung auf Schloss Bellevue danken …

2. **Die richtige Lage des Bestecks.** Es gibt zwei Grundstellungen: Besteck parallel nebeneinander (»Fertig!«) oder Besteck im rechten Winkel zueinander, wobei Schneide und Forke auf dem Teller liegen und nicht zur Gefahr für Sie und Ihre Nachbarn werden (»Pause!«). Mit allen anderen Varianten des sogenannten Besteck-Codes verhält es sich wie mit dem Witz über die Heilkräfte homöopathischer Medizin: »Schaden kann es nichts. Und wenn man ganz fest daran glaubt, dann hilft es vielleicht.« Ob das Besteck nun »20 nach 7« oder »20 nach 4« liegen muss, oder »halb 7« dem Servicepersonal gar bedeutet, dass es besonders gut geschmeckt habe, »Viertel nach 3« hingegen der Küche demonstriert, dass man selten so schlecht gegessen habe, das möchte ich mit einer kleinen Anekdote aus dem Schloss-

hotel Lerbach in Bergisch Gladbach kommentieren. Auf meine Frage, ob dem Kellner eine solche Regel bekannt sei, verneinte er dies und verwies schmunzelnd auf meinen leer gegessenen Teller: »In Ihrem Fall gehe ich ohnehin davon aus, dass Sie das Essen genossen haben …«

3. **»Gesundheit!«** Keine andere Regel ist wohl in den letzten Jahren durch Arbeitskreise und Kommissionen für angemessene und zeitgemäße Umgangsformen so unter Beschuss geraten wie die Empfehlung, seinen Mitmenschen »Gesundheit!« zu wünschen. Mit dem Hinweis, dem Niesenden sei sein »Makel« ohnehin schon unangenehm genug, solle man auf solche Aufmerksamkeitsgesten verzichten! Abgesehen davon, dass ich das »gesellschaftliche Niesen« nicht als Makel ansehe, halte ich das Wünschen von Gesundheit sogar für eine nette und aufmerksame Geste. Dass man seine Genesungswünsche hingegen dem Betroffenen nicht auf eine Distanz von zwanzig Metern zubrüllt oder zu Zeiten der Pollenflüge seine gut gemeinten Wünsche gegenüber dem Allergiker fünfzigmal wiederholt, versteht sich wohl von selbst.

4. **Der Handkuss.** Hierbei dürfte es sich wohl um eine Regel handeln, über die weit häufiger gesprochen wird, als dass sie tatsächlich zur Anwendung kommt. Ich finde es eine reizende Geste – man sollte jedoch wissen, wann sie angemessen ist. Dabei meine ich nicht das immer wieder kolportierte Verbot, den Handkuss unter freiem Himmel auszuüben, oder den ärgerlichen Hinweis, dass eine Frau jeden Handkuss anzunehmen habe, der ihr angeboten wird. Jeder Mann, dem der Handkuss geläufig ist, sollte wissen, welche Frau mit einem Handkuss vertraut ist. Schon der leiseste Zweifel sollte Sie davon Abstand nehmen lassen. Versuchen Sie nicht, sich diese traditionelle Geste aufzuzwingen, falls

Sie sich damit unwohl fühlen. Nichts wäre für die betreffende Frau und damit letztendlich für Sie peinlicher als die Unsicherheit darüber, wie diese Geste entgegenzunehmen oder anzuwenden ist!

5. **»Darf ich rauchen?«** Jeder Raucher sollte sich erkundigen, ob es jemanden der anderen Gäste stört, wenn er sich Zigarette, Zigarre, Zigarillo oder Pfeife anstecken möchte. Vermeiden Sie rhetorische Fragen, lassen Sie das Feuerzeug so lange stecken, bis Sie die allgemeine Erlaubnis eingeholt haben, und erweitern Sie insbesondere in Restaurants, in denen die Tische sehr eng beieinander stehen, den Erlaubnisbereich auch auf unmittelbar angrenzende Tische, an denen nicht geraucht wird. Die Faustregel, erst nach dem Essen und nicht etwa zwischen den Gängen zu rauchen, halte ich für vernünftig, wobei Sie selbstverständlich fragen dürfen. Lieber eine Frage zwischen den Gängen als das ungefragte Rauchen nach dem Essen!

6. **Die Serviette.** Regeln, wie man mit seiner Serviette umzugehen habe, gibt es genug. Dabei ist alles ganz einfach: Wenn Sie Platz genommen haben, entfalten Sie Ihre Serviette und legen sich diese auf den Schoß. Wenn Sie den Tisch verlassen, eröffnet Ihnen die Etiketteliteratur ein weites Feld an Möglichkeiten: Entweder, Sie legen sie rechts neben den Teller, links neben den Teller, auf Ihre Sitzfläche, hängen sie über die Stuhllehne oder nehmen sie mit. Suchen Sie sich etwas aus. Was mich jedoch immer wieder ärgert, ist folgende Regel: »Sollte Ihnen Ihre Serviette herunterfallen, verlangen Sie nach der Bedienung und bitten diese, Ihre Serviette aufzuheben und Ihnen neues Tuch zu reichen.« Auch wenn mir diese Regel auf Nachfrage beim Servicepersonal bereits bestätigt wurde, halte ich sie für falsch. Es

sträubt sich geradezu etwas in mir, jemand anderen für meine Tollpatschigkeit in die Knie zu zwingen. Ich hebe meine Serviette selber auf, die Freiheit nehme ich mir. Sollte meiner Tischnachbarin selbiges Missgeschick widerfahren, wäre ich mir ebenfalls nicht zu schade. Ob Sie danach eine saubere Serviette ordern oder auf die Gewissenhaftigkeit der Reinigungskräfte vertrauen, darüber sollten Sie selbst befinden. Die Freiheit haben Sie.

7. **Gleichberechtigung.** Die Etikette hält eine Reihe geschlechtsspezifischer Regeln für uns bereit. Gut, einen Handkuss würde auch ich mir gegenüber Männern verkneifen und womöglich ebenfalls davon Abstand nehmen, einem gleichaltrigen, sportlichen Geschlechtsgenossen ungefragt seinen Koffer in die Ablage zu hieven, aber andere Regeln lassen sich meines Erachtens durchaus auf beide Geschlechter übertragen. Was hindert mich daran, einem Mann Feuer zu geben, was, dem Gastgeber einen Blumenstrauß zu überreichen, und warum sollte ich als Fahrer nicht einem guten Freund zuerst die Beifahrertür öffnen, bevor ich selbst einsteige, oder dem Vater mit Kinderwagen in die Straßenbahn helfen? Sie sehen, ich bekenne mich ganz offen zur Gleichberechtigung, macht Sie doch das höfliche Zusammenleben noch wahrscheinlicher!

8. **»Guten Tag!«** Je anonymer das Umfeld, desto seltener der Gruß, heißt es immer wieder. Und ich muss zugeben, auch ich begrüße selten die anderen Gäste auf dem Inlandsflug per Handschlag oder die anderen Kunden in der Schlange im Supermarkt. Das schließt für mich jedoch nicht aus, auch in anonymen Umfeldern meinen Mitmenschen einen guten Tag zu wünschen. Was spricht dagegen, seine direkten Sitznachbarn während des Inlandsfluges freundlich zu begrüßen, aus Gründen der Zweckmäßigkeit seinen Fenster-

platz zu Gunsten des Mittelplatzes zu opfern, damit der andere nicht extra für mich aufstehen muss? Warum nicht die Tür zum Raum des Geldautomaten für die Einlass suchende Unbekannte öffnen, auch wenn diese ihre Karte ja ohnehin aus der Handtasche kramen muss, oder einfach mal die anderen Wartenden vor dem Bankautomaten mit einem freundlichen »Guten Morgen!« zu überraschen? Kann doch nicht schaden, einmal in die Rolle des gut gelaunten Sonderlings zu schlüpfen. Die Mienen Ihrer Mitmenschen werden sich ganz automatisch aufhellen und freundlich zurückgrüßen, auch wenn sie sich stirnrunzelnd den Kopf darüber zerbrechen, woher sie Sie kennen ...

9. **No brown after six!** »... ist in Deutschland treu gelernt geworden, in England hält sich kein Mensch daran«. Sagt der äthiopische Prinz Asfa-Wossen Asserate. Ich glaube ihm, schließlich ist er der Verfasser eines der geistreichsten und erfolgreichsten Bücher über das gute Benehmen der letzten Jahre. Wundern Sie sich also nicht, wenn Sie mich auch nach 18.00 Uhr mit braunem Schuhwerk antreffen.

10. **Mit vollem Mund sprechen.** Eine meiner absoluten Lieblingsregeln. Ehrlich. Passiert mir nämlich selbst immer wieder. Doch selbst wenn einen das Gespräch mitreißt und man es kaum erwarten kann, mit seinen substanziellen Inhalten in die Diskussion einzugreifen, oder Ihnen der Vorstandsvorsitzende die Ihre Karriere entscheidende Frage stellt, kauen Sie zu Ende, schlucken Sie Ihre Bissen hinunter! Nichts ist unappetitlicher, als dem Gegenüber seinen offenen Mund darzubieten und im schlimmsten Fall den einen oder anderen Speisebrocken auf die Reise zu schicken ... But we don't want to go there!

Du oder Sie? –
Über Distanz und Nähe bestimmen

Arthur Schopenhauer ist einer der bekanntesten Philosophen, auch wenn sich das Wissen über ihn in den meisten Fällen auf seine leidenschaftliche Feindschaft gegenüber dem weiblichen Geschlecht reduziert. Dabei verdanken wir ihm die wohl schönste Parabel über das Wesen der Höflichkeit, die Fabel mit dem Titel »Die Stachelschweine«:

»Eine Gesellschaft Stachelschweine drängte sich an einem kalten Wintertage recht nah zusammen, um durch die gegenseitige Wärme sich vor dem Erfrieren zu schützen. Jedoch bald empfanden sie die gegenseitigen Stacheln, welches sie dann wieder voneinander entfernte. Wann nun das Bedürfnis der Erwärmung sie wieder näher brachte, wiederholte sich jenes zweite Übel, so dass sie zwischen beiden Leiden hin und her geworfen wurden, bis sie eine mäßige Entfernung voneinander herausgefunden hatten, in der sie es am besten aushalten konnten. (...) Die mittlere Entfernung, die sie endlich herausfinden, und bei welcher ein Beisammensein bestehen kann, ist die Höflichkeit und feine Sitte.«

Im Gegensatz zu Stachelschweinen verfügen wir glücklicherweise über die Fähigkeit zu sprechen. Das bringt den Vorteil mit sich, dass wir auf etwas subtilere Art als die Stachelschweine unseren Mitmenschen zu verstehen geben können, was wir als »mäßige Entfernung« im gemeinsamen Umgang empfinden. Im Deutschen sind wir es gewohnt, mit Hilfe der Worte Du und Sie den Grad an Erwärmung zu justieren, den wir in der jeweiligen Beziehung für wünschenswert halten. Auch wenn mir eine Niederländerin einmal sagte, sie empfände dies weniger als Hilfe, sondern eher als Hilflosigkeit der Deutschen, ihr

Bedürfnis nach Nähe und Distanz mit anderen Mitteln zum Ausdruck zu bringen, so halte ich unser sprachliches »Navigationssystem« im gemeinsamen Umgang für durchaus hilfreich, um unseren Mitmenschen sowohl unsere Achtung zu erweisen, als ihnen auch Rückzugsmöglichkeiten zu eröffnen.

Und meistens gelingt es uns ja auch recht gut, eine für beide Seiten zufriedenstellende Einigung darüber zu erzielen, welche Entfernung wir am besten aushalten: Wer käme schon auf die Idee, seinen Vorgesetzten Dr. Hempel zu duzen, selbst wenn dieser ihm auf der feucht-fröhlichen Betriebsfeier am Vorabend gegen drei Uhr morgens lallend vorgeschlagen hatte: »Du kannst mich ruhig Heinz-Jürgen nennen.«? Wer wäre so unbedarft, den zwar deutlich jüngeren Personalverantwortlichen im Bewerbungsgespräch das Du anzubieten? Wer ernsthaft seine Eltern siezen? Gut, manchmal müssen wir in den sauren Apfel beißen und uns unser Alter eingestehen, wenn uns die zwanzigjährige Bedienung in der Szenekneipe siezt und uns mit schelmischem Lächeln um unseren Personalausweis bittet, um zu kontrollieren, ob wir das bestellte Pils auch trinken dürfen. Aber alles in allem funktioniert das doch eigentlich ganz gut mit unserer Intuition, wann wir einander zu sehr auf die Pelle rücken oder wann es zu frostig zugeht im menschlichen Miteinander.

Und doch hält das ständige Aushandeln von angemessener Nähe und Distanz im 21. Jahrhundert einige Herausforderungen für uns bereit:

✓ *Das Sie ist auf dem Rückmarsch.*

Daran besteht kein Zweifel. Meine Eltern wären nie auf den Gedanken gekommen, anlässlich eines Abendessens die Freunde und Bekannten ihrer besten Freunde sogleich zu duzen;

in meiner Generation ist dies gang und gäbe. Ich kann mich jedenfalls nicht an einen privaten Anlass unter Gleichaltrigen meiner Generation erinnern, bei denen sich die eine Hälfte der Gäste geduzt hätte, während die andere sich siezte.

   ✓ *In Kneipen, Klubs und Bars wird sich geduzt.*

Nur die Distanzbedürftigsten kämen auf die Idee, den jüngeren oder gleichaltrigen Kellner zu siezen. In Hotels, Restaurants, aber auch im Supermarkt kommen hingegen nur die Nähe-bedürftigsten auf die Idee, den Service oder die Kassiererin zu duzen. Eine Ausnahme unter den Esslokalen sind in diesem Zusammenhang die rheinischen Brauhäuser, sei es in Düssel-dorf, Köln oder anderswo. Hier wird der Gast – gleich welchen Alters, gesellschaftlichen Ranges oder welcher Herkunft – kon-sequent geduzt, während im Gegenzug so mancher Gast konse-quent beim wohlerzogenen Sie verharrt, sei es aus Gewohnheit oder aus Trotz ob des distanzlosen Verhaltens des »Köbes«, wie der Kellner in den Brauhäusern im Rheinland genannt wird.

Erwähnte ich bereits, dass ich das Sie mag? Immerhin sieze ich Sie ja nun mehr schon seit über 300 Seiten. Ich habe in meinem Leben die Erfahrung gemacht, lieber ein Sie zu viel als zu wenig zu verwenden. Sicher, das Du schafft eine schnelle Nähe, und ich habe durchaus Verständnis für das Unbehagen, das viele befällt, wenn sie ihre gleichaltrigen oder gar jünge-ren Mitmenschen siezen und dies als zu distanziert oder gar altbacken empfinden. Aber wir sollten nicht vergessen, dass manche – nicht nur ältere – Menschen sich überfahren füh-len, wenn sie ungefragt mit einem Du konfrontiert werden und im schlechtesten Fall ihre Stacheln spreizen …

✓ *Grundsätzlich gilt für die Freunde des Du: Übertreibt es nicht mit Eurer Ungeduld. So schlimm ist es nun auch nicht, wenn man sich im gleichaltrigen Kollegenkreis siezt. Und wenn es Euren potenziellen »Duz-Kumpanen« genauso ergehen sollte wie Euch, dann müsst Ihr ohnehin nicht lange warten, bis Ihr Euch gegenseitig wärmt.*

Für den Umgang zwischen den Generationen, in hierarchischen Verhältnissen oder im Kundenkontakt, schadet es sicher nicht, sich an der gängigen Konvention zu orientieren, die da lautet: Das Du bietet immer die ranghöhere oder ältere Person an. Ob es dabei auch am nächsten Tag bleibt, entscheidet der Grad an Zurechnungsfähigkeit von Heinz-Jürgen im angeheiterten Zustand und in erster Linie, welche Anrede er wählt, wenn er wieder nüchtern ist ...

Heikel wird es immer dann, wenn das eigene Angebot auf verbale Annäherung abgelehnt wird oder Sie selbst sich dabei unwohl fühlen, den Kollegen Herrn Schmidkunz ab heute Dieter zu nennen und Ihnen bereits bei dem Gedanken, dieser könnte Sie in Zukunft Marlene nennen, ganz frostig zumute wird.

✓ *Hier hilft nur ein offenes Wort, um dem drohenden permanenten Unwohlsein zu entkommen: »Ich weiß das zu schätzen, Herr Schmidkunz, aber ich bevorzuge im beruflichen Umfeld doch das Sie. Belassen wir es einfach dabei.«*

Wirklich heikel wird es jedoch erst dann, wenn Sie ernsthaft daran denken, einen bereits bestehenden Duz-Kontakt wieder in ein Siez-Verhältnis zu überführen. Dieser Schritt will wahrlich wohl überlegt sein, da er vom Gegenüber nicht selten als endgültiger Bruch der zwischenmenschlichen Beziehung verstanden wird. Insbesondere im beruflichen Umfeld, wenn beispielsweise aus ehemaligen Kollegen plötzlich Mitarbeiter und Vorgesetzte werden oder Sie selbst das bestehende Vertrauensverhältnis zu Mitarbeiterin Karin als zerrüttet betrachten, kann eine solche Neudefinition der »mäßigen Entfernung« jedoch unumgänglich werden. Im privaten Umfeld kann man sich aus dem Weg gehen, im beruflichen muss man den anderen bisweilen aushalten, ob man will oder nicht. Hier hilft nur eines:

> ✓ *Legen Sie Ihre Gründe klipp und klar offen, und machen Sie deutlich, dass sich Ihr Verhältnis zwar verändern wird, Ihnen aber daran gelegen ist, einen sauberen Übergang zu schaffen, unabhängig davon, was vorgefallen ist.*

Das erfordert Mut, ich weiß. Aber den braucht es manchmal, wenn man sich weder gegenseitig erstechen noch erfrieren will. Ich halte wenig von Zwang, sei es zum Sie, sei es zum Du. Wenn Stachelschweine in der Lage sind, die Entfernung der »Höflichkeit und feinen Sitte« selbstständig herauszufinden, dann sollte uns das doch erst recht gelingen, meinen Sie nicht? Warum also als Unternehmen das Du erzwingen, warum als Träger eines Kindergartens den Duz-Kontakt zwischen Eltern und Erziehern per Dekret unterbinden, wenn die Betroffenen der Meinung sind, die jeweils freiwillig vereinbarte Entscheidung entspreche dem gemeinsamen Wärmeempfinden? Kulturen entwickeln sich, sie lassen sich nicht verordnen.

Bei aller gewünschten Freiwilligkeit, nötigt uns jedoch die jeweilige Kultur ein gewisses Maß an Anpassungsfähigkeit ab: Wer seinen neuen Job in einem Unternehmen mit Duz-Kultur antritt, der tut sich womöglich keinen Gefallen damit, auf dem Sie zu beharren. Wer meint, an altbackenen Redewendungen wie »Fräulein Anneliese, dürfte ich Sie bitten ...« festhalten zu müssen, darf sich nicht wundern, als altmodisches Relikt zu gelten. Und wer als Lehrerin glaubt, eine größere Nähe zu den Schülern herzustellen, weil diese Sie nun Katrin nennen dürfen, der sollte sich genau überlegt haben, ob hier wirklich die Lösung des Problems liegt.

Kurzum, in einer aufgeklärten Gesellschaft ist es an uns, »Höflichkeit und feine Sitte« immer wieder aufs Neue zu definieren, um den Grad an Freiheit und der damit verbundenen Freiwilligkeit, den wir uns und anderen zutrauen, zu bestimmen. Das mag anstrengend sein – es ist aber der Preis, den zu zahlen wir für unsere gemeinsame Freiheit bereit sein sollten! Ob wir uns bei dieser gemeinsamen Suche duzen oder siezen, das ist nur eine von vielen Fragen, auf die wir Antworten finden müssen.

Von Eigenverantwortung und Alltagstauglichkeit

»Wenn es in unserer Alltagswelt keine unverrückbaren allgemein akzeptierten Normen mehr gibt, außer einigen Grundwerten, wenn wir *keinen Knigge* mehr haben, der uns für alle wichtigen Lebenslagen das angemessene Verhalten vorgeben kann, dann müssen wir Regeln, Normen, Ziele und Wege beständig neu aushandeln.«

Wir haben nur zwei Möglichkeiten: Entweder wir belehren Professor Dr. Heiner Keupp von der sozialpsychologischen

Fakultät München eines Besseren, indem wir ihn darauf hinweisen, dass es ja noch einen Knigge gibt, oder – was ich für die bessere Lösung hielte – wir nehmen die Verantwortung immer wieder aufs Neue an, selbst den uns möglichen Teil für das Gelingen eines manierlichen Umgangs im 21. Jahrhundert beizutragen. Denn nur dann, wenn jeder Einzelne von uns sich darum bemüht, mögliche Regeln, Normen, Ziele und Wege der Kunst des Umgangs auf ihren Beitrag für ein gleichermaßen unbefangenes, verantwortungsvolles und alltagstaugliches Miteinander zu überprüfen, werden wir uns das Erdenleben tatsächlich sehr erleichtern!

Das ständige Aushandeln ist anstrengend, ich weiß. Aber es ist der Preis für eine freiheitliche Gesellschaft, in der jeder sein Scherflein zum Gelingen beizutragen hat. Ein Preis, der Vielen zu hoch erscheint, so könnte man meinen, wünschen sich doch so einige eine richtungweisende Instanz, die über gut und schlecht, über richtig und falsch entscheidet.

Dagegen ist ja auch grundsätzlich nichts einzuwenden, solange diese Instanz augenzwinkernd an unsere Eigenverantwortung und Alltagstauglichkeit appelliert. Eine Instanz, die gutes Benehmen nicht am Umgang mit Messer und Gabel, sondern am Umgang mit dem Servicepersonal abliest und die nicht jeden Fehltritt auf die goldene Benimmwaage legt. Die auch den Unpünktlichen eine zweite Chance gibt, uns nicht in unzähligen Fettnäpfen ertrinken lässt, Form nicht gegen Inhalt ausspielt, auch mal Fünfe gerade sein lässt, uns eigene Lösungen zutraut und die uns aufmerksam macht. Eine Instanz, die uns nicht nur an uns selbst Maß nehmen lässt, keine stilvollen Erfolge verspricht, uns Respekt gegenüber jedem Menschen aufträgt, uns beharrlich an unseren Manieren festhalten lässt, aus Benimmmücken keine Moralelefanten macht, die uns dazu bringt, uns an die eigene Nase zu fassen und uns hilft, zwischen Konflikten und Missverständnissen zu unterscheiden. Die uns auch dem Überraschenden und Unangenehmen etwas abgewinnen lässt, uns zu Einsicht und Erfahrung verhilft, den Ungehobelten Einhalt gebietet, unseren Kopf und unser Herz bildet und uns ermuntert, unsere Mitmenschen ernst, aber uns selbst nicht zu ernst zu nehmen.

Und wissen Sie, was das Schöne ist? Es gibt eine solche Instanz!

Uns selbst …

DANK

Viele Menschen haben zum Gelingen dieses Buches beigetragen. Ihnen gilt unser besonderer Dank. Einige haben sich ganz konkret unseren Fragen gewidmet, uns zugehört oder aus freien Stücken ihre Ansichten zu einem gelungenen oder weniger gelungenen Miteinander geäußert. Diese Menschen möchten wir daher nicht unerwähnt lassen:

Unsere Eltern, unsere Geschwister, Flo, Nelly und Yvonne, Ellen und Alf Bischke, Ulrike Brandt-Schwarze, Nikolaus von Braunmühl, Richard Brunt, Nils Christen, Sebastian Czinczoll, Helmut Feller, Christian Gruhn, René Harnischmacher, Peter Jansen, Alexandra Iwan, Thomas Kaiser, Felix Kratz, Leo Linder, Linn Lühn, Hugo Maas, Dominik Maoro, Lars Meckenstock, Markus Möhle, Jens-Olrik Murach, Paul Muschiol, Oskar und Roselyne Radon, Nina und Conrad von Rössing, Florian Schönhammer, Mark Sedlatschek, Christoph Tophinke, Tilmann Tobias Uebing und Janning Vygen.

Verzeichnis der zitierten Literatur

Asserate, Asfa-Wossen: Manieren. dtv 2005.

Au, Franziska von: Der neue Knigge. Sichere Umgangsformen für alle Situationen. Südwest-Verlag 2004.

Bacon, Francis: Über die Unterhaltung. In: Essays. Hg. von Levin Schücking. Dieterich 1967.

Bourdieu, Pierre: Die feinen Unterschiede. Kritik der gesellschaftlichen Urteilskraft. 1. Aufl. 12. Nachdruck. Suhrkamp 2000.

Bueb, Bernhard: Lob der Disziplin. Eine Streitschrift. List 2006.

Calm, Marie: Die Sitten der guten Gesellschaft. Ein Ratgeber für das Leben in und außer dem Hause. J. Engelhorn 1886.

Chesterfield, Philip Dormer Stanhope Earl of: Die Kunst zu gefallen. Briefe an den Patensohn. Dieterich 1992.

Cicero: Über das Gespräch. In: Abhandlung über die menschlichen Pflichten in drey Büchern. Aus dem Lateinischen mit philosophischen Anmerkungen und Abhandlungen von Christian Garve. 2 Bde. Breslau 1783. Bd. 1.

Commer, Heinz: Protokoll und Etikette für Wirtschaft und Verwaltung. Heyne 1984.

Faret, Nicolas: Allgemeine Maximen der Kommunikation. In: L'honneste homme ou l'art de plaire à la court. Paris: Promé 1634. Zit. nach: Claudia Schmölders (Hg.): Die Kunst des Gesprächs. Texte zur Geschichte der europäischen Konversationstheorie. dtv 1979.

Feuerbach, Ludwig: Die Grundsätze der Philosophie der Zukunft. Gesammelte Werke. Hg. von der Berlin-Brandenburgischen Akademie der Wissenschaften durch Werner Schuffenhauer. Bd. 9. 1970.

Fontane, Theodor: Fester Befehl. In: Gedichte. 10. Aufl. Cotta 1905.

Giovanni della Casa: Vom täglichen Gespräch. In: Giovanni della Casa: Galateus. Das Büchlein von erbarn, höflichen und holdseligen Sitten. Verdeutscht von Nathan Chytraeus 1597. (Nachdr. d. Ausg. Franckfurt 1607. Hg. von Klaus Ley. Niemeyer 1984.)

Gracián, Baltasar: Handorakel und Kunst der Weltklugheit. Anaconda Verlag 2005.

Gracián, Baltasar: Der kluge Weltmann. dtv 2004.

Graudenz, Karlheinz: Das Buch der Etikette. Unter Mitarbeit von Erica Pappritz. Perlen-Verlag 1956.

Harsdörffer, Georg Philipp: Ars Apophthegmatica. Das ist: Kunstquellen Denckwürdiger Lehrsprüche und Ergötzlicher Hofreden. Bd. I. Neudruck der Ausgabe Nürnberg 1655. Hg. und eingeleitet von Georg Braungart. Frankfurt a. M. 1990 (= Texte der Frühen Neuzeit. 2.), S. 1-35.

Kallmann, Emma: Der gute Ton. Handbuch der feinen Lebensart und guten Sitte. Nach den neuesten Anstandsregeln bearbeitet. Hugo Steinitz 1891.

Kant, Immanuel: Werkausgabe. Bd.7: Kritik der praktischen Vernunft. Grundlegung zur Metaphysik der Sitten. 17. Aufl. Suhrkamp 2005.

Keupp, Heiner: Bedrohte und befreite Identitäten in der Risikogesellschaft. In: Annette Barkhaus, Matthias Mayer, Neil Roughley und Donatus Thürnau (Hg.): Neue Horizonte anthropologischen Denkens. Suhrkamp 1996.

Kirsch, Guy: Von der Schwierigkeit in der Wirtschaftsgesellschaft seinen Nächsten zu lieben. In: Claus Rinderer (Hg.): Finanzwissenschaftliche Aspekte von Religionsgemeinschaften. Nomos 1989.

Knigge, Adolph Freiherr: Über den Umgang mit Menschen. 20. Aufl. Insel Verlag 2004.

La Bruyère, Jean de: Charaktere. Fourier Verlag 1979.

Lauster, Peter: Statussymbole. Eine Demaskierung menschlicher Eitelkeiten. Econ 2001.

Lisbeth, Tante: Anstandsbüchlein für junge Mädchen. J. Habbel 1908.

Montaigne, Michel de: Über die Gesprächs- und Disputierkunst. In: Michel de Montaigne: Essais. Eichborn 1998.

Ramge, Thomas: Freundlichkeit in Uniform. In: brand eins, Mai 2005.

Schaefer, Oda (Hg.): Der Dandy. Piper 1964.

Schlosser, Horst Dieter: Generelle Stellungnahme zum Unwort des Jahres »Humankapital«. 2004/2005.

Schopenhauer, Artur: Die Stachelschweine. In: Parerga II, Kap. 31, § 396.

Sen, Armatya: Ökonomie für den Menschen. Wege zur Gerechtigkeit und Solidarität in der Marktwirtschaft. dtv 2002.

Siebeck, Wolfram: Siebeck isst im Bundestag. In: Cicero. Magazin für politische Kultur. Januar 2005.

Smith, Adam: Wohlstand der Nationen. Eine Untersuchung seiner Natur und seiner Ursachen. dtv 1999.

Spemanns goldenes Buch der Sitte. Eine Hauskunde für Jedermann. Ed. von Graf Wolf und Gräfin Eva von Baudissin. Spemann 1901.

Sywottek, Christian: Von Mensch zu Mensch. In: brand eins, April 2006.

Veblen, Thorstein: Theorie der feinen Leute. Eine ökonomische Untersuchung der Institutionen. Fischer Tb 2007.

Washington, George: Regeln der Höflichkeit in der Konversation. In: Llewellyn Miller: The Encyclopedia of Etiquette. A guide to good manners in today's world. Crown Publishers 1967. Zit. nach: Claudia Schmölders (Hg.): Die Kunst des Gesprächs. Texte zur Geschichte der europäischen Konversationstheorie. dtv 1979.

Zillig, Werner (Hg.): Gutes Benehmen – Anstandsbücher von Knigge bis heute (CD-ROM). Directmedia.

»Ein kluges Buch zum besseren gegenseitigen Verständnis«

AUGSBURGER ALLGEMEINE

Moritz Freiherr Knigge
SPIELREGELN
Wie wir miteinander
umgehen sollten
Sachbuch
368 Seiten
ISBN 978-3-404-60572-9

Nur wo Knigge als Verfasser drauf steht, ist auch Knigge drin. Mit welchem Messer Sie Ihren Fisch essen, ist Ihre Privatsache! Wie wir miteinander umgehen sollten, nicht. Auf der Grundlage des Werkes seines berühmten Vorfahren gibt Moritz Freiherr Knigge lebenskluge Spielregeln für das Zusammenleben in der modernen Welt. Ein Buch über Charakter und Persönlichkeit, über Standpunkte und Selbstbewusstsein als Fundament in einer ungeordneten Welt. Ein Basisbuch über persönliche Freiheit und deren Spielregeln.

Bastei Lübbe Taschenbuch

Von Werten, die einmal die Welt verändern
sollten – und heute nichts mehr wert sind!

Peter Köpf
HILFE,
ICH WERDE KONSERVATIV!
Die Zeiten ändern sich –
meine Überzeugungen nicht.
Eine Polemik
Sachbuch
272 Seiten
ISBN 978-3-404-60577-4

Die Welt hat sich verändert. Was den »Sechzigern« einmal wichtig war, ist heute obsolet: Gerechtigkeit, sozialer Ausgleich, Weltoffenheit, Gewaltfreiheit und gleiche Bildungschancen für alle. Besser sollte diese Welt werden, dafür setzte man sich ein, war irgendwie links und fortschrittlich, auf jeden Fall ein guter Mensch. Gute Menschen sind heute das, was sie ihren Eltern immer vorgehalten haben: von gestern. Ich hätte es nie für möglich gehalten, aber ich stelle nüchtern fest: Ich werde konservativ! Ich halte nämlich an alten Werten fest, die bei der heutigen Vollkasko-Generation nur noch ein müdes Lächeln ernten …
Von einem, der auszog, sich mit seinen gelebten Überzeugungen im Lande der Stromlinenförmigen zu behaupten.

Bastei Lübbe Taschenbuch